Die kleine Paula

Geschichten und Gedichte
von Begegnungen mit Menschen
und
von anderen Wegbegleitern

Titelzeichnung: Brigitte Nowak

Herausgeber: Gruppe schreibender SeniorInnen Leipzig

Redaktion: Roswitha Scholz
Layout/Umschlaggestaltung: Christel Kaphengst
Texterfassung: Ursula Schwanczar

Verlag und Druck: OsirisDruck, Leipzig
www. osirisdruck.de

1. Auflage Oktober 2016

ISBN: 978-3-941394-57-5
Preis: 14,80 Euro

Die kleine Paula

Geschichten und Gedichte
von Begegnungen mit Menschen
und
von anderen Wegbegleitern

Erika Albiro

Noch immer

Ich kann auf diesem Fleckchen Land
noch Erde mit den Händen fassen,
darf Krume, Steinchen, feinen Sand
durch meine Finger gleiten lassen

wie Zweig und Halm und Blütenblatt.
Mag Käfer, feuchten Wurm berühren
und Lehmweg, regennasses Gras
noch unter nackten Füßen spüren.

Grasmückenlied und Hummelton
vertraut, wie auch der Möwe Kreischen.
Ich lausche, ob im Baume noch
mir nahe sind des Ursprungs Zeichen.

Der alte Birnbaum

Zum alten Birnbaum, am steilen Hang,
– dürr sind und knorrig die Äste –
kommen wie immer Amsel und Star
und andre gefiederte Gäste.

Im Sommer laben vom süßen Saft
Falter sich, Wespen und Bienen,
hängen an praller, goldener Frucht,
suchen sich reich zu bedienen.

Doch keiner pflegt mehr den alten Baum,
Herbststurm bricht ab und zu Äste,
der Blitz schlug ein im vorigen Jahr.
Fällt man ihn – wär's nicht das beste?

Den alten Birnbaum, am steilen Hang,
möchte ich trotzdem nicht missen.
Steht er auch kahl noch im Märzenwind:
Unter ihm blühen Narzissen.

Karin Arndt
Vor der Kaufhalle

Wir kauften ein und brachten die Waren zu unserem Auto, um sie dort zu verstauen. Als alles eingeräumt war, fuhr ich den Einkaufswagen wieder an seinen Platz.
Ein kleiner Hund wartete vor der Kaufhalle auf sein Frauchen und bellte und bellte. Er konnte sich nicht beruhigen, als wollte er sagen: Frauchen, komm doch endlich, ich will wieder nach Hause.
Ich stellte den Wagen ab und sprach beruhigend auf den Hund ein. Er stutzte und setzte sich dann ganz still wieder hin. Kein Bellen und kein Jaulen mehr!
Ein Mann, der seine Einkäufe auf dem Rad verstaute, hatte mit zugehört und schmunzelte.
Als ich dann wieder am Auto stand, fuhr der Mann mit dem Fahrrad an mir vorbei. Er winkte mir lachend zu.
Und ich winkte lachend zurück.

Erika Aussem
Freundschaft

In Freundschaft stets verbunden,
so steht's im Schreiben dort.
Doch hab ich stets empfunden,
das ist ein leeres Wort.

Denn Freundschaft auf den Lippen,
was hilft sie dir und mir?
Kann nimmermehr beglücken,
schaut nicht ins Herze dir.

Erst wenn sie sich bewähret,
im Glück und auch im Leid,
kannst du getrost erkennen
den Freund für alle Zeit.

Gisela Basel
Der geborgte Hund
Für meine Enkelin Fine – und Napi

Meine Kindheit wird im Nachhinein die „schlechte Zeit" genannt. „Du hast das Pech, in einer schlechten Zeit groß zu werden", sagte meine Mutter alljährlich, wenn auf meinem Weihnachtswunschzettel „ein Hund" stand.
So vergingen die Jahre. Ich bekam ein Puppenhaus im bayrischen Stil, nannte einen Kaufmannsladen mein eigen und schließlich sogar ein eigenes Fünf-Quadratmeter-Segelboot, Typ Küken! Aber es bellte nicht – leider.

Inzwischen war ich schon 12 Jahre alt!
Doch irgendeine Zauberfee musste zu Beginn des neuen Jahres mit ihrem Stab gewackelt und ihn über unser Haus gehalten haben: Eine Wohnung wurde frei. Eine neue Mieterin stellte sich vor. Auch schon im Oma-Alter, wie die vorherige. Naja, vielleicht kann sie Skat spielen und stirbt nicht so schnell, dachte ich.
Gespannt verfolgte ich ihren Einzug. Sie hatte riesige Möbel, einen großen geschnitzten Bücherschrank und dazu einen Monsterschreibtisch! Bücherkisten – jede Menge!
Ganz zum Schluss erspähte ich einen seltsamen Verschlag, eher ein Lattengehäuse. Beinahe vergaß ich zu atmen! Eine Tür, mit einem Riegel verschlossen ... seltsam ... spannend ... und dann erklang ein zaghaftes „Wuff-Wuff".
Ich jubelte, lauter als Greif zu bellen imstande war! Ein Schäferhund!

Jeden Abend durfte ich nun mit meinem neuen Freund die Runde drehen. Wir liefen immer die gleiche Tour – am Rathaus längs, Richtung Bahnhof, durch den Gutspark Bredower Straße und zum Abschluss an der Feuerwehr vorbei. Viele bewundernde Blicke folgten uns, verstanden wir uns doch hundemäßig gut.
Nur am Wochenende, wenn ich auf der Havel segelte, musste Greif sein Temperament wieder dem Tempo seines Frauchens anpassen.
Leider zogen die beiden Mieter nach vier Jahren in eine andere Stadt. Aber ich war wenigstens kurzzeitig doch „auf den Hund" gekommen.

Gisela Basel

Streicheleinheiten für den „Eigenbedarf"

Für meine Enkelin Jule – und Karsten

Seidenweiches Fell, Stummelschwänzchen, durchscheinend dünne Ohren und ein Blick aus feuchten Augen – so leben unsere Karnickel in meinen frühen Kindheitserinnerungen.
Ja, wir hielten nicht nur Hühner ohne Hahn, sondern auch einige Karnickelfamilien im Garten hinter dem Haus. „Eigenbedarf" nannte mein Großvater diese tierischen Freunde von mir – kurz und prägnant.
Opa säuberte die Stallungen, ich durfte dabei helfen. Mit den Fingern einer Hand verschloss ich mir dabei die Nase, mit der anderen verkrampfte ich fast beim Halten des Abfalleimers. Die Karnickelfamilie war ausquartiert. Den Hasenvater lernte ich nie kennen. Am Stall klebte nur ein Zettel mit Datum und dem Hinweis „Bock Otto Weber", in Sütterlinschrift, die ich damals schon lesen konnte.
Die große Karnickelmutter „Zippe" saß während der Ausmistung in unserem sehr kleinen Ersatzstall nebenan. Ihre fünf Kinder krabbelten über- und untereinander in einer mit einem Tuch ausgelegten Kartoffelrubbel. Ein Drahtgitter sollte ihre Fluchtversuche verhindern. Einmal jedoch, in einem unbewachten Moment (ich hatte „geträumt") gelang dem Stärksten der kleinen Muckis ein Sprung gegen das Gitter. Es verrutschte ein wenig – und schwupps war Mucki draußen und hoppelte in flottem Tempo in die Gemüsebeete. Er versteckte sich hinter den Kohlköpfen und im Kartoffelkraut, obwohl ich seine Flucht noch gar nicht bemerkt hatte.
Einige Zeit später fand ich ihn, nun suchend, mitten in einer Rhabarberstaude! Ängstlich sah er mich an, der kleine Racker! Seine Geschwister hatten ihn nicht vermisst. Sie hüpften überrascht zur Seite, als ich ihn zurück in die Rubbel fallen ließ.

Gisela Basel / Marie-Luise Bischoff

Ja, ich ließ ihn fallen, denn der kleine Hase hatte mich gekratzt. War das Notwehr, Angst oder einfach eine überzogene Zärtlichkeit? Er konnte es mir nicht sagen!
Streicheleinheiten bekamen alle Karnickel, nicht nur von mir. Denn ich habe einmal beobachtet, wie mein Opa richtig liebevoll das Karnickelfell der Zippe berührte.
Es war kurz vor Weihnachten. Schnee lag auf den Ställen. Das Futter wurde aufgewärmt ...

Marie-Luise Bischoff
Mein erster Einkauf

Nachdem ich im 80. Lebensjahr angekommen bin, kann ich es ruhig sagen: Als kleines Mädchen habe ich nichts so sehr geliebt wie meinen Nuckel. Er war mein Begleiter, wohin ich auch ging. Alles Reden nützte nichts.
Eines Morgens kurz vor meinem fünften Geburtstag aber suchte ich ihn vergebens. Mutter meinte, dass ich doch nun schon ein großes Kind sei, darum habe sie den Nuckel dem Weihnachtsmann mitgegeben.
Zum Geburtstag hatte ich dann ein schönes Tragekörbchen bekommen. Stolz ging ich mit meiner Mutter einkaufen. Sie kaufte dann immer etwas, das ich nach Hause tragen konnte. Außerdem gab es vom Kaufmann für jedes Kind ein Bonbon.
Ich wollte nun auch gerne einmal allein einkaufen. Der Kolonialwarenladen war nicht weit von unserer Wohnung entfernt. Beim alten Speitel gab es auf etwa 30 Quadratmetern alles, was die Leute in unserem Gebirgsdorf brauchten – ob Zucker oder Mehl, Heringe, Sauerkraut und saure Gurken, Brot und Brötchen, Waschpulver und Seife und vieles mehr.

Mutter hatte mir gesagt, was ich kaufen sollte, und mir Geld in meine kleine Geldtasche gegeben.
Der Ladenbesitzer freute sich immer, mich zu sehen. Er nannte mich kleiner Weißkopp, denn ich hatte blonde, fast weiße Haare. Diesmal kam ich alleine, er staunte und ich war ziemlich stolz, dass ich noch genau wusste, was ich kaufen sollte. Zum Schluss bekam ich das Bonbon wie alle Kinder, verabschiedete mich und bummelte nach Hause.
Mutter bedankte sich bei mir. Sie freute sich, dass ich alles so gut erledigt hatte. Ich gab ihr das restliche Geld.
Sie zählte, zählte nochmals und sagte dann: „Kind, du hättest mehr Geld zurückbekommen müssen!"
Ich wurde verlegen und sagte endlich: „Mama, ich habe noch etwas für mich gekauft ..."
Fragend schaute Mutter in das Körbchen. Da lag er, mein neuer Nuckel.

Helga Brüssow

Gefährten meines Lebens

Alles, was mich in meinem langen Leben begleitet, zähle ich zu meinen Weggefährten. Da spielt es für mich keine Rolle, wenn es nicht nur Menschen sind.
Zum Beispiel lese ich von Kindheit an. Meine ersten Bücher waren Märchen von Grimm, Andersen und Hauff. Sie gaben mir neben Spannung auch das Gespür für Gut und Böse. Dann folgten Geschichten über Erlebnisse mit Tieren. Diese brachten mir die Vielzahl von Arten sowie ihre Lebensart und ihr Verhalten nahe. Bei der Kombination von Geschichten und Musik, wie z.B. Peter und der Wolf, lernte ich, wie durch die unterschiedlichen

Ton-Varianten die jeweiligen Charaktere zum Ausdruck gebracht wurden. Auch andere Klassiker aus dem musikalischen Bereich berührten mich tief. „Die Moldau" konnte ich förmlich vor mir sehen, wenn ich die Augen geschlossen hielt. Das erst spärlich über Steine hüpfende Wasser, welches sich allmählich beruhigte und sammelte, um zu dem breiten, sich hinwälzenden Strom zu werden ...

Die Musik im allgemeinen, ganz gleich ob Klassik, Schlager oder Volksmusik, hilft mir immer wieder in verschiedensten Situationen aus schwierigen Stimmungslagen.

Nach einer unangenehmen Begebenheit im privaten Bereich schaffte ich mir einen Schäferhund an. Ich war nicht mehr allein und durch ihn fand ich auch mein seelisches Gleichgewicht und die Ruhe wieder. Sein manchmal spaßiges Verhalten nötigte mir ein Lächeln ab und je länger er bei mir war, desto fröhlicher und zugänglicher wurde ich wieder.

Der vorerst letzte Weggefährte war mein zweiter Ehemann. Als er nach 32 Jahren Ehe durch einen Unfall sein Leben verlor, geriet ich in ein Tief, das drei Jahre anhielt. Obwohl sich meine Tochter viel um mich kümmerte, um mich aus meiner Trauer zu reißen, zog ich mich zeitweilig zurück. Erst als ein Mitbewohner des Hauses von einem Ausflug nach Waren berichtete, erwachte bei mir das Bedürfnis, auch noch einmal eine Fahrt dorthin zu unternehmen. Ich kannte Waren zwar, aber nur von der Seeseite aus. Nun wollte ich auch den Landweg kennen lernen.

Jetzt fahre ich schon das vierte Jahr mit dieser Gruppe, monatlich mehrmals, die verschiedensten Orte an. Wir sind nicht viele, aber alles Frauen, die versuchen, mit dem Verlust des Partners zurecht zu kommen. Wir verstehen uns gut und freuen uns jedes Mal, wenn wir wieder zusammentreffen. Ich denke, das sind meine jetzigen Weggefährten.

Durch Zufall erfuhr ich von einem Schreibklub für „Kreatives

Schreiben". Meine anfängliche Skepsis, ob ich dort aufgenommen würde und ob ich dem Niveau überhaupt genüge, wurde jedoch zerstreut. Jetzt gehe ich jeden Dienstag, und das schon drei Jahre lang, dort hin. Es gefällt mir gut und es hat mich auch inspiriert, mich mit Computern zu befassen, damit ich meine Artikel selbst darauf schreiben und auch ausdrucken kann. Auch diese Gruppe Menschen zähle ich zu meinen Weggefährten. Ich bin sogar so frech zu behaupten, dass meine Computer-Anlage ebenfalls dazu gehört!

Johannes Burkhardt

Weggefährten – Aphorismen

Sie hörte das Gras wachsen,
er die Flöhe husten.
Aber füreinander
hatten sie taube Ohren.

Er saß gern auf dem hohen Ross.
Sie ließ ihn gewähren.
Die Zügel hielt *sie* in der Hand.

„Auf sich selbst gestellt sein?"
Eine akrobatische Übung,
die keiner lange durchhält.
Deshalb heißt es wohl auch:
„Einer baue auf den anderen!"
Fragt sich nur, wer auf wen baut,
wo doch jeder obenauf sein will.

Johannes Burkhardt / Beate Döge

„Mach doch aus dieser Mücke
keinen Elefanten!"
forderte sie von ihm,
„oder willst du alles kaputt machen?"
Da hatte sie gerade
viel kostbares Porzellan zerschlagen.

Sie verdrehte ihm den Kopf derart,
dass er sich nach anderen Frauen
nicht mehr umsehen konnte.

Auf ihn legte sie sich fest.
Mit anderen treibt sie's locker.

Beate Döge
Wie Rotkäppchen, Fuchs, Elbi und Co. meine Begleiter wurden

1980 war ich schon einige Jahre als Berufsschullehrerin für kaufmännische Fächer, wie Rechungswesen, Betriebsökonomie, Stenografie und Maschinenschreiben in Salzwedel tätig. Für einige Stunden weniger Unterricht sollte ich Instrukteur für Kultur und Sport werden. Das bedeutete, dass ich ab sofort von der Disko bis zum Sportfest alles zu organisieren hatte. Mein Vorgänger war stellvertretender Schulleiter geworden und ich sollte alles, was er aufgebaut hatte, fortsetzen. Das betraf die gesamten außerunterrichtlichen Aktivitäten, die an unserer Schule für die Lehrlinge angeboten wurden. Es gab Zusammenkünfte in Magdeburg, wo sich alle Instrukteure trafen, um sich darüber zu verständigen, was an den Kommunalen Berufsschulen und an den Betriebsberufsschulen möglich war und was man noch besser machen könnte. Unvergessen ist mir da die erste Zusammenkunft und Bekanntschaft mit dem obersten Instrukteur für Kultur und Sport Günter Kulbe, der ein herausragender Kabarettist war.

Er leitete unter anderem „Die Zange", eines der besten Amateurkabaretts der DDR. Überhaupt hatten alle dort versammelten Instrukteure ihre besonderen Schokoladenseiten. Auf ihrem Gebiet verstanden sie es, die Lehrlinge zu begeistern und zum Mitmachen anzuregen, Beispiele sind: Singegruppen, Tanzgruppen, Zauberei, Zeichenzirkel, diverse sportliche Arbeitsgemeinschaften.

Zum Glück fragte mich niemand, was ich so an meiner Kommunalen Berufsschule besonderes leisten würde. Ehrlich gesagt, ich hatte keinerlei kulturelle oder sportliche Ambitionen. Nur das Organisieren von Veranstaltungen, das konnte ich. Das hatte ich schon in meiner Lehre als Industriekaufmann in der Pumpenfabrik Salzwedel gelernt.

Da hörte ich von einer Weiterbildung für Heimerzieher. Innerhalb von zwei Jahren konnte beim Kreiskabinett für Kulturarbeit in Salzwedel die Berechtigung erworben werden, selbst einen Textilzirkel zu leiten. Der dazu nötige Unterricht war einmal im Monat an einem Mittwochnachmittag. Damals war das mein freier Nachmittag. Ich beschloss, mich für diesen Kurs zu bewerben und wurde auch genommen. Der Anfang war ganz harmlos – doch dann gab es von einem Monat zum anderen Hausaufgaben auf, die für mich nicht einfach waren. So zeichneten wir z. B. im Park einen Baum. Einen Monat später musste dazu ein gewebtes Bild fertig sein. Die künstlerische Leiterin Frau Anette Otto hatte die Burg Giebichenstein Kunsthochschule Halle absolviert und entsprechend waren ihre Anforderungen.

Im ersten Jahr machte ich nur das Nötigste und fluchte manchmal über das, was wir hier alles erlernen sollten, um dann in eigenen Zirkeln eigene Ideen umzusetzen. Trotzdem dachte ich niemals ans Aufgeben.
Parallel dazu gründete ich bald meinen ersten Zirkel mit Mädchen, die Wartezeiten zu überbrücken hatten. Damals hatte noch nicht jeder Lehrling ein eigenes Auto, sondern sie fuhren mit der Bahn zu den unterschiedlichsten Zeiten zurück in ihre Heimatorte. Damals waren meine beiden Töchter klein und ich hatte die Zeitschriften „Bummi" und „ABC-Zeitung" abonniert. Dort gab es regelmäßig Aufrufe, sich an Solidaritätsaktionen zu beteiligen. Wir gestalteten zum Beispiel Handpuppen, die wir an die Redaktionen schickten, die diese dann beim Solidaritätsbasar der Journalisten verkauften. Als Erinnerung an diese Zeit habe ich noch vier Bände Zirkelchroniken bei mir zu Hause. Darin sind einige praktische Beispiele, Dankschreiben der Journalisten und so manches Schwarzweißfoto von den Arbeiten der Schülerinnen.
Das Material für unsere Arbeiten zu beschaffen, war oft sehr kompliziert. Ich hatte auch Lehrlinge vom Betrieb Magdeburger Oberbekleidung, Betriebsteil Salzwedel dabei. Wir haben von dort manchen Stoffrest bekommen.
Auch eine Klassenkameradin meiner Mutter, die nach dem Zweiten Weltkrieg nach Pforzheim gezogen war, versorgte uns mit diversem Material. alles, was sie in ihrem Handarbeitszirkel für die Rheuma-Liga, im Auftrag der dortigen Krankenkasse, übrig hatte, nahm den Weg nach Salzwedel.
Die Arbeiten der Mädchen und auch meine waren auf vielen regionalen Ausstellungen zu sehen. „Was die Jugend heute noch so alles kann!" Diesen Kommentar hörten wir oft auf Märkten, wenn wir zum Beispiel zeigten, wie man aus Baumwollgarn Söckchen mit Lochmuster strickt oder mit Hilfe von Batik und

Schablonendruck Beutel oder auch Bekleidung verziert. Am liebsten gestalteten wir textile Püppchen, Tiere, wie Häschen, Elefant, Maus oder Katze in den verschiedensten Größen.

Bis 1986 war ich Instrukteur für Kultur und Sport. Dann wurde mir alles zuviel, und ich wurde wieder normale Berufsschullehrerin. 1988 beteiligte ich mich mit einem textilen Bilderbuch „Rotkäppchen" an der Bezirksvolkskunstausstellung in Magdeburg. Die Fingerpuppen konnte man herausnehmen und damit spielen. Am schönsten war die Seite mit dem Bett der Großmutter. Dort fanden beim Spielen auch Rotkäppchen, Wolf und die Großmutter Platz. Den Ausstellungsverantwortlichen gefiel das Buch so gut, dass es zur DDR-Volkskunstausstellung geschickt werden sollte. Doch dazu kam es nicht mehr, da es die DDR nicht mehr gab.
Ich führte bis 1989 meinen Textilzirkel mit den Schülerinnen weiter. Mit der Wende musste ich alles aufgeben, da sich die kaufmännischen Inhalte meiner Unterrichtsfächer grundlegend änderten. Ich musste mich selbst noch mal auf „verschiedene Schulbänke" setzen und Prüfungen ablegen, um die Anforderungen der neuen Zeit zu erfüllen.
2004 wurde ich Altersrentnerin mit 60. Das war damals für Frauen noch möglich. Kurze Zeit später wurde ich dann Großmutter von vier Enkelkindern und habe mein altes Hobby wieder entdeckt. Hinzu kam das Schreiben von Geschichten für Kinder. Dazu lieferten die Enkelkinder so manche Idee.
Die Figuren und mein textiles Rotkäppchenbuch aus der Zeit vor 1989 verwende ich heute noch, wenn ich als Leseoma in Kindergärten oder in der Grundschule unterwegs bin. Auf diese Weise wird jede Geschichte anschaulicher.
Seit einigen Jahren nehme ich an den bundesweiten Treffen von Schreibern und Malern „Brückenschlag – Entdeckungen

entlang der Elbe" teil. Ich habe ich mich sehr gefreut, als ein kleiner Drachen das Maskottchen des „Brückenschlages" geworden ist. Er hört auf den Namen Elbi und erlebt natürlich immer neue Abenteuer.

Ich besitze auch das Elbi-Baby. Inzwischen habe ich eine ziemliche Sammlung von Figuren, die nicht nur selbst genäht sind.

Besonders beliebt bei den Kindern sind mein „echter" Fuchs und die vielen Eichhörnchen, passend zu meinen Geschichten.

Inzwischen kann ich wahrscheinlich gar nicht mehr anders: Zu den Geschichten für Kinder gehören passende Figuren und gegebenenfalls auch einfache Kostüme zum Verkleiden. Und wenn ich ehrlich bin, dann macht mir das alles genau so viel Spaß wie den Kurzen.

Gertraud Dörschel

Mein Löffel

Mit meinem Löffel esse ich seit 65 Jahren. Er ist etwas schmaler als die Löffel, die ich mir später kaufen konnte, und auch leichter. Aus welchem Metall er wohl hergestellt ist? Einen Firmenstempel hat er auch. Ich lese „ROSTEREIER", dann kommt ein Symbol wie ein Judenstern und danach noch ein paar Schriftzeichen, die ich nicht entziffern kann. Einst war er blank, silberglänzend, der Stiel ist es auch noch, aber der Löffel hat sich verfärbt, ist inzwischen fast schwarz geworden, da hilft kein Putzen. Das ist durch die Küchenarbeit gekommen, wozu der Löffel seit jeher benutzt wird. Mit ihm rühre ich die Mehlschwitze an, wende die Bratkartoffeln in der Pfanne, mische Salate oder was gerade ansteht. Am vorderen Rand ist er schon recht scharf geworden

und auch ein bisschen schräg. Ich mag aber nur mit diesem Löffel essen, mit einem anderen schmeckt mir das Essen nicht.
Wie ich zu ihm gekommen bin? Das war 1950, als ich im Bergbau arbeitete, bei der Wismut AG. Ich gehörte damals zur Geologen-Abteilung, zu den „Geophysen". Wir suchten im Erzgebirge nach Uranerzadern. Auf offenen Lastautos fuhren wir aufs Profil und auch nach Hause. Die anderen Kumpels fuhren gerne mit, wenn sie nur irgend Gelegenheit dazu hatten.
Zur Arbeit waren uns junge Russen zugeteilt worden, Rekruten, frisch von der Schule. Sie waren fröhlich, alberten herum, ich musste sie immer wieder an ihre Aufgaben erinnern. Sie versuchten es ja, ordentlich zu sein. Als sie bemerkten, dass ich eine Mundharmonika in meiner Tasche hatte, baten sie: „Harmonika spielen!" So kam es, dass ich auf unseren Autofahrten spielte. Die Kumpel sangen mit, die Russen sangen mit, Deutsch oder Russisch, wie es sich ergab. Um die Hände frei zu haben für meine Mundharmonika, wohin mit meiner Tasche? Also legte ich sie auf die Bank und setzte mich darauf, und da knackte es, ich hatte meinen Löffel zerbrochen, meinen einzigen Löffel, den ich auf der Flucht gerettet hatte. Was nun? Zu kaufen gab es keinen, die Geschäfte waren nach dem Krieg meist leer. Ohne Löffel bekam ich nichts zu essen. In der Wismutkantine füllten sie die Speisen zwar auf Teller, aber Löffel hatten sie nicht. Da schenkte mir Heiner, ein Schlosser, der auch manchmal auf unserem Auto mitfuhr, seinen Löffel. Er hatte ihn sich aus der Kriegsgefangenschaft mitgebracht, aus Karelien, wo er vier Jahre lang an einer neuen Stadt mitgebaut hatte.
Wo Heiner einen neuen Löffel herbekam? Wer weiß.
Wir freundeten uns an, schließlich heirateten wir.
Nun aber ist Heiner von mir gegangen, eingeschlafen für immer.

Den Löffel gebe ich nicht her!

Gertraud Dörschel

Pflanzen, meine stillen Freunde

Draußen regnet es, schneit es, frostet es, die Bäume stehen schwarz vor einem grauen Himmel, ein Wetter, um hinter dem Ofen zu sitzen.
Ich bin allein in der Wohnung, zum ersten Mal ganz allein. Heiner musste übersiedeln in ein Pflegeheim, musste Abschied nehmen. Unruhig gehe ich umher. Die Wohnung erscheint mir so groß, so leer.
Wenn Heiner auch nur noch in der Sofaecke sitzen konnte und vor sich hin träumen, so war er doch anwesend, ich war nicht allein, es war noch jemand da, der atmete, der lebte.
Natürlich bin ich froh, dass er jetzt seine Pflege hat, dass er versorgt wird.
Ich hatte die Betreuung nicht mehr geschafft.

Als ich jetzt die Tür öffne zu dem Zimmer, in dem ich meine Pflanzen zum Überwintern aufgestellt habe, schlägt mir Unbekanntes entgegen, ein leiser Duft, kaum dass ich ihn wahrnehme. Was ist das? Ich kann ihn nicht deuten. Blumen gibt es hier nicht, nur Grünpflanzen, und sie stehen hier seit dem Herbst, nie habe ich irgendeinen Geruch bemerkt. Sollte es der Weihnachtsstern tun? Er hat sich prächtig entfaltet. Oder vielleicht verbreitet der Lavendel dieses leichte Aroma, er hat sich jetzt erholt, seit er im Sommer fast vertrocknet war. Sollten die Pflanzen mich grüßen wollen, sollten sie mir sagen wollen: „Du bist nicht allein"?
Ich gehe zu ihnen, streiche über die Blätter, rede mit ihnen. Und wirklich, das Gefühl der Verlassenheit verliert sich. Da ist noch etwas Lebendiges in der Wohnung.

Gesine Falke

Rückblick

Es lebt der Mensch, bis er dann einmal geht, drei Leben.
Er nimmt sie, hält sie fest, lässt sie nur zögernd los.
Und jedes Mal wird ihm ganz viel und nichts gegeben,
und immer wieder ist er klein und doch sehr groß.

    So schwankt er zwischen Glück und Hoffen,
    will nehmen und muss geben.
    Und manchmal blickt er dann zurück
    und sagt: Da war doch noch ein Stück,
    da waren doch noch Wünsche offen
    in meinem Leben. –

Es läuft der Mensch in seinen allerersten Jahren
mit offenen Armen auf das bunte Leben zu.
Er fragt und zweifelt, weint und staunt und will erfahren,
meint, dass es ihn erwartet und findet keine Ruh.

Und ist er schließlich dann im zweiten angekommen,
ganz unbemerkt, weil er geglaubt, er bliebe Kind,
wird er – wie all die andern – in die Pflicht genommen
und hat zu lernen, was des Lebens Regeln sind.

Doch Lachen und auch Weinen, ohne jede Frage,
die halten sich, wenn er es einmal recht bedenkt,
trotz vieler Müh'n und Sorgen hier auch meist die Waage,
weil ihm, wenn er's versteht, das Leben ALLES schenkt.

    So schwankt er zwischen Glück und Hoffen,
    will nehmen und muss geben.

Und manchmal blickt er dann zurück
und sagt: Da war doch noch ein Stück,
da waren doch noch Wünsche offen
in meinem ersten Leben! –

Ist er dann alt, sieht er groß vor sich ausgebreitet
des Lebens bunten Flickenteppich – und vergisst
die Zeit, die Mühen, weil der Blick sich plötzlich weitet
für all das, was im Leben wirklich wichtig ist.

Dann rückt zusammen, was unendlich fern gewesen.
Die eigne Kindheit – vorgestern – wie fing es an?
Und saubrer trennt er all sein Haben von den Spesen,
weil er das jetzt und nur mit Abstand richtig kann.

So schwankt er zwischen Glück und Hoffen,
will nehmen und muss geben.
Und manchmal blickt er dann zurück
und sagt: Da war doch noch ein Stück,
da waren doch noch Wünsche offen
in meinem zweiten Leben! –

Vielleicht jedoch ist's gut, dass jene Wünsche blieben,
denkt er, und dass so vieles im Verborgnen ruht.
Wer weiß, ob wir, was uns erfüllt wird, wirklich lieben.
Der Mensch beschließt: Mein Leben war trotzdem reich und gut.

Nun, Dinge, die zum Schluss zu sagen bleiben,
sind schnell gesagt. Damit wir uns nicht lange zieren –
Ein Dichterwort vermag oft treffend zu beschreiben,
was wir vergebens uns bemüh'n zu formulieren:

Wenn eines Tags im Sieb der Zeit gemessen werden
unser Tun und Denken, so sei uns nicht bang.
Was schlecht war während unsrer kurzen Zeit auf Erden,
das falle durch, jedoch was gut war, währe lang.

Zum 70. Geburtstag der Mutter geschrieben.

Ingrid Franke
Gertraud und die Künste

Es ist gut, im Alter ein Hobby zu haben, dem man sich ganz widmen kann, das Freude macht, bei dem man mit Gleichgesinnten zusammen ist und Freunde findet – aber gleichzeitig vier Hobbys zu haben, das ist ganz gewiss außergewöhnlich.

Als ich Mitte der 1990er Jahre versuchte, in den Kreis der schreibenden Senioren aufgenommen zu werden, hatte ich große Hemmungen, und diese erwiesen sich auch als berechtigt, als die bereits seit mehreren Jahren schreibenden Damen ihre Geschichten vorlasen. Besonders gut gelungen fand ich die Geschichten von Gertraud, ihre Texte gefielen mir besonders gut und auf jeden neuen wartete ich gespannt. Immer wieder erinnerte sie sich an Episoden aus ihrem Leben, das geprägt war vom Zweiten Weltkrieg, brachte sie zu Papier und uns zu Gehör. Ihrem Großvater widmete sie einen eigenen Band, aber auch über die Erlebnisse mit ihrer Großmutter, ihrem Vater, ihrer Mutter und allen Tanten und Onkeln, ja sogar über Vetter Willi, genannt Alwin, und vor allem über ihre Heimat Hinterpommern schrieb sie so lebensnah und detailliert, dass mir als Zuhörer die Personen vorstellbar wurden. Dabei waren ihre Beschreibungen, jede auf ihre Art, sehr ausgefeilt im Ausdruck und Stil, sodass kaum Korrekturen oder Änderungen erforderlich waren.

Ingrid Franke

Sie hat ein angeborenes Talent zum Schreiben. Weshalb nur ist sie keine professionelle Schriftstellerin geworden, überlegte ich und beneidete sie um ihre Gabe. Ich dachte, sie schreibt wohl jeden Tag an ihren Geschichten, doch als ich sie danach fragte, erfuhr ich, dass dies keineswegs so war. Außer ihrem Hobby zu schreiben, so erzählte sie, singe sie ja noch in einem großen Kirchenchor und nehme an dessen öffentlichen Auftritten teil. Doch damit nicht genug, denn im Teilnehmerkreis der Aquarellmaler bei Herrn Falkenthal sah ich sie auch sitzen und erfuhr, dass sie sich auch an den Exkursionen der Gruppe an die Ostsee beteiligte. Ich war beeindruckt, als ich die von ihr gemalten Bilder sah, die ich als farblich sehr harmonisch und ausdrucksstark empfand.

Bei dieser Vielseitigkeit wunderte ich mich gar nicht, als sie sich dazu entschloss, auch im Theaterspiel der Senioren eine Rolle zu übernehmen. Darin gab es unter anderem eine Szene mit einer Modenschau, in der Garderobe der 1950er Jahre vorgeführt wurde. Trotz der Fantasie und des Eifers seitens der Darsteller beim Nähen der Kleider gab es vom Publikum dafür nur mäßigen Beifall. Aber dann erschien Gertraud: in Pumps, die bereits etwas aus der Mode gekommenen waren, und in einem eng anliegenden, zeitlosen rotbraunen Kleid. Die Krönung des Ganzen bildete ein beiges Wollcape, das sie während einer vorgesehenen Drehung abnehmen musste – und wie sie das machte, mit einer unerwartet lässigen Eleganz wedelte sie damit, das konnte keine andere so toll! Dafür bekam sie rasenden Applaus und bewundernde Pfiffe, immer wieder und bei jedem Auftritt.

Die Jahre des Singens im Kirchenchor, die Reisen mit der Malgruppe und das Theaterspielen gehören inzwischen der Vergangenheit an. Geblieben ist ihr die Freude am Schreiben. An jedem Donnerstag warten ihre Freunde auf eine neue Geschichte.

Ursula Franke
Weggefährtin Frau Musica

Nach drei verregneten Ferientagen scheint die Sonne. Ich freue mich darüber, und ich muss gar nicht überlegen, was ich am besten tun könnte. Ich wandere am Strand entlang, es stürmt, die Wellen türmen sich hoch auf. Bloß gut, dass ich den Wind im Rücken habe.
Ich versuche, mit raschen Schritten der Brandung auszuweichen, aber mit den zurückflutenden Wellen in den feinen, nassen Sand vorzudringen. Es ist ein endloses Spiel.
Der Kirchturm von W. taucht auf. Ich beschließe, in den Ort hineinzugehen. An der Kirchentür entdecke ich ein Plakat. Es weist darauf hin, dass ein Jugendchor aus Litauen auf Chorreise ist und am Abend hier singen wird.
Der Wind hat sich gelegt. Ich vertrödele den Tag am Strand. Abends nehme ich das Fahrrad, es zieht mich wieder nach W., zum Konzert. Mir kommt in den Sinn, dass nach der singenden Revolution im Baltikum der erste Ministerpräsident Litauens, Vytautas Landsbergis, Musikprofessor war. Musik als Kraftquelle. Wie auch die Kremerata Baltica, ein längst weltweit gefeiertes Kammerorchester, vom Geiger Gidon Kremer gegründet, das junge Musikerinnen und Musiker aus Lettland, Litauen und Estland vereint. Ich habe es erlebt, wie mit unbändiger Energie und Spielfreude das Publikum im Sturm erobert wurde.
Nun bin ich neugierig auf den Jugendchor.
Der Pastor begrüßt die Sängerinnen und Sänger und die Gäste. Er sagt, es überrasche ihn immer wieder, wenn sich an einem schönen Sommerabend so viele Leute in die alte, ehrwürdige Kirche locken ließen wie am Heiligen Abend. Zum Glück geschähe dies des öfteren.
Mit Bach-Motette, schönen Sätzen von Mendelssohn-Bartholdy,

Schütz, Brahms und Hammerschmidt erfreut der Chor die Zuhörer und macht sie – als Gruß aus seiner Heimat – mit litauischer Kirchenmusik bekannt. Es gibt zum Schluss viel Applaus und Worte des Dankes. Der Chor, erfreut ob der Resonanz, lässt sich nicht lange um Zugaben bitten.
Niemand mag nach Hause gehen. Es ist mild, am klaren Abendhimmel zeigen sich erste Sterne. In kleinen Gruppen stehen die Menschen auf dem Vorplatz unter Kastanien beieinander, sprechen leise über das Erlebte. Spontan gibt es Beifall, als die Sängerinnen und Sänger aus der Kirche heraustreten. Sie tragen nicht mehr ihre schöne Konzertkleidung, sondern bunte Röcke und Jeans in unterschiedlichen Längen. Zur großen Freude der Zuhörer verweilen sie.

Und dann singen sie wieder. Volkslieder aus ihrer Heimat und deutsche, mit besonderer Innigkeit das Lied vom wilden Wassermann oder „Schwesterlein, Schwesterlein, wann geh'n wir nach Haus" und „Ich hab die Nacht geträumet, gar einen schweren Traum". Ich stehe da, fühle mich ganz leicht und frei und wohl und ertappe mich wieder einmal dabei, dass mich die wehmütigen Lieder schon als Kind besonders ansprachen. Ich habe sie im Schulchor am liebsten gesungen und habe mir immer eines davon zum Vorsingen für die Jahreszensur ausgesucht.

Es überrascht und rührt mich sehr, als der Chor ein ganz schlichtes Lied anstimmt:

> Wo's Dörflein dort zu Ende geht,
> wo's Mühlenrad am Bach sich dreht,
> da steht im duft'gen Blütenstrauß
> ein Hüttlein klein, mein Vaterhaus.
> Darin noch meine Wiege steht,
> darin lernt' ich mein erst Gebet,
> darin fand Spiel und Lust stets Raum,
> darin träumt ich den ersten Traum ...

Ich sehe mich wieder als kleines Mädchen, müde von einem langen, schönen Spieltag. Die Mutter sitzt an meinem Bett. Sie singt, und leise singe ich mit. Immerzu wurde daheim gesungen, und viele der Lieder kenne ich heute noch gut. Aber das Lied vom Haus am Ende des Dorfes, dieses Lied, glaubte ich damals, habe sich jemand für die Mutter und für mich ausgedacht. Auch wenn wir in der Stadt wohnten, in einem Mehrfamilienhaus.

Es ist dunkel geworden, und so nimmt niemand meine Tränen wahr, Tränen der Rührung, derer ich mich nicht schäme.

Nach diesem Lied mag ich nichts mehr hören. Ich fahre langsam auf einsamem Waldweg zurück.

Wieder einmal wird mir bewusst, welch gute und wichtige Weggefährtin mir die Musik im Leben ist.

Der Flötenunterricht in den ersten Schuljahren. Mit der Blockflöte, so meinten die Eltern, sollte es beginnen. Krieg und schwierige Nachkriegszeit brachten es mit sich, dass es bei der Blockflöte blieb.

Und beim Singen im Chor, nach der Zeit im Schulchor das Singen in der Kantorei. Besonders gern denke ich an die Aufführungen großer Chorwerke, Haydns Schöpfung, Händels Messias, dem Brahms-Requiem, Hugo Distlers stiller, verhaltener Weihnachtsgeschichte oder der Exequien von Schütz, und natürlich Bach, unzählige seiner Kantaten, die Johannes-Passion. In langer, oft mühsamer Probenarbeit habe ich vieles sehr verinnerlicht. Mitunter ging ich nach anstrengendem Arbeitstag müde zur Probe und kam nach dem Singen ganz neu belebt heim.

Ebenso ist das Hören für mich Gewinn. Zunächst hatte ich große Freude an Opernaufführungen im Großen Haus in Dresden. Genau so denke ich an großartige Abende in der Berliner Oper Unter den Linden. La Traviata in Sofia: ein Fest der Stimmen, das jede bisher erlebte Aufführung verblassen ließ. Mit einer sehr schönen, schlanken Violetta, der ich die Schwindsucht

glaubte, mit einem Vater Germont, dessen Stimme und Spiel mich zu Tränen rührte. Mit herrlichen Bühnenbildern und Kostümen, dass ich an jenem Abend dachte: nie wieder La Traviata auf der Bühne.
Ohnehin bin ich mehr und mehr zur Konzertgängerin geworden. In ein Meer von Tönen einzutauchen, nicht abgelenkt durch Handlung und Kulissen und Kostüme, ist für mich stets aufs Neue ein wunderbares Erlebnis. Da ist für mich jede Epoche gleich interessant, so verschließe ich mich keinesfalls der zeitgenössischen Musik. Widerspiegelt sie doch meine Zeit und Ereignisse, die mich geprägt haben: Rudolf Mauersbergers Dresdner Requiem etwa und genau so das Polnische Requiem von Krzysztof Penderecki. Daheim viele, viele CDs, das Amerikanische Quartett von Dvorak, wenn ich traurig bin, Schostakowitschs Walzer aus seiner Jazz-Suite, der mich übermütig durchs Zimmer tanzen lässt. – Musik, für mich die schönste aller Künste, Frau Musica, eine Weggefährtin, die mein Leben stets aufs Neue bereichert, unvorstellbar, wie grau die Tage ohne sie wären. Schatten huschen vor mir über den Weg, Rehe, nehme ich im schwachen Lichtschein meiner Lampe wahr, drei oder vier, ganz schnell sind sie verschwunden.
Ich nähere mich meinem Urlaubsdomizil, höre die Brandung, unendliches Lied, rhythmisch, monoton. Und das nehme ich mit in meinen Schlaf.

Ortrud Franze
Mein Fahrrad

Schon als Kind machte ich meine erste Bekanntschaft mit ihm und bis heute ist es mir, zwar wiederholt ausgewechselt, doch immer noch derselbe treue Begleiter geblieben – mein Fahrrad.

Als ich groß und stark genug war, Mutters Damenfahrrad zu bewältigen, durfte ich aufsteigen. Mein Wunsch, das Fahren zu erlernen, besiegte die Angst. Vater hielt das Rad am Sattel fest und lief nebenher. Ich hielt mich am Lenker fest, der anfangs bedrohlich hin und her ruckelte, und trat stehend die Pedalen. Zum Sitzen waren die Beine noch zu kurz. Bald gelang es mir, etwas ruhiger geradeaus zu fahren, und Vater wagte, den Sattel loszulassen. Als es auf die erste große Tour ging, stellte mir Vater den Sattel tiefer. Am Ortsausgang von Kleinschönau, wo die Kleinbahn schräg die Straße passieren musste, hörte ich unverhofft Vaters Stimme hinter mir: „Achtung, quer drüber fahren!" Und rums, im nächsten Augenblick lag ich schon auf den Gleisen. Ohne diesen Zuruf wäre ich sicher heil über die Schienen gekommen. Wie sollte ich auch in Sekundenschnelle längs und quer richtig zuordnen. Mit blutenden Knien, aufgeschürften Armen und „Ich habe dir doch extra noch zugerufen" setzten wir unsere Fahrt zur Großmutter nach Reichenau fort.

Manchmal durfte ich mir später das Fahrrad für den einige Kilometer langen Schulweg zur Stadt borgen. Ich wusste, gefahren wird rechts und vor dem Abbiegen wird mit dem Arm die Richtung angezeigt. Das war alles. Für mich waren es damals die einzigen Verkehrsvorschriften, man fuhr eben einfach so drauflos. Ein Auto war zu der Zeit im Krieg eine Seltenheit. Zur Diebstahlsicherung genügte es, den Riegel des Schlosses zwischen die Speichen zu drücken. Doch einmal, o Schreck, hatte ich den Schlüssel vergessen. Ich entsann mich, von einem Fahrzeuggeschäft in der Franz-Könitzer-Straße gehört zu haben und schleppte mein Rad dorthin. Der Mechaniker kannte mich nicht, glaubte mir aber und drehte mit einigen Handgriffen das Schloss herum. Erleichtert, nach Hause fahren zu können, dachte ich gar nicht daran, nach dem Preis zu fragen. Ich war nur über-

glücklich, das Rad nicht über eine halbe Stunde lang mit angehobenem Hinterrad schieben zu müssen.
Dann kam das Kriegsende 1945. Wir erfuhren von der Bekanntmachung: „Alle Fahrräder müssen abgeliefert werden". Wir hatten unsere Räder schon auf die Flucht nicht mitnehmen können und unserem Vater wurde sein Rad unterwegs von einem Russen abgenommen. So begann für uns die fahrradlose traurige Zeit.
1953 wurde ich zu einer Weiterbildung nach Leipzig delegiert. Und ausgerechnet in dieser Woche sollten an einem bestimmten Tage Fahrräder verkauft werden, erfuhr ich zufällig, weil es dort eine Fabrik gäbe. Ich schwänzte die Schulung und wartete über eine Stunde mit mindestens einhundert anderen auf den Verkaufsbeginn. Dann wurde gedrängt und geschubst, meine Angst wuchs zur Panik, vor mir könnte das letzte Rad verkauft werden. Ich schlüpfte unter dem Absperrseil durch zur Kasse, im Nu hatte ich einen Berechtigungsschein und bald auch die Quittung, ein schwarzes 28er Damenfahrrad erworben zu haben. Das muss so schnell gegangen sein, dass ich keinen Protest wahrnahm. Der Übervorteilte tat mir bisschen leid, aber die Leipziger könnten ja zum nächsten Verkaufstermin wiederkommen, ich aus der Provinz nicht.
Noch etwas wacklig nach der langen Fahrpause fuhr ich stolz auf leeren Straßen am Bahnhof vorbei durch die Innenstadt von Leipzig und nach der Tagung mit dem Fahrrad im Gepäckwagen zurück. Nun gab es kein einsames langweiliges Wochenende in möbliert gemieteten Zimmern mehr. Ich erkundete die nahe und weitere Umgebung. Unterbrechungen zum Schlauch flicken traten immer häufiger ein. War unterwegs eine Werkstatt nötig, übernachtete ich auch mal in einer Herberge oder bei Bekannten. Manchmal half mir auch der Hauswirt beim Reparieren, wenn ich den Drahtrand der Reifendecke nicht in die Felge bekam

oder die Beleuchtung nicht funktionierte. Meine längste Tagestour waren etwa einhundert Kilometer auf schlechten Straßen und ohne Gangschaltung. Danach schmerzte mich wochenlang eine Nervenentzündung am Handgelenk. Heilpunkt-Knoblauch- und Mistelperlen waren dagegen mein Wundermittel, aus Scheu vor Spritzen beim Arzt. Bei einer längeren Radtour gelangte ich irgendwie auf eine viele Kilometer lange gerade Straße außerhalb der Ortschaften. Auf der gesamten Strecke begegnete ich keinem einzigen Fahrzeug, bis ich am Straßenrand einen LKW entdeckte. Die Angst kroch in mir hoch. Ich hatte keine Wahl, ich musste vorbei. Die Russen winkten mir johlend zu und ich habe mich mehrmals besorgt nach ihnen umgeblickt. Als ich später mein Erlebnis berichtete, bekam ich zur Antwort: „Du bist ja verrückt. Radfahren auf der Autobahn ist doch verboten."
Irgendwann einmal ist auch das liebste Fahrrad nicht mehr reparabel. Schutzbleche und Rahmen hatte ich wiederholt mit Schmirgelpapier entrostet, mit schwarzem Lack angestrichen und dabei Muttern unlösbar verklebt. So kaufte ich mir noch von DDR-Geld nach einigen Monaten Wartezeit ein neues feuerwehrrotes 26er Fahrrad.
Ob zur Arbeit, zum Sport oder zum Einkauf, immer ist mir das Rad, besonders nach dem Einbau einer Drei-Gang-Nabenschaltung, ein unentbehrlicher Helfer geworden. Hoch zu Ross, wenn ich stolz an einer im Stau stehenden Autoschlange vorbeifahren kann oder an Gefällestrecken mich der Fahrtwind umweht, dann jubelt es in mir und ich fühle mich auch ohne Silberpfeil königlich.

Elisabeth Gerbrandt

Katharina, die Kleine

Ein ukrainisches Dorf, Merwitschi, in der Westukraine gelegen, 24 Kilometer von Lemberg, wurde nicht nur von Ukrainern bewohnt, sondern auch von vielen deutschen Familien, denn es schloss sich die deutsche Kolonie, ein Kreuzdorf, Wiesenberg an. Die Siedler waren im achtzehnten Jahrhundert aus der Pfalz, der Gegend von Bad Kreuznach, eingewandert.

Die Männer in Merwitschi vertrieben sich ihre freie Zeit unter anderem mit Kartenspiel. So begab es sich eines Tages, dass Anton, der wieder gute Karten hatte und auch sonst oft gewann, von seinem Gegenüber mit einem Messer erstochen wurde.

Anton hinterließ eine Frau und fünf Kinder. Soziale Einrichtungen gab es damals nicht und so musste die Frau, da sie keinen Grundbesitz hatte, sich bald wieder verheiraten, um zu überleben. Sie fand einen Polen aus Lemberg und zog mit den vier ältesten Kindern in die Stadt. Der jüngste Sohn, Edgar, blieb in Merwitschi bei seiner Tante Mrilis.

In diesem neuen Zuhause herrschte nur Armut, denn die Tante war verwitwet und hatte selbst acht Kinder, sieben Jungen und ein Mädchen. Von den Jungen waren zwei behindert. Der Älteste war als kleiner Junge in einen Eimer mit gelöschtem Kalk gefallen. Gelöschter Kalk „kocht", und der Junge hatte sich mit den verbrannten Händen die Augen gerieben und war erblindet. In dem Dorf war es jedes Frühjahr üblich, dass man sein Haus von innen und außen mit Kalk weißte, um das Ungeziefer zu vertilgen. Der zweite Junge bekam die spinale Kinderlähmung, überstand die Krankheit, aber mit Folgen: Er konnte nicht gut sprechen und war im Gehen behindert.

Das jüngste der Kinder war die Katharina. Sie hatte es nicht leicht, musste sich gegen sieben Brüder verteidigen und nun noch gegen

einen Cousin. Aber irgendwie herrschte in dem Haus, trotz bitterer Armut, doch ein gutes Einvernehmen und Humor.
Die großen Brüder der Katharina übernahmen vom verstorbenen Vater die Schusterwerkstatt. Sie arbeiteten fleißig, um die ganze Familie zu ernähren. Jedes Wochenende fuhr einer nach Lemberg und lieferte die fertigen Schuhe zum Verkauf an ein Geschäft ab. Sie reparierten auch die Schuhe der Dorfbewohner von Merwitschi und dem angrenzenden Wiesenberg. Von den Bauern bekamen sie meist Naturalien als Arbeitslohn.
Nach und nach heirateten die Brüder Katharinas und gingen aus dem Haus. Der jüngste Bruder konnte sogar in Lemberg eine Schlosserlehre abschließen, da ihm seine Brüder das finanzierten. Katharina war immer im Haus und im Garten mit der Mutter eingespannt. Sie versäumte sehr oft die Schule, denn die Arbeit musste geschafft werden. Der angenommene Cousin konnte gar nicht zur Schule gehen, da niemand für ihn aufkam. Er lernte im Haus das Schusterhandwerk.
Edgar wuchs bei seiner Tante Mrilis zu einem kräftigen, strammen und hübschen jungen Mann heran. Doch war es für ihn schwierig, eine Familie zu gründen, da er Analphabet war. Deshalb beschlossen Onkel und Tanten, dass er Katharina, seine Cousine, heiraten sollte. Da würde alles in einer Familie bleiben, meinten sie. Katharina aber liebte Peter, der sie sicher auch geheiratet hätte, doch damals entschieden eben Eltern und Verwandten über solche Dinge. Katharina musste sich fügen.
1937 fand die Hochzeit zwischen Katharina und Edgar statt. 1938 wurde ihnen eine Tochter geboren und auf den Namen Anna getauft. 1939 begann der Krieg. Alle Deutschen verließen Galizien aus Furcht vor den Russen.
Katharina kam mit ihrer Familie, der Mutter und den beiden behinderten Brüdern in verschiedene Lager, zuletzt nach Vietz/Warthe. Dort erblickte ihr zweites Kind, der Sohn Siegmund, das

Licht der Welt. Danach wurden sie in Litzmannstadt/Lodz angesiedelt. Edgar wurde zum Militär einberufen. Da er ein stattlicher Mann war und auch sportlich sehr tüchtig, interessierte sich die Luftwaffe für ihn und teilte ihn zum Bodenpersonal ein. Edgar wurde auf einem Militärflugplatz von feindlichen Bombensplittern an Kopf und Unterarm getroffen. Die Splitter konnten nicht entfernt werden. Die Front rückte immer näher und Edgar kam noch auf polnischem Boden in Gefangenschaft. Dort ging es ihm nicht gut, er wurde misshandelt. Über einen Mitgefangenen schrieb er meinem Vater und bat ihn um eine Einreisegenehmigung nach Deutschland. Dadurch könnte er früher aus der polnischen Gefangenschaft entlassen werden. Mein Vater sandte ihm diese, so schnell es nur ging. Eines Tages kam Edgar in Leipzig, in der damaligen Stettiner Straße an. Er hat sich recht gut durchgefragt.

Die Splitter in Kopf und Unterarm begannen bei Edgar zu wandern. Er litt große Schmerzen, saß manchmal nur da und stierte abwesend in die Gegend. Meine Mutter bekam es mit der Angst. Vater brachte Edgar zu einem bekannten Arzt, der ihn behandelte. Nachdem sich sein Gesundheitszustand einigermaßen stabilisiert hatte, wurde er von einem Onkel über die „grüne Grenze" nach Salzgitter gebracht. Dort musste Edgar sich gleich in ärztliche Behandlung begeben. In Salzgitter hatte Edgar alle gesund und wohlauf vorgefunden. Er suchte in den nächsten Tagen den Hausarzt der Familie auf, der ihn sofort in eine psychiatrische Klinik nach Braunschweig überwies. Edgar packte seine Tasche, schärfte im Beisein seiner Tochter ein Taschenmesser und meinte, dass er dies gut gebrauchen könne, um das Brot zu zerkleinern. Dann fuhr er in die Klinik nach Braunschweig. Es vergingen etwa zwei Wochen, als die Kriminalpolizei zu Katharina kam und fragte, ob sich Edgar zu Hause gemeldet hätte. Katharina war erschrocken. Sie hatte noch nie etwas mit der Polizei zu tun gehabt und sagte, dass sie Edgar am Tag der Abreise nach Braunschweig das letzte Mal gesehen hätte. Es verging wieder

eine Woche. Diesmal brachte die Polizei die Nachricht, dass Schulkinder Edgar in einem Wald bei Braunschweig gefunden hätten. Mit seinem Taschenmesser hatte er sich die Kehle durchgeschnitten.
Nun lastete auch dieses Unglück noch auf der kleinen Katharina. Zu Hause mussten die beiden Kinder, die alte Mutter und die beiden behinderten Brüder versorgt werden. Katharina war so verbittert, dass Edgar ihr all das in seinem Wahn, in seinen Schmerzen, die er sicher durch die wandernden Splitter in Kopf und Arm hatte, angetan hatte, dass sie ihm bei der Beerdigung das Taschenmesser, mit dem er sich die Kehle im Wald durchgeschnitten hatte, mit ins Grab warf.
Die Jahre vergingen. Der älteste Bruder, der als Kind durch den gelöschten Kalk blind geworden war, fand eine gute Frau und heiratete sie. Mit seiner bescheidenen Rente und der kleinen seiner Frau konnten sie leben. Somit war Katharina eine Sorge losgeworden. 1958 starb Katharinas Mutter mit 81 Jahren. Für sie war alles zusammengebrochen. Niemand stand ihr mehr bei. Katharinas Brüder hatten ihre eigenen Familien und wohnten weit weg von Salzgitter. Der einzige behinderte Bruder unterstützte Katharina, soweit er es vermochte. Die beiden Kinder wuchsen heran. Anna heiratete einen Tischler und blieb im Haus wohnen, das sie sich inzwischen gekauft hatten. Katharina hatte es nicht leicht bei ihrer Tochter. Sie besaß keinen eigenen Willen mehr, musste alles tun, was Anna bestimmte.
Siegmund heiratete ebenfalls und zog weg. Es stellten sich Enkelkinder ein, Anna bekam eine Tochter und Siegmund zwei Söhne. Schließlich starb der behinderte Bruder, und Katharina war nun ganz der Willkür ihrer Tochter ausgesetzt. Es war keiner mehr da, der Anna Einhalt geboten hätte. Sie drangsalierte ihre Mutter. Es durfte sie niemand besuchen, nicht einmal der eigene Bruder. Anna ließ keinen zur Tür herein. Auch Siegmund mit Familie durfte

nicht kommen, und erst recht nicht Katharinas Nichten und Neffen. Eines aber konnte Anna ihrer Mutter nicht verbieten, aus dem Haus zu gehen, Verwandte und Freunde zu besuchen und sonntags in die Kirche zu gehen. Nur so fand Katharina Gelegenheit, sich bei Verwandten und Freunden auszusprechen und ihrem Herzen Luft zu machen.

Siegmund bereitete ihr ebenfalls Sorgen. Es wollte mit der Arbeit nicht so recht klappen. Er begann zu trinken. Zur Mutter konnte er nicht gehen, um von seiner Not zu klagen, denn die Schwester ließ ihn nicht herein. Mit einem Alkoholiker wollte sie schon gar nichts zu tun haben.

Eines Tages, als er die Mutter besuchen wollte, wurde er wieder abgewiesen. Seine Frau hatte vor, mit den beiden Söhnen nach Braunschweig zu Verwandten zu fahren. Zuvor rief Siegmund zu Hause an und bat seinen ältesten Sohn, zu Hause zu bleiben, da es ihm nicht gut ginge. Der Sohn fuhr dennoch mit nach Braunschweig. Es ließ ihm aber keine Ruhe und er kehrte abends nach Hause zurück.

Leider war es zu spät. Siegmund hatte Tabletten genommen, Alkohol dazu getrunken und, wie sein Vater, Selbstmord begangen. Katharinas Last wurde unermesslich. Nun musste auch noch ihr Sohn ihr Leid antun. Sie geht fast jeden Tag auf den Friedhof an sein Grab.

Zu Hause aber lebt sie weiter unter der Fuchtel ihrer Tochter, die der Mutter kein bisschen Freiheit gönnt. Katharina darf keinen Kontakt aufrechterhalten, der Anna nicht passt, alles zerstört sie. Inzwischen ist Katharina schon 83 Jahre. Die Tochter wird wohl erst zur Besinnung kommen, wenn ihre selbstlose, gütige, vom Schicksal so hart betroffene Mutter nicht mehr ist.

Elinor Graf

Illusionen

Mit 80 ist alles gelaufen – dachte ich.
„Mit einem Wohnmobil kann man durch ganz Europa fahren, braucht kein Hotel und das Bett ist immer dabei", sagte Herrmann.
„Du wirst nächstes Jahr 81", sagte ich.
„Ach wirklich", sagte Herrmann fast fragend und sehr ungläubig.
„Und wer soll das Ding fahren?", fragte ich.
„Ich natürlich!", war Herrmanns prompte Antwort und er setzte noch hinzu: „Ich habe meinen Führerschein schließlich schon 60 Jahre!"
Ich erwiderte nichts.

Natürlich, Herrmann hatte seinen Führerschein 1954 gemacht. Hatte er aber vergessen, dass er schon seit zehn Jahren kein Auto mehr selbst gesteuert hatte?
Hatte er vergessen, dass er vor zehn Jahren seine „Pappe" selbst und freiwillig auf den Tresen der Direktion 18 gelegt hatte?
„Wann gibt's Mittagessen?", fragte Herrmann plötzlich.
„Mittagessen hatten wir vor zwei Stunden", sagte ich, ging in die Küche und holte das Kaffeegeschirr und den Kaffee.

Der Heilige Abend

Der Himmel sah nun wieder blau aus, der Regen hatte aufgehört. Wie aus Eimern hatte es gegossen. Es war der Nachmittag des Heiligen Abends, langsam brach die Dunkelheit herein. Isolde hatte die letzten Vorbereitungen für den Weihnachtsabend erledigt und nun saß sie im weihnachtlich geschmückten Wohn-

zimmer und beobachtete die Zeiger der Wanduhr, die sich nur unmerklich bewegten.
Isolde hatte den frischen Weihnachtsbaum mit neuem, zierlichem Drahtschmuck behangen, eine CD aufgelegt und wartete auf Christian, ihren geschiedenen Mann. Heute am Heiligen Abend wollte er zu ihr kommen, zusammen mit Isoldes Cousin Peter. Isolde freute sich auf ihre Gäste. Nach dem Essen wollten sie gemeinsam zur Mitternachtsmesse in die Kirche gehen.
Endlich hatte es Isolde überwunden, dass Christian sich vor fünf Jahren von ihr getrennt hatte, um mit Peter eine Lebensgemeinschaft einzugehen.

Alles hat viele Seiten

Nun war der Teller auf die Fliesen des Küchenbodens gefallen und in hundert kleine scharfkantige Teilstücke zersprungen.
„Der schöne Teller", seufzte Kunigunde. Sie fegte die bunten Scherben mit dem Handfeger auf die alte Metallschaufel und es gab noch einmal scheppernde Geräusche.
Theodor kam neugierig herbei und stellte sich in den Türrahmen.
„Was ist denn runtergefallen?", fragte er.
„Mein Lieblingsteller", sagte Kunigunde traurig, „der mit dem Goldrand."
„Ach, der olle Teller, sei doch froh, dass der endlich kaputt ist! Den konnte man ja nicht mal in die Spülmaschine stellen! Mir ist unbegreiflich, was du an dem blöden Teller so geliebt hast."
So war es mit dem kaputten Teller: Theodor freute sich und Kunigunde war traurig.

Georg Hädicke

Schauspielerei

Im Deutschunterricht behandelten wir die Klassiker, *Goethe und Schiller*. Dabei war es üblich, ihre Theaterstücke mit verteilten Rollen vorzutragen. Da wir eine reine Jungenklasse waren, mussten auch die weiblichen Rollen mit Jungen besetzt werden. Wir waren bei Schillers bürgerlichem Trauerspiel *Kabale und Liebe*. Es ging um die Besetzung der *Luise,* Tochter des Stadtmusikanten Miller. Die meisten meiner Mitschüler genierten sich, eine weibliche Rolle zu übernehmen. Mir machte das nichts aus und da ich in der Klasse als guter Rezitator galt, bekam ich die Rolle der Luise übertragen. Für Schiller war ich damals sehr aufgeschlossen und vertiefte mich in den Charakter dieser aufrichtigen jungen Frau und ihr tragisches Schicksal. In unserer Klasse gab es noch einen anderen Jungen mit schauspielerischen Neigungen, *Fritz Decho*. Ihm lagen mehr die komischen Rollen. Seine Besetzung als *Hofmarschall von Kalb* brachte manchen Lacher der Klassenkameraden hervor. Unser Deutschlehrer muss mit unserer Lesung offenbar zufrieden gewesen sein. Er hatte daraufhin die Idee, zur kommenden Abschlussfeier des Schuljahres ein paar Szenen aus dem Stück auf einer kleinen Bühne in der Aula der Leibnizschule aufführen zu lassen.
Meine Mutter unterstützte mich bei der Kostümierung. Sie lieh mir eins ihrer älteren Kleider und zeigte mir, wie ich ein Kopftuch umbinden konnte, um wie eine junge Frau zu wirken. Als dann die Aufführung herankam, hatte ich *schon* ein wenig Lampenfieber; doch als ich dann auf der Bühne stand, war ich ganz *Luise Millerin*. Bei dem kleinen Monolog in der fünften Szene des dritten Aktes, nach der erzwungenen Entsagung von ihrem Ferdinand, ließ ich mir Zeit, die Gefühle auszuspielen, die Angst um den Vater, die Abscheu vor dem Sekretär Wurm. Ich spürte,

wie das Publikum mitging und es gab dann auch viel Applaus für alle Darsteller. Hinterher hörte ich, wie einige Zuschauer, die mich nicht kannten, fragten, ob ich etwa ein Mädchen sei. Doch das Wichtigste für mich kam noch. Bei unserer Aufführung in der Aula war auch eine Regisseurin des *MDR Sender Leipzig*, aus der Springerstraße, zugegen. Der Sender suchte damals freie Mitarbeiter als Sprecher in Jugendsendungen. Wie ich heute vermute, hatte das unser Deutschlehrer eingefädelt. Jedenfalls wurde ich nach unserer Aufführung von der Dame angesprochen, ob ich bereit sei, in solchen Sendungen mitzuwirken. Voraussetzung war, außer dem Einverständnis der Eltern, die Zustimmung der Schule, da ich für manche Probe und Aufnahme vom Unterricht befreit werden musste. Das war nur bei Schülern möglich, die keine Lernprobleme hatten und den Schulstoff gewissenhaft nacharbeiteten. Da gab es bei mir glücklicherweise keine Einwände und ich durfte zusagen. So bald wie möglich sollte ich mich im Funkhaus in der Springerstraße zum Aufnahmegespräch einfinden.

Mein Schulkamerad Fritz Decho gründete bald darauf die „Bühnenspielgemeinschaft Leibnizschule". *Er* wurde später selbst Schauspieler, übernahm Filmaufgaben bei der DEFA und gehörte zum Schauspielerensemble der DDR. Ab 1966 leitete er das Theater im III. Stock an der Volksbühne in Berlin am Luxemburgplatz, wo er auch literarische Abende mit Annekathrin Bürger, Marion van de Kamp und anderen gestaltete. Heute tut es mir leid, dass ich ihn dort nicht einmal selber erlebt habe.

aus: Meine Jugendzeit (1948)

Freizeitaktivitäten in der Studienzeit

Was machte ein Student an den Wochenenden? Nun, es gab auch zeitaufwändige zeichnerische Belege, für deren Fertigstellung ich manchen freien Tag benötigt habe. Dann bin ich etwa alle vier Wochen einmal nach Leipzig gefahren (mit der Schmutzwäsche im Gepäck und mit der sauberen und ein wenig Zusatzverpflegung wieder nach Dresden). Die Bahnpreise waren für Studenten optimal: eine Strecke 2,40 Mark mit Personenzug über Döbeln. Das dauerte allerdings fünf Stunden! Mit D-Zug über Riesa waren es nur zwei Stunden, da kamen aber 3,00 Mark Zuschlag hinzu; dennoch habe ich es mir oft geleistet.

In Leipzig hatte ich, außer mit meinen Eltern, bei denen ich wohnte, noch guten Kontakt zur jungen Familie meines Bruders. Im März 1950 war ihre Tochter Christine zur Welt gekommen. Ein kleines Spielzeug oder Bilderbuch hatte ich da bei meinen Besuchen immer in der Tasche und freute mich jedesmal über die gute Entwicklung meiner Nichte. So erfuhr ich auch von Horsts Problemen als Neulehrer und er blieb auf dem laufenden über meine Studienfortschritte. – Zu Maria hatte ich zwar noch losen Briefkontakt; doch an den Wochenenden, wenn ich in Leipzig war, hatte sie kaum Zeit für mich.

An den freien Tagen in Dresden besuchte ich auch manchmal Wolfgang Noack. Er wohnte in Kleinzschachwitz bei einer älteren, liebenswürdigen Dame mit viel Verständnis für junge Menschen. Sie erlaubte auch „Damenbesuche" nicht nur bis 22 Uhr. So konnte Wolfgang ungezwungen oft mit Osgith zusammen sein. Ein altes Klavier stand ihm auch zur Verfügung und er besaß einen Plattenspieler mit einigen Langspielplatten, die damals noch aus Schellack bestanden und auf einer Seite in etwa 20 Minuten abliefen, dann musste gewechselt werden. So entsinne ich mich noch an einen wunderschönen Abend, an dem auch

Osgiths Freundin Helga zugegen war. Nachdem uns Wolfgang ein paar kleinere Stücke auf dem Klavier dargeboten hatte, führte er uns seine neue Errungenschaft vor. Er hatte sich Schuberts „Große C-Dur Symphonie", die damals zwei Schallplatten beanspruchte, zugelegt. Wir lauschten alle vier wie gebannt dem einprägsamen, romantischen Hornmotiv am Anfang und den folgenden herrlichen Klängen und erkannten Schuberts Zitate aus Beethovens Neunter darin wieder. Den mehrfachen Plattenwechsel nahmen wir kaum wahr. Jugend ist eben „Trunkenheit ohne Wein" – erst recht bei solcher Musik!

Auch an einen Opernbesuch erinnere ich mich noch: Es wurde „Fidelio" gespielt. – Die Semperoper war ja zerstört. Um den Theaterplatz waren, wie in der Altstadt, fast nur Ruinen. Doch das ehemalige Schauspielhaus war gleich nach dem Krieg bis 1948 wiederaufgebaut worden. Es diente nun als „Großes Haus" zugleich für Schauspiel, Oper, Ballett und Staatskapelle. Seine Eingangsfront war über Arkaden zum Zwinger hin orientiert, dessen Kronentor 1951 wiederhergestellt worden war. Der Innenraum des Großen Hauses gefiel mir damals in seiner Einfachheit. Er war in Eierschalenweiß gehalten mit dezenten Goldtönen der Messing-Brüstungsgeländer. Die grobe Putzstruktur der Saalwände mit kreisrunden Noppen förderte eine gute Akustik. – Hier erlebte ich also Beethovens Oper. Es gab zum Glück noch kein modernes „Regietheater", das die Handlung am liebsten in die Neuzeit versetzt. Mich beeindruckte noch ein werkgerechtes Bühnenbild. Das langsame Herauskommen der Gefangenen aus ihren Kerkern ins Licht des Hofes, ihr an- und abschwellender Chor: „Sprecht leise! Haltet euch zurück!" wirkte erschütternd auf mich. In der Kerkerszene war ich tief berührt von der Arie des Florestan mit seiner ekstatischen Vision vom „Engel Leonore".

Auch Konzerte der Staatskapelle erlebte ich in diesem Haus.

Gern erinnere ich mich auch noch an Ausflüge in die nähere Umgebung. Von Alt-Leuben waren es nur vier Haltestellen bis zur Endstelle der Linie 9 in Kleinzschachwitz. Von dort konnte man mit der Fähre ans andere Ufer der Elbe übersetzen. Auf einem schmalen Uferweg gelangte man in wenigen Minuten vor die Elbfront des Wasserpalais von Schloss Pillnitz. Wolfgang, Osgith, Helga und ich, wir vier haben an freien Wochenenden oft große Rundgänge in den prachtvollen Schlossanlagen unternommen. Die unter August dem Starken aufgekommene Chinamode hatte sein Baumeister Pöppelmann, insbesondere durch die konkav geschweiften Dächer der Schlossbauten und deren abschließende Gesimse mit Hohlkehlen, auf seine Weise baukünstlerisch gelungen umgesetzt. Wir erfreuten uns an den schmuckreichen Bauformen der Palais und den naiven Malereien in den Hohlkehlen, die der damaligen Vorstellung der heitergrotesken chinesischen Lebensweise entsprachen. Der Zahn der Zeit hatte hier allerdings schon mehr Schaden angerichtet als die Luftangriffe, von denen zumindest das Palais verschont geblieben war.

Wenn wir am Elbufer entlangkamen, verharrten wir an der weitgeschwungenen Freitreppe zur Elbe. Hier war einmal der Gondelhafen, von dem aus König August mit seiner Geliebten, Gräfin Cosel, manche Lustpartie genossen haben mag. Unser Blick fiel auf die Elbe, die sich hier teilte und um die in der Mitte gelegene Pillnitzer Insel floss, die wir „Kräheninsel" nannten, da dort viele dieser schwarzen Gesellen zu Hause waren. Wieder zum Wasserpalais gewandt, standen wir vor dessen doppelläufiger, geschwungener, barocker Treppenanlage. An der rechten Außenwand waren Wasserstands-Markierungen angebracht, denen wir entnehmen konnten, wie oft die Elbe schon weit über ihre Ufer getreten war.

Ich erinnerte mich dabei an eine alte Postkarte, die ich von meiner

Mutter kannte, welche aus Königstein stammte, mit einem Foto von einem Hochwasser von 1920.

Dann gingen wir hinein in den Lustgarten, mit seinen in streng geometrischen Formen angelegten, blumenbepflanzten Zierbeeten und dem Springbrunnen in der Mitte. Symmetrisch zum Wasserpalais antwortet das Bergpalais, als architektonischer Zwilling, mit einem Mittelrisalit zur Gartenfront, der von vier korinthischen Säulen getragen wird.
Noch heute gerate ich ins Schwärmen, wenn ich an die Pillnitzer Schlossanlagen denke! Damals war ich ein junger Architekturstudent, aufgeschlossen für den Schmuck- und Formenreichtum der Gebäude, die blühende Buntheit und den Abwechslungsreichtum der verschiedenartigen Gartenanlagen. Nach und nach erkundeten wir vier das Gelände, wo wir uns häufig trafen. Im Schlossgarten bewunderten wir die hinter der Orangerie in einem eigenen Haus untergebrachte über 200 Jahre alte, ungefähr acht Meter hohe Kamelie, eine japanische Rose, auf deren Blütezeit wir uns schon freuten. In den Heckenquartieren, westlich vom Lustgarten, entdeckten wir die alte venezianische Prunkgondel des Königs, die auch schon überholungsbedürftig war.
Bei unseren Rundgängen kamen wir uns in Gesprächen auch persönlich näher. Wolfgang lief zumeist mit Osgith, ich mit Helga. So erfuhr ich von Helga, dass sie auch bereits traumatisierende Kriegserlebnisse hinter sich hatte. Ihre Familie stammte aus Ostpreußen. Auf der Flucht nach Kriegsende hatte sie als Kind Schlimmes durchgemacht, wovon sie aber nicht weiter sprechen wollte. Sie waren danach in Schwerin untergekommen, ihre Eltern hielten sich mit Korbflechtarbeiten über Wasser. Dennoch hatte sie es zu diesem Studium geschafft. Sie war ein prima Kamerad und wir verstanden uns gut. Vom Aussehen her war

sie mehr vollschlank, während Osgith kleiner und eher zierlich gebaut war.

Im Englischen Garten hielten wir uns alle gern auf. Der wirkte romantisch mit seinem künstlich angelegten Teich, auf dem wir ein Entenpärchen beobachteten. Im Wasser spiegelte sich ein klassizistischer Rundtempel, dessen Hauptgesims von acht profilierten ionischen Säulenpaaren getragen wurde. Darüber ein gitterbegrenzter Umgang mit zurückgezogenem runden Obergeschoss, die Dachkuppel von einer steinernen Vase bekrönt. Daran erfreuten wir uns, hatten wir doch solche Bauformen in Kunstgeschichtsvorlesungen schon kennengelernt. Im nördlichen Teil der Gartenanlagen, dicht an der Parkmauer zur John-Schehr-Straße, entdeckten wir einen gut nachempfundenen rechteckigen Chinesischen Pavillon mit typisch geschweiftem Blechdach, das von hohen Holzsäulen getragen wurde. Auf der Dachspitze befand sich eine als Drachen ausgebildete Wetterfahne. An all den Gebäuden hatte die Denkmalspflege noch viel Arbeit zu leisten, um diese Kostbarkeiten zu erhalten! In der Parkmauer fanden wir auch eine kleine Pforte, die uns auf die Straße hinaus führte.

Für Sonntagsausflüge hatte mir meine Wirtin die Pillnitzer Weinbergwege empfohlen, wo man schöne Ausblicke hätte. Auch zum Borsberg zu wandern lohnte sich, dort könne man preiswert essen, da wir ja sonntags kein Mensaessen bekämen. In der Weinbergschänke am Pillnitzer Rathaus oder im Goldenen Löwen an der Ostseite des Schlosses könne man auch gut essen. – Wolfgang hatte durch seine Wirtin auch von den Weinbergwegen gehört. Dorthin wollten wir vier heute mal wandern. Wir gingen also durch die erwähnte Gartenpforte, wandten uns nach links und sahen bald die Gaststätte Weinbergschänke. Von da aus stieg das Gelände zum Borsberg hin an.

„An der Schäferei" nannte sich die Gasse, die im Bogen hinaufführte. Da gab es einen Bäckerladen, dessen Duft die Mädchen nicht widerstehen konnten. Etwas höher begann der Wald des Friedrichsgrundes, wo in einer Rechtswindung die Wünschendorfer Straße Richtung Borsberg begann. Bei dieser Steigung hatten wir ganz schön zu schnaufen. Am Abhang rechts lagen noch ein paar Villen, bevor die Straße in den Wald hineinführte. An der letzten Villa bemerkten wir eine schon leicht verblasste Wandmalerei mit einem Spruch, den sich der Bauherr offenbar als Richtspruch auserkoren hatte:

„Wenn dieses Haus so lang nur steht,
bis aller Neid und Hass vergeht,
dann bleibt's fürwahr so lange stehn,
bis dass die Welt wird untergehn ..."

Wenige Schritte hinter dem Grundstück zweigte rechts von der Straße der Leitenweg ab, der auf der Bergseite vom Wald begrenzt wurde und immer am Hang entlangführte. Die rechte Wegbegrenzung bestand aus Bruchsteinmauern oder Zäunen, unterbrochen von den oberen Eingängen zu den Grundstücken, auf deren Weingärten wir hinabblickten. Unter uns lag jetzt die Weinbergkirche mit ihrem steilen Walmdach mit dem hölzernen Turmaufsatz und der schönen Barockhaube mit aufgesetzter Spitze und Wetterfahne. Sie geht auf einen Entwurf von Pöppelmann zurück, wie wir aus der Kunstgeschichte wussten. Das Dach, vor allem des kleinen rückwärtigen Anbaus, war stark beschädigt, es fehlten viele Ziegel. – Weiter rechts sahen wir den Park und die Gebäude des Pillnitzer Schlosses, hinter der Elbe lag Kleinzschachwitz und noch weiter hinten musste Leuben liegen. Während wir immer weiter den Weg entlangliefen, der den Windungen der Höhenlinie des Hanges folgte, genossen wir die herrliche Aussicht, die von einer Wegbiegung aus den Blick auf die Berge der Sächsischen Schweiz freigab.

Auf der Wanderung ging mir immer wieder der Spruch auf der Hauswand durch den Sinn. Bei meinem Praktikum als Zimmermann hatte ich auch schon solche Richtsprüche kennengelernt; doch diese sogenannten Volksweisheiten regten mich damals irgendwie auf. Wie konnte man behaupten, dass Neid und Hass bis zum Weltuntergang herrschen würden. Ich musste an einen Ausspruch aus Goethes Faust denken: „Wenn so ein Köpfchen keinen Ausweg sieht, stellt es sich gleich das Ende vor." Meiner Auffassung nach ging doch die Entwicklung des Menschen immer weiter! Ich sprach Wolfgang daraufhin an und fragte ihn nach seiner Meinung. Wir hatten ja inzwischen Vorlesungen über den dialektischen Materialismus gehört und uns mit philosophischen Problemen auseinandergesetzt. Von meinem Schulfreund gleichen Vornamens, mit dem ich noch im Briefwechsel stand, hätte ich Zustimmung erwartet. Doch mein Studienfreund Wolfgang hatte eine eher konservative und idealistische Einstellung. Er fand den Spruch in Ordnung. Wir philosophierten eine ganze Weile hin und her, wobei uns die Mädchen interessiert zuhörten. Helga versuchte zu vermitteln, doch Osgith meinte: „Lass sie doch, ist doch interessant!" Wir kamen zwar nicht überein, doch unsere verschiedenen Auffassungen trübten unsere herzliche Freundschaft in keiner Weise. Es ging auf den Abend zu und wir traten den Rückweg an. Als wir wieder durch den romantischen Schlosspark gingen, stimmte Helga mit Osgith einen Kanon an, in den Wolfgang und ich bald mit einfielen: „Abendstille überall, nur am Bach die Nachtigall singt ihre Weise, klagend und leise, durch das Tal."
So endete unsere Wanderung stimmungsvoll in harmonischem Einvernehmen. –

Georg Hädicke / Inge Handschick

Nachdem wir uns verabschiedet hatten, war mir wehmütig ums Herz: saß ich doch wieder allein in meiner Studentenklause und fühlte mich recht einsam.

aus: Meine Studienjahre (1951)

Inge Handschick
Donnerstagstränen

Freitag –
Sonntag meiner Kindheit:
Vater brachte Geld.
Beim Stadtgang
Einkauf kleiner Freuden.
Die größte für mich:
eine spitze Tüte,
süße Himbeerbonbons.

Andere Erfahrung: mit Mutter
beim Krämer.
Duft saurer Gurken,
verlockend, vom Faß.
Ich bettelte lange
und bat vergebens.
Es war wohl gerade
ein Donnerstag.

Für mein Weinen
gab ich der Mutter
die Schuld. Unwissend
selber schuldig werdend. –

Wieviel Gründe
für besseres Wissen!

Die Jacke

Auf der Treppe im Krematoriumshain kam mir meine alte Schulfreundin Gerlinde entgegen. Beim Annähern wich die Begegnungsfreude anderem Erkennen: Wir trugen die gleichen Jacken. Aus demselben Versandhaus, stellte sich heraus. Ich fragte nach Gerlindes Befinden; ihr war die Jacke wichtiger: „Du denkst, du trägst was Besonderes, willst was aus dir machen, und dann ..."
„Man wird dich schon nicht mit mir verwechseln, ich bin ja viel kleiner als du", tröstete ich.
Sie winkte ab. „An jeder Straßenecke kommt einem diese Jacke entgegen, immer in Rosenholzfarbe mit blauem Besatz. Massenartikel – wie zu Konsumzeiten. Ich schmeiß den Frack weg."
Mein Hinweis auf Kleidersammlungen kam nicht an bei ihr, obwohl ich sie dabei „Lindi" nannte, was sie immer gerne gehört hatte. „Dutzendware! Und das in allen Größen. Nur das Blau ist manchmal ein bisschen anders." Sie hielt ihren Ärmelaufschlag an meinen. „Genau derselbe Farbton!" Es klang wie ein Vorwurf. „Hättest dir eben eine Jacke nähen lassen müssen!" – „Nähen lassen? Wer kann denn das bezahlen heutzutage?" Verärgert verabschiedete sie sich. Während ich mich nach meinen Spankörben mit den Geranien und den kleinen Lobelien bückte, wandte sie sich, nun schon ein paar Stufen tiefer, noch einmal um und gab mir weinerlich zu verstehen, wie sehr unter solcher Massenerscheinung ihr Selbstwertgefühl leidet – und das bei all ihren anderen Leiden.
Einen Moment fühlte ich mich schuldig, dann wehrte sich mein Selbstwertgefühl und sagte mir, dass ich mich auch als Massenartikel behaupten werde. Außerdem konnte ich froh sein, dass ihr Jackenärger meine Frage verdrängt hatte. Ich wusste aus

Erfahrung: Begann sie von ihren Krankheiten zu berichten, von jenen, die sie hatte, und erst recht von denen, die sie nach intensivem Studium ihres „Doktorbuches" zu haben vermeinte, dauerte es lange. Krankheiten waren kein gutes Thema für mich. Auch aus Erfahrung. Aber ich konnte mir nicht abgewöhnen, nach dem Befinden anderer zu fragen.

Wenig später sah ich in der Nähe des Elterngrabes an einem Aststumpf ein sorgsam abgehängtes Kleidungsstück: rosenholzfarben mit blauen Besätzen. Es war, als sähe ich es mit Gerlindes Augen.

„Schon wieder die gleiche Jacke!"

Eine Frau mit einer Stiefmütterchenpflanze in der Hand richtete sich auf, musterte mich. „Ja, tatsächlich!" Blauäugig strahlte sie mich an. Es wird sogar die gleiche Konfektionsgröße sein, dachte ich und sagte: „Man sieht sie an jeder Straßenecke."

Die Frau betrachtete mich eingehend von unten bis oben und wieder zurück, die blaue Hose, das passend gemusterte Halstuch, die Schuhe. – Die Jacke hatte allerhand Ausgaben für Zubehör gefordert.

„Das ist aber schön, wenn man etwas trägt, das vielen gefällt", sagte die Frau – jetzt in einer geblümte Kittelschürze – voller Wohlwollen und Zufriedenheit. „Das zeigt doch, dass man einen guten Geschmack hat."

Offenbar las sie jeden Morgen einen Vers über positives Denken und war mit sich und der Welt im Einklang. Sie widmete sich wieder ihren Stiefmütterchen.

Eigentlich eine gute Idee, so ein naturgegebener Kleiderständer, dachte ich, suchte einen Aststumpf in erreichbarer Höhe und hängte meine Jacke, um sie vor Grabspuren zu schützen, nicht weit von deren Ebenbild an eine Kiefer.

Während ich die Pflanzen aus den Töpfen nahm und in die Erde senkte, war ich wieder in meiner Kindheit, etwa fünf Jahre alt:

„Mutti, warum müssen die Menschen sterben?" – „Weil Gott es so will." – „Will Gott auch, dass sie sich zanken?" Die Mutter hatte auf einmal ein schmerzliches Zucken um den Mund, antwortete leise: „Nein, das will Gott nicht", fügte dann barsch hinzu: „Frag nicht soviel. Geh spielen und denk nicht über alles mögliche nach, was du nicht verstehst."
Mutter war fromm, Vater ging nie in die Kirche. Nun stehen ihre Urnen da unten friedlich nebeneinander. Ein bisschen Asche blieb. Was sonst? Zumindest die Liebe, uns Kindern gegeben. Und das Erinnern.
Vater sehe ich immer nur in seinen blauen Eisenbahnerhosen vor mir, Mutter denke ich mir passend hinzu, in ihrem dunkelblauen Wollstoffkleid mit den weißen Punkten. Ihnen tiefgrabend zugewandt, denke ich, dass es zuletzt ganz gleich ist, welche Jacke man trug.
Fertig! Ich hätte mit meinem Werk zufrieden sein können. Hübsch sah es aus, dieses farbtonreiche, nirgends grelle Rot der Geranienblüten, eingerahmt von Blattgrün und leuchtend blauen Lobelien, aber ich nahm es im Augenblick nicht recht wahr.
Gegenwartsentrückt dachte ich: Zuletzt zählt nur, was für ein Mensch man war, was man bewirkte. Möglichst über seinen Tod hinaus.
Beim Händewaschen blickte ich auf. Mir waren noch keine Flügel gewachsen, ich war jäh wieder ganz irdisch. Und erschrocken: Meine Jacke war weg!
Ein paar Bäume weiter sah ich etwas Rosenholzfarbenes mit blauen Besätzen. Nein, o nein – diese Jacken sind beileibe nicht alle gleich! Ich zieh doch nicht jede an. Widerwillig ging ich darauf zu. Was sollte ich jetzt tun? Vielleicht in der Friedhofsverwaltung nachfragen?
Auf dem Kiesweg schwebte eine rettende Gestalt heran, schwenkte mein blaugemustertes Tuch.

Glücklich zog ich die Jacke über, die rosenholzfarbene mit dem Blutfleck vom kleinen Finger des Enkeljungen neben der rechten Tasche. Selbst die grünen Spuren vom letzten Sonntagsausflug, ärgerlich entdeckt, als ich die Jacke aus dem Schrank nahm, störten mich jetzt nicht mehr auf *meinem* Massenartikel.

Rita Hase
Tim und die Kastanie

Jetzt liegt vor mir eine kleine Kastanie. Vor drei Wochen erhielt ich die. Sie glänzt noch wie am ersten Tag.
Eilig hab ich's, das Geschenkpaket zur Tochter zu bringen. Sie fährt mit ihrer Familie morgen zu meiner Enkeltochter. Die Enkelin lässt sich mit ihren beiden Kindern Thea-Marie und Jonas gemeinsam taufen. Dieses Mal möchte ich nicht mitkommen. Ein Tag die Hinfahrt, einen Tag dort, dann zurück – es ist mir zu anstrengend. Außerdem erkrankte ich bei der letzten Fahrt dorthin. Auch der Gedanke hält mich ab. Doch nun muss ich einen Tag vor der Fahrt noch mein Paket mitgeben.
Am Pirnaischen Platz steige ich vorn beim Fahrer in den Bus ein. Auf dem ersten Platz sitzt ein Schüler. Er gibt mir sofort seinen Sitz frei, zerrt den Ranzen von der Bank und steht auf. Ich danke ihm, rücke ganz nah ans Fenster und da ist noch genug Platz für den Jungen. Mit einladender Geste und Mimik mit Kopf und Händen zeige ich an: Komm setz dich zu mir, hier ist Platz für zwei. Er setzt sich neben mich, den Ranzen, den dicken, jetzt auf dem Rücken. „Gib Acht, halt dich fest, wenn wir jetzt um die Kurve fahren. Du sitzt ja nur auf der Kante." Da nimmt er den Ranzen vom Rücken, legt diesen auf seine Beine. Den Reißverschluss des Ranzens öffnend kramt seine Hand

suchend im Fach. Heraus kommt eine kleine Kastanie; die hält er mir entgegen: „Ach, die ist kaputt."
Er steckt sie zurück und sucht weiter. Wieder hält er eine kleine Kastanie in der Hand; es war sicher eine der ersten, die vom Baum gefallen. Er hält sie mir hin mit den Worten: „Die ist für Sie!" Ich bin überrascht. Erfreut danke ich. So frage ich: „In welche Klasse gehst du?" „In die Fünfte", sagt er.
Gedanklich hätte ich den Jungen in eine dritte Klasse gesteckt – naja, Jungen wachsen etwas später in die Höhe.
Er erzählt mir: „Ich bin jetzt in der neuen Schule. Da gefällt es mir besser. In der alten war ich der Prügelknabe; die haben mich gemobbt. Jetzt haben wir uns mit den größeren Klassen zusammengetan. Die helfen uns in den Pausen, wenn wir angegriffen werden. Aber einer aus meiner alten Klasse ist auch in meiner jetzigen." Nach einer kurzen Pause spricht er weiter: „Aber ich habe eine Geheimwaffe."
„Hmm ...", ich neige mich ihm zu: „Verrätst du sie mir?"
Er hält seine Hand vor den Mund: „Ich beiße."
In mir taucht eine Erinnerung auf: Eines Tages war meine vierjährige Tochter weinend zu mir gekommen. Ich hatte gefragt, was ihr passiert sei.
„Die Frau T. hat mich gebissen!"
„Was hast du getan?"
„Ich hab die Kerstin gebissen." Kerstin war noch ein Jahr jünger. Ich war entsetzt, hatte aber keinen Hausknatsch daraus gemacht. Ich hatte mein Kind in den Arm genommen: „Ja, es tut sehr weh. – Der Kerstin hast du auch so weh getan. Jetzt weißt du, wie sehr das schmerzt, das tust du bestimmt nicht wieder." Soweit mein Erinnern.
Zum Jungen sage ich: „Naja, verteidigen muss man sich."
„Ich habe auch schon eine Rüge erhalten, aber das macht mir nichts!"

„Wie heißt du?", frage ich.
„Tim, aber hier muss ich aussteigen."
„Machs gut, Tim", verabschiede ich mich.
Beim Aussteigen wendet er sich mir zu: „Ich mache gern älteren Menschen eine Freude, die so lieb sind, wie Sie!"
Ich sehe ihm nach; er erscheint mir ernst, nachdenklich. Auch ich bin nachdenklich im Weiterfahren, aber dein Vertrauen, Tim, hat mich erfreut.
In meiner Glasvitrine liegt eine kleine Kastanie. Die ist nur knapp eineinhalb Zentimeter groß. Noch immer glänzt sie wie vor drei Jahren. Noch immer behielt sie die Form wie am ersten Tag. Ich halte sie kurz in der Hand. Die Farbe ist nachgedunkelt, gleich altem Holz. Würde ich dich wiedererkennen, Tim, wenn ich dich zufällig träfe? Doch vielleicht erkennst du mich, wenn ich dir zulächle.
Lächeln hat die Kraft der Schönheit, die uns bleibt.

Wir haben einen Weihnachtsbaum

Einige Tage vor Weihnachten holten Lina und ihr fünf Jahre jüngerer Bruder in der Stadt eine Salbe aus der Apotheke. Es war das zweite Jahr nach dem Ersten Weltkrieg. Nun stand wieder ein erleuchteter Baum auf dem Marktplatz. Auch aus dem nahen Kaufhaus erblickten sie einen schön geschmückten, leuchtenden Baum. „Komm! Den sehen wir uns genau an!", rief die zehnjährige Lina und zog ihren Bruder freudig hopsend mit durch die Eingangstür. Arno staunte, stand ganz schweigend, beinahe andächtig da. Plötzlich sprach er: „Ich möchte auch einen Weihnachtsbaum." Auf dem Heimweg redeten die zwei nur vom anstehenden Weihnachtsfest.
Sie wohnten draußen, vor der Stadt, auf dem Galgenberg im

zweitletzten Haus. Aber ihre Straße nannte man schon längst nicht mehr so.

Zu Hause bettelten sie: „Mutter, wir möchten nur einen Weihnachtsbaum, gar nichts sonst." – „Kinder, das geht nicht. Wir können uns keinen Baum kaufen." – „Wir könnten ihn doch aus dem Wald holen", meinte der kluge Arno. Die Mutter schüttelte den Kopf: „Ach, das geht nicht. Ich habe noch so viel zu tun vorm Fest. Unsere Wäsche kostet so viel Kraft und Zeit. Außer dem Kaninchenbraten ist für unsere große Familie einiges zu erledigen. Ich kann nicht mit euch den weiten Weg bis zum Wald gehen." – „Aber Mutter, wir kennen den Weg. So oft schon waren wir zum Holz sammeln da. Bitte, lass uns gehen"; so sprach Lina.

"Ich kenne den Weg ganz genau!", meinte Arno und beschrieb seiner Mutter die gesamte Wegstrecke. Schließlich ließ sie sich doch umstimmen: „Nun, dann geht morgen zeitig los und haltet euch nirgends auf, sodass ihr rechtzeitig vor der Dunkelheit zurück seid."

Wie freuten sich die beiden und versprachen, schnell ins Bett zu gehen.

Bevor der Tag begonnen hatte, waren die Kinder schon erwacht und wollten auch direkt losziehen. „Esst nur erst ordentlich, sonst reicht die Kraft doch nicht zum Laufen und Tragen", sagte die Mutter und gab jedem noch einen Apfel und einige Plätzchen mit. „Also wie versprochen; beeilt euch, verlauft euch nicht im Wald, und seid vor Sonnenuntergang wieder hier!", mahnte sie. So recht ruhig war sie an jenem Tag dann doch nicht. Gar öfter trat sie vor die Tür und blickte die Straße in Richtung Wald hinunter. In einer Stunde würde es dunkel sein und noch immer waren die beiden Kinder fort.

„Mutter, was hast du nur?", fragte Emma, ihre ältere Tochter, „du bist so unruhig." Da zog die Mutter bereits ihren Mantel an,

der viel zu dünn war für die winterlichen Temperaturen, und legte sich ein Tuch um Kopf und Schulter. „Ich muss noch einmal fort. Bereite du derweil bitte ein Abendessen vor."
In ihres Mannes Schuhen lief sie los, denn sie besaß keine eigenen. Sie rannte die Straße hinab, bog in der Senke links ein und weiter hin zum Tal. Ihr Herz klopfte laut, Angst stieg in ihr auf. Sie spürte die Kälte nicht. Soweit sie blickte, ihre Kinder waren nicht zu sehen.
Erschöpft und voller Sorge kam sie bei der Mühle an. Ganz erregt fragte sie die Müllerin, ob sie zwei Kinder gesehen habe – ein Mädchen und einen kleinen Jungen. Ja, die Müllerin hatte die beiden vor einer halben Stunde gehört und gesehen. Sie waren singend vorbeigezogen. – „Haben sie einen Sack getragen?" – „Mag sein. Ich hörte die Kinder und sah, dass sie hintereinander gingen und sangen: ‚Und eins und zwei und drei und vier, dann steht das Christkind vor der Tür.' Der Kleine war wohl vom Laufen müde, denn seine Schwester feuerte ihn an: ‚Komm sing!' " –
„Gott sei's gedankt, und vielen lieben Dank!" Der Mutter fiel sichtlich ein Stein vom Herzen, sie lief eilig zurück.
Der Vater war gerade von der Arbeit heimgekehrt, als auch die Kinder zur blauen Stunde ankamen.
„Na, was tragt ihr denn da im Sack?" – „Wir … wir haben einen Tannenbaum! Aus dem Wald!", redeten die beiden zeitgleich los. „So? Dann lasst mal sehen." Er zog das Bäumchen aus dem Sack und meinte lachend: „Na, na, da habt ihr ja einen tollen Baum heimgebracht!"
„Gell, der ist schön, wunderschön!", freute sich Arno.
„Ja, schön ist er", bestätigte der Vater, „aber ich glaube, er muss noch etwas wachsen."
„Wieso? Der ist doch groß, größer als ich", der Junge wunderte sich. „Ei freilich. Aber weißt du, es ist mit den Bäumen wie mit den Buben. Mal wachsen sie in die Länge, mal in die Breite. Du

bist gerade in die Breite gewachsen", meinte er schmunzelnd zu dem rundlichen Jungen.
„Aber wie soll der Baum denn noch breit wachsen? Nun ist er doch abgesägt?"
„Das überlass' mal dem Weihnachtsmann, und ihr zwei geht jetzt erst einmal in die warme Stube. Emma hat wohl Bratäpfel für euch!" Damit verschwand der Vater, mitsamt Baum, in der Werkstatt.
Nun kam auch die Mutter völlig außer Atem den Berg herauf. Ihre erste Frage: „Sind die Kinder da?" – „Wo kommst du denn her?", wollte ihr Mann wissen. Da erzählte sie, dass sie aus Sorge losgelaufen sei. Die Kinder hätten sicher auf dem Heimweg die Abkürzung über die Felder gewählt. Zum Glück hätte die Müllerin die beiden erblickt.
„Na, konntest du nicht noch die halbe Stunde warten?" Dann sah der Mann, dass sie seine Schuhe trug. Seine guten Schuhe! Das gefiel ihm nicht. Er begann ordentlich zu schimpfen. Sie ging bedrückt ins Haus.
Emma hatte die Geschwister beköstigt und zu Bett gebracht, wo die zwei sofort einschliefen. Dann kam Emma in die Werkstatt. Sie brachte dem Vater Pellkartoffeln mit etwas ausgelassenem Speck. Sie setzte sich auf die Werkbank und sah ihm zu. Er hatte den Baum in der Hobelbank festgeklemmt. Die unteren Äste waren abgesägt, und nun war er dabei, Löcher in den Stamm zu bohren. „Gib mir mal den Leim rüber", sagte er. Damit leimte er die Äste in den Stamm und band sie auch fest. „Der Leim muss erst trocknen, dann hält es. Ach, Emma, geh doch rasch in den Garten, da liegen noch Zweige. Bitte bring mir die." So erhielt das Bäumchen ein dichtes Nadelkleid. „Vater, was du alles kannst", meinte Emma anerkennend. „Lina und Arno werden sich recht freuen." –
„Sicherlich!" Der Vater lächelte vor sich hin: „Aber nun braucht

der Baum noch einen Ständer", und er sägte, hobelte ein Holzkreuz mit einem Loch, passend für den Tannenbaum.
„Ein bisschen Farbe, wär das recht? Was meinst du, Emma?"
„Hmm ... Rot? Das passt gut zum grünen Baum."
Tags darauf stand der duftende Tannenbaum in der Stube.
„Oh, wie ist der breit gewachsen! Genau so wie ich!", jubelte Arno. „Wir haben einen Weihnachtsbaum. Einen richtigen Tannenbaum!" Lina fasste den Bruder an den Händen und tanzte mit ihm durch die Stube.
„Na, und womit wollt ihr den schmücken?", fragte der Vater.
„Mit kleinen, roten Äpfelchen", sprach Arno aufgeregt. „Auch Schnee muss darauf liegen, ganz viel." Lina holte Watte, zupfte kleine Flocken und legte diese auf die Äste. Als dann auch die Äpfel angebunden, war das ein wirklich schicker Baum. Einige Kerzen wurden zum Fest auch aufgesteckt.
Gegen Abend setzte dichtes Schneetreiben ein. Zu dieser Zeit kamen die großen Brüder – Heinrich und Erich – nach Hause.
„Ihr kommt ja im wahrsten Sinne hereingeschneit. Lasst nur die Kälte draußen!", rief die Mutter den beiden zu, deren Jacken und Mützen dick vom Schnee bedeckt waren. Als sie dann in der guten Stube den festlichen Baum bestaunten, nahm die Freude der beiden kleinen Geschwister kein Ende. Sie erzählten und redeten beide im Chor. Heinrich, der Älteste, sagte: „Und der Weihnachtsmann hat euch zugesehen, als ihr euren Baum aus dem Wald geholt habt. Da hat er gemeint, solchen Kindern muss er ein besonderes Geschenk bringen. Kommt mal mit, es steht draußen vor der Tür."
„Ein Schlitten! Ein Schlitten! Und Schnee, so viel Schnee! – Oh", Arno staunte. Dann rief er: „Gell, Vater, ich weiß, der Weihnachtsmann hat fleißig in deiner Werkstatt rumort. Ich habe es abends vorm Einschlafen oft gehört. Das darf der doch! Oder?"
„Das darf der doch", echoten die Geschwister.

Das war so ein schönes Fest. Wir haben solche Freude an unserem Baum gehabt. Wir sangen und tanzten alle um diesen Baum, es war einfach herrlich. –

So jedenfalls hat mir das Lina erzählt.

25 Jahre später

Ein Jahr nach dem Zweiten Weltkrieg geht Lina, meine Mutter, mit mir in den Wald. Wir wollen uns dort unseren Weihnachtsbaum aussuchen. Einen Sack und eine Säge haben wir dabei. Der Wald liegt beinahe hinter unserem Haus. Jedoch – es stehen Gartenzäune dazwischen. So führt unser Weg ein Stück durch den Ort, vorbei an der alten Schmiede, bis an die Ecke zum Steinmetz. Im Sommer arbeitet der im Freien, er redet dann immer lange mit der Mutter. Stets hat er vielerlei mitzuteilen. Jetzt im Winter ist er im Haus. Weiter führt uns der Weg an einem Bauernhof vorüber. Im Felsenkeller, dicht daneben, hockten wir bei Fliegeralarm auf langen Bänken bei düsterem Licht.
Aber über diesem Felsenkeller war zu meiner frühen Kindheit eine Gastlichkeit, auch eine Kegelbahn. Treppen führten hinauf, daneben blühte der Goldregen. Mit den Eltern saß ich dort oben unter alten Bäumen, es standen Tische und Stühle dort. Das war vor dem Krieg. Gegenüber dem Bauerngehöft führt ein schmaler Weg aufwärts. Von hier sieht man die Rückseite meines Elternhauses und den Garten, den ein Mauerrest der ehemaligen Stadtmauer abschließt. Der Garten davor zeigt mit der Senke noch deutlich, dass hier einst der Wallgraben war. Doch unser Weg führt uns geradewegs durchs Pfaffental. Wir betreten den Wald. Nah am Eingang ist am Berghang ein Kahlschlag, aber gleich daneben wächst eine Schonung empor.

„Ich will mal sehen, ob hier ein schöner Baum steht, denn am Rand wachsen die Bäume gleichmäßig hoch. Bleib' erstmal unten", sagt meine Mutter zu mir.
Sie steigt den Hang hinauf, plötzlich ruft sie: „Ich habe einen!" Ich laufe zu ihr hin. Sie hält einen gutgewachsenen Baum in den Händen. „Der stand hier im hohen Gras und als ich danach griff, war er schon abgesägt." – „Na prima! Den nehmen wir mit."
Irgendwer hat den zum Abholen bereitgestellt.
In den nächsten fünf Jahren finden wir jedes Mal einen rundum gut gewachsenen Baum, abgesägt und bereitgestellt dort am Hang.
Hat der Förster den Baum für uns dort hin gestellt?
Er sah uns Sommer für Sommer unseren ganzen Wintervorrat aus dem Wald holen. Das war keine leichte Arbeit, gar manches Mal kippte die Fuhre auf dem ausgefahrenen Weg um. Alle Kraft musste Mutter aufbringen, um das zweirädrige Gefährt in Gang zu bringen.
Nach dem Krieg wurden große Bäume gefällt. Sie waren für den Abtransport nach Russland bestimmt. Mutter hackte davon die Spitzen ab. Ich sammelte Reisig zum Verdecken. So fuhren wir bei Dämmerschein heimwärts.
In dieser Zeit besuchte uns oft mein Großvater. Wenn er zu uns kam, hackte und sägte er das Holz.
Der Großvater, der einst einen Weihnachtsbaum in die Breite wachsen ließ und den Schlitten für seine Kinder zimmerte, der unserem alten Haus neue Türen und Fenster schenkte und vielerlei Spielgeräte für seine Enkel anfertigte ...

Ingeborg Hedkamp

Freunde

Sie fühlte sich seltsam leicht, nachdem sie das Krankenhaus verlassen hatte. Die gläsernen Türen pendelten noch ein paar Mal hin und her. Dann stand sie auf der Straße, unschlüssig, welche Richtung sie einschlagen sollte.
Es wurde dunkel. In den Häusern gingen die Lichter an. In ihrer Wohnung würde kein Licht brennen. Es würde kalt sein und leer.
Kurz entschlossen ging sie zu der Kneipe am Ende der Dorfstraße.
Überrascht sahen die drei Männer, die an der Theke saßen, auf. Weiter, nicht aufhalten lassen. Sie ging auf den Tisch in der hinteren Ecke zu und setzte sich so, dass sie den Raum überblicken konnte. Warum sollte sie sich schämen als Frau allein in dieser Kneipe? Der Wirt in Arbeitskleidung und schmutzigen Schuhen machte eine Art Verbeugung, als er Elsa fragte: „Was darf's denn sein?"
Laut und deutlich, sich nur keine Schwäche anmerken lassen: „Ein Bier und einen Korn, einen doppelten bitte."
Einer von den Männern an der Theke, der, der Mühe hatte, seinen dicken Hintern auf dem Hocker zu balancieren, pfiff durch die Zähne: „Die hat's gut vor, einen doppelten."
Elsa saß da wie eine zu Stein gewordene Aufsässigkeit. Sie betrachtete die leeren Tische mit den karierten Decken, die Vasen mit den sparsam gesteckten Blumen. Die Butzenscheiben der Fenster sprenkelten vielfarbenes Licht in den Raum.
Zigarettenqualm, Bierdunst, lallende Stimmen, grobes Lachen. Es brannte Licht, es war warm und Menschen waren hier.
Die Kneipe verwandelte sich in das weiße, sterile Krankenzimmer, aus dem sie gerade geflüchtet war. Und wieder hämmerten Stimmen auf sie ein: Du bist schuld, nur du. Elsa hatte

geweint: Versteht mich doch. Ich war am Ende. Ich konnte nicht mehr.
Sie waren im Recht. Elsa hatte kein anderes Argument als ihre Schwäche, die sie einmal in ihrem Leben gezeigt hatte. Beißende Worte, messerscharfe Vorwürfe, zornrollende Augen, Münder, die Galle spuckten. Ihre Freunde, es waren ihre Freunde, die sie geliebt hatte, und sie glaubte sich auch von ihnen geliebt. Und plötzlich, als hätten die Tränen ihre Augen gereinigt, Schleier weggespült. Ihre Augen wurden klar und groß. Und wie durch ein Mikroskop tausendfach vergrößert erkannte sie ihre Freunde: Hass, aufgestauter Hass, Verachtung ohne Gnade.
Elsa richtete sich auf. Ohne ihr Zutun entspannte sich ihr Körper, ihr Gesicht, ihr Mund. Sie fühlte ein Lächeln über ihre Lippen gleiten. Sie war aufgestanden und hatte das Krankenzimmer verlassen.
„Dasselbe bitte", rief Elsa in die Kneipe.
Die drei Männer drehten sich nach ihr um. Drei Augenpaare prüften sie neugierig, unverhohlen. Sollten sie doch. Was hatte sie heute noch zu verlieren. Was sie auch tat, es war immer falsch.
Sie hatten es doch gewusst, ihre Freunde. Sie hatte ihnen oft genug von den vielen Trennungen erzählt, die sie in den letzten Jahren erlitten hatte. Und diese letzte Trennung von so Liebgewordenem war ihr sehr schwer. Sie konnte nicht helfend und tröstend beistehen. Sie bedurfte selbst der Hilfe und des Trostes. Dass ich nicht lache, du Trost? Wenn du meinst, du könntest dich damit rechtfertigen, Irrtum. Feiges Kneifen, sonst nichts.
Dass Worte so schmerzen können.
„Noch einmal dasselbe", rief Elsa dem Wirt zu.
Sie trank hastig. Nur keine Tränen. Sie legte ihren Kopf auf den Tisch. Das karierte Tischtuch wölbte sich prall und weich wie ein Federkissen. Und sie spürte in dem stiller werdenden Raum,

dem gedämpften Klirren des Geldwechselns, den leisen Schritten der Männer einen Schwall von Wärme und Geborgenheit. Ein sanftes Rütteln weckte sie auf.
„Bleiben Sie. Sie sind bei Freunden."

Hildegard Hofmann
Ein Lied

Zur Jahrtausendwende verbrachten mein Mann und ich ein paar Wochen auf Mallorca. So konnten wir wenigstens eine Zeitlang dem deutschen Winter entrinnen und frühlingshafte Temperaturen und blühende Natur auf der spanischen Insel genießen. Nach ausgedehnten Spaziergängen an den Vormittagen machten wir es mittags meistens wie die Einheimischen und hielten Siesta. Mein Mann las dann oft in einer deutschsprachigen Zeitung, die er sich am Kiosk besorgt hatte, um – wenn auch mit etwas zeitlicher Verzögerung – über die Probleme in Deutschland auf dem Laufenden zu bleiben. Ich wollte auch vom politischen Geschehen Abstand gewinnen und las entweder in einem aus Deutschland mitgebrachten Buch, lernte spanische Vokabeln oder träumte einfach vor mich hin.

Eines Mittags hörte ich aus einem anderen Hotelzimmer neben oder über uns – es war nicht genau auszumachen – eine Melodie, die mich aufhorchen ließ und mich anrührte. Das Lied, von einer hellen Tenorstimme gesungen, begann verhalten in mittlerer Tonlage, gewann dann an Höhe, beschrieb ein paar Schleifen und klang ganz allmählich in tieferen Tönen aus. Die Melodie wirkte auf mich schwermütig und berückend schön. Am nächsten Tag hörte ich das Lied abermals um die Mittagszeit und im Laufe der Woche noch einige Male, auch zu anderen Tageszeiten. Es schien demjenigen, der es sich immer wieder anhörte, also ebenfalls sehr zu gefallen. Ein-, zweimal stellte ich schnell das Radio an, aber kein Sender spielte diese Melodie. Ich vermutete, dass das Lied von einer CD abgespielt wurde, und nahm mir vor, zu Hause in Leipzig unbedingt den Titel meines neuen Lieblingsliedes in Erfahrung zu bringen.

Zu Hause waren wir schnell wieder in unserem Alltag gefangen. Mein Mann kümmerte sich wie gewohnt um die preiswertesten Angebote der Discounter und machte gleich einen Großeinkauf. Seit mein Jochen Rentner war, suchte er sich jede Woche aus der Werbung die sogenannten „Schnäppchen" der Discounter heraus und plante danach die notwendigen Besorgungen. Insgeheim amüsierte ich mich ein wenig darüber, mit welchem Eifer er dabei zu Werke ging. Anscheinend hatte mein Mann damit als studierter Ökonom ein neues Hobby gefunden. Als wir dann einmal zusammen bei Marktkauf einkaufen waren, hatte er mir Tomatensaft und Filtertüten wieder aus dem Einkaufswagen herausgenommen und gesagt: „Das kann ich doch heute Nachmittag bei Penny billiger bekommen!" Erst war ich etwas peinlich berührt, aber dann hatte ich mir gesagt: Was soll's, mein Ökonom kennt sich inzwischen in allen Preisen aus und möchte eben nicht zu viel bezahlen.

Beim nächsten Treffen mit meinen Freundinnen berichtete ich von meinen Reiseerlebnissen und erzählte ihnen natürlich von der Melodie, die mich im Urlaub so fasziniert hatte. Einen Teil des Liedes konnte ich ihnen auch vorsummen. Meine Freundin Ulli wusste sofort Bescheid. „Das ist doch das Lied, das der blinde italienische Sänger singt", sagte sie und nannte mir den Titel.

Da mein Geburtstag unmittelbar bevorstand, wünschte ich mir von meinem Mann nichts anderes als diese CD.

Als es dann so weit war, hatte Jochen wie jedes Jahr zu diesem

Anlass einen festlichen Geburtstisch für mich vorbereitet. Darauf standen ein schöner Rosenstrauß, meine Lieblingspralinen, der neueste Krimi eines von mir geschätzten Autors und ... und ..., aber die CD lag nicht dabei.

Ich bedankte mich – sicher nicht so herzlich wie sonst – und sagte schließlich: „Aber ich hatte mir doch so sehr diese eine CD gewünscht!"

„Ach, weißt du", antwortete Jochen, „die ist im Moment noch so teuer, die wird sicher bald im Preis herabgesetzt, und dann kaufen wir sie uns." „Ich will sie aber nicht irgendwann mal hören, sondern gleich", sagte ich. Ich war enttäuscht, denn in diesem Fall schien mir der ökonomische Aspekt völlig unangebracht zu sein.

Nach dem Frühstück fuhr mein Mann mit dem Auto zum Getränkemarkt, um für die Familienfeier am Wochenende Vorsorge zu treffen. Ich war damit beschäftigt, telefonische Glückwünsche entgegenzunehmen. Als Jochen zurückkam, rief er schon an der Tür: „Überraschung!" Und dann erhielt ich doch noch meine Wunsch-CD. Ich freute mich sehr darüber – und das in zwiefacher Hinsicht: einmal natürlich, weil ich nun endlich diese CD besaß und zum anderen – vielleicht noch mehr –, weil mein Mann über seinen Schatten gesprungen war.

Beim Geburtstagskaffee erklang dann das Lied „Time To Say Goodbye" zum ersten Mal in unserem Zuhause. Ich musste es natürlich gleich zweimal hören. Die CD enthielt noch weitere schöne Lieder, alle gesungen von dem italienischen Sänger Andrea Bocelli.

In den darauf folgenden Wochen hörten sich Jochen und ich diese Lieder noch oft an den Nachmittagen beim gemütlichen Kaffee- oder Teetrinken an.

Dann geschah etwas, was ich niemals hatte erleben wollen. Mein Mann wurde schwer krank. Und als wir schon glaubten, er habe

das Schlimmste überstanden, starb er plötzlich an einer Lungenembolie. Für die Trauerfeier sollten drei Musikstücke ausgewählt werden. Ich war mir sofort sicher, dass eines davon „Time To Say Goodbye" sein musste.
Seither habe ich die CD nie wieder abgespielt; und wenn ich dieses Lied einmal zufällig höre, kommen mir noch heute die Tränen.

Chaule

Eigentlich hatte ich Chaule schon fast vergessen. Was so verwunderlich nicht ist, denn seit unserer Begegnung waren bereits mehr als vier Jahrzehnte vergangen. Aber da wurden im Fernsehen allabendlich die vielen Flüchtlinge gezeigt, die, hauptsächlich aus Syrien, dem Irak und Afghanistan kommend, sich auf dem Weg nach Westeuropa, insbesondere nach Deutschland, befanden und in einer jungen Frau glaubte ich plötzlich Chaule zu erkennen. Aber nein, sie konnte es doch gar nicht sein, denn so oder so ähnlich sah sie vor 40 Jahren aus! Im Nu stand mir meine damalige Lebenssituation wieder vor Augen. Ende der 60er Jahre, ich war damals 31 Jahre alt, wurde mir die Diagnose Hauttuberkulose gestellt. Das war für mich und auch für meinen Mann und meinen dreijährigen Sohn eine schockierende Nachricht, denn es bedeutete eine mehrmonatige Trennung unserer Familie. Bald wurde daraufhin die Uni-Hautklinik in Leipzig für acht Wochen mein neuer Aufenthaltsort; von neuem Zuhause möchte ich in diesem Zusammenhang eher nicht sprechen. Und Chaule, ein 17-jähriges Mädchen aus Bagdad, war während der ganzen Zeit meine Bettnachbarin. Als mich damals die Stationsschwester in das mir zugewiesene Krankenzimmer brachte, stellte sie meine Tasche an das mittlere

Bett des Dreibettzimmers. Ich erinnere mich noch genau daran, wie sich bei unserem Eintritt ein junges Mädchen von dem an der Wand stehenden Bett erhob, auf dem es gesessen hatte. Es kam lächelnd auf mich zu. Mir fielen sofort ihre großen dunklen Augen, der braune Teint und die langen schwarzen gekräuselten Haare auf. Sie war mittelgroß und ein wenig pummelig, was gut mit ihrem noch kindlich wirkenden Gesicht harmonierte. Darüber hinaus war nicht zu übersehen, dass der Zeigefinger ihrer rechten Hand einen Verband trug. „Ich bin Chaule", stellte sie sich vor und: „Sie können ruhig Du zu mir sagen", fügte sie noch hinzu. Daraufhin nannte ich ihr meinen Vornamen, denn ich fand das Duzen bei dieser großen Nähe zueinander trotz des Altersunterschieds durchaus angebracht. Chaule schien froh darüber zu sein, endlich wieder Gesellschaft zu bekommen, denn außer dem mittleren, mir nun zugewiesenen, war auch das Bett am Fenster nicht belegt.

Nachdem die Krankenschwester wieder gegangen war, verstaute ich meine Sachen in Schrank und Nachttisch. Während dessen erzählte mir Chaule, wie es sie aus Bagdad nach Leipzig in die Hautklinik verschlagen hatte. Lebhaft gestikulierend sprudelte sie alles nur so heraus: Vor Monaten hätte sich plötzlich der Zeigefinger ihrer rechten Hand entzündet, hätte zu eitern begonnen und einfach nicht wieder heilen wollen. Der Hausarzt und auch die Hautklinik in Bagdad konnten ihr nicht helfen. Da kam für Chaules Familie nur noch eine renommierte Fachklinik im Ausland in Betracht. Ihre Wahl fiel auch deshalb auf die Leipziger Hautklinik, weil Chaules älterer Bruder zur Zeit an der Leipziger Uni studierte und sich somit um seine kleine Schwester kümmern konnte.

Ich fand bewundernswert, wie gut sie Deutsch sprach. Nur an einem leichten Akzent merkte man die Ausländerin. Sie habe doch in der Schule mehrere Jahre Deutschunterricht gehabt,

erklärte Chaule dazu. Außerdem sei sie ja seit den drei Wochen hier im Krankenhaus nur unter Deutschen.
Während der nun folgenden acht Wochen befanden Chaule und ich uns die meiste Zeit allein im Zimmer. Das Bett am Fenster war einmal für etwa zehn Tage mit einer jüngeren Frau belegt, die an einem starken Ausbruch von Schuppenflechte litt und ein anderes Mal für eine Woche mit einer älteren Frau, die wegen eines kleinen Krebsgeschwürs auf der Nase behandelt wurde.
Der Tag verlief in der Hautklinik wie wohl in den meisten Krankenhäusern. Wir Patienten wurden in aller Frühe von der Krankenschwester zum Fiebermessen geweckt, dann gab es Medizin und Frühstück, danach fand die Visite statt, mal im größeren, mal im kleineren Rahmen, aber immer war sie das wichtigste Ereignis des Tages. Da erfuhr man doch manchmal etwas über den Erfolg der Behandlung; und wenn man ganz großes Glück hatte sogar, dass man bald entlassen werden konnte.
Ich musste fast acht Wochen auf diese frohe Botschaft warten, und Chaule bekam sie während meiner Anwesenheit überhaupt nicht zu hören. Vor und manchmal auch nach dem Mittagessen wurde man zu Untersuchungen in andere Fachabteilungen geschickt. Abends gab es dann natürlich Abendbrot und die verordneten Medikamente. Von diesem täglichen Einerlei hob sich nur die Spritze ab, die ich jeden Vormittag erhielt, sowie die Wundversorgung von Chaules krankem Finger. Hierbei bestand eine gewisse Spannung immer darin, ob die Prozedur mehr oder weniger schmerzhaft verlaufen würde. Bis zum Einschlafen war man den ganzen Tag lang mit seiner Krankheit konfrontiert.
Etwas Abwechslung verschaffte mir, dass ich mich in ruhigen Tagesphasen immer mal wieder in die mitgebrachten Bücher vertiefen konnte. Auch auf Chaules Nachttisch lagen Bücher und Zeitschriften, in denen sie manchmal las. Daneben stand ein kleines Radio, das sie meistens anstellte, um Unterhaltungs-

musik zu hören. Sie war auch immer darauf bedacht, mich damit nicht zu stören. Besonders gern hörte sie Schlagermusik. Und wenn dann ihr Lieblingsschlager gespielt wurde, strahlte sie vor Freude und stellte den Apparat ausnahmsweise lauter. Es handelt sich dabei um das Lied „Du bist nicht allein, wenn du träumst heute Abend", gesungen von Roy Black.
Kurze Zeit danach brach sie manchmal in Tränen aus, und ich hatte Mühe, sie ein wenig zu trösten. Da überkam sie wohl das Heimweh, und ihr wurde bewusst, dass sie doch allein war, allein in einem fremden Land.
Abwechslung brachten natürlich auch die Besuche aus der Außenwelt. Sie durften mittwochs und sonntags am Nachmittag erfolgen. Mittwochs erhielt ich hin und wieder Besuch von einer Freundin oder Kollegin. Sie nahmen dafür eine längere Anfahrt in Kauf, denn die Bahnfahrt von Grimma nach Leipzig betrug eine knappe Stunde; dazu kam dann noch die Straßenbahnfahrt bis zur Liebigstraße. Am Sonntag besuchte mich immer mein Mann, leider meistens ohne unseren Sohn, denn für Kinder war das Betreten der Krankenzimmer verboten. Chaule wurde fast zu jeder Besuchszeit von ihrem Bruder besucht. Er war ein mittelgroßer junger Mann von Anfang zwanzig, mit braunem Teint, dunklen Augen und schwarzem, welligem Haar. Ich vermutete, dass seine elegante Kleidung nicht aus unseren Konsum- und HO-Kaufhäusern stammte. Wenn Chaules Bruder unser Zimmer betrat, grüßte er höflich, bevor er sich seiner Schwester zuwandte, und beim Verlassen des Zimmers wünschte er allen gute Besserung.
Zur Besuchszeit am Sonntag kämmte Chaule ihr langes Haar besonders sorgfältig und kümmerte sich auch um meine Frisur. Sie zeigte dabei viel Geschick – trotz ihres verbundenen Fingers. Nach getaner Arbeit tanzte sie um mich herum, klatschte in die Hände und sagte dabei immer wieder: „Hübsche junge Frau,

hübsche junge Frau." In solchen Momenten wurde mir bewusst, dass sie eigentlich noch fast ein Kind war.

Als wir eines Sonntags nach der Besuchszeit wieder allein im Zimmer waren, brach Chaule in Tränen aus. „Ach, weine doch nicht", sagte ich und strich ihr tröstend übers Haar, „dein Bruder kommt schon am Mittwoch wieder zu Besuch." „Das ist es nicht", antwortete sie unter Schluchzen, „dein Mann sieht meinem Vater so ähnlich!" Schnell holte sie aus ihrem Nachttisch ein paar Fotos heraus. Ich lernte nun – zumindest auf Fotos – auch ihre Eltern und ihre anderen beiden Geschwister kennen. Alle wirkten für meine Begriffe sehr europäisch – sowohl was ihre Kleidung als auch ihre Wohnungseinrichtung betraf. Eine gewisse Ähnlichkeit zwischen ihrem Vater und meinem Mann konnte ich gleichfalls feststellen.

Chaule erzählte mir, dass ihr Vater von Beruf Kaufmann sei und dass ihre Familie in Bagdad im eigenen Haus wohne. Sie schwärmte von den Nächten in der heißen Jahreszeit, wenn sie, ihre Eltern und Geschwister auf dem Hausdach schliefen. Sie gab mir das Gefühl, es mitzuerleben, wie ein leichter Wind ihr Kühlung zufächelte und wie sie dann in den samtblauen Himmel schaute, dessen helle Sterne sie bis in ihre Träume begleiteten. War Chaule Christin oder Muslimin? Ich weiß es nicht, denn über Religion haben wir nie gesprochen. Auf den Fotos trugen die Frauen aus ihrer Verwandtschaft jedenfalls keine Kopftücher. Auch sie selbst band nie ein Kopftuch um, wenn sie einen längeren Spaziergang oder Besorgungen machte. Im Gegensatz zu mir durfte sie manchmal das Krankenhaus für Stunden verlassen. Von einem dieser Ausgänge brachte sie mir ein arabisches Lehrbuch mit. Ich hatte Chaule darum gebeten. Es war mir nämlich in den Sinn gekommen, mich im tristen Krankenhausalltag mit etwas Interessantem zu beschäftigen, und das sollte die arabische Sprache sein. Chaule hatte sich gern bereit erklärt, mich dabei nach Kräften zu unterstützen. In der Folgezeit saßen wir so manche Stunde zusammen am Tisch: Chaule sprach mir zum Beispiel Worte aus dem Lehrbuch vor und verbesserte mich, wenn ich sie nicht richtig nachsprach. Ich merkte ihr an, dass es sie freute, ihre Muttersprache einem anderen nahe zu bringen. Eines Tages überraschte uns die Stationsärztin dabei, wie wir gerade mit Sprachübungen beschäftigt waren. Die Göttin in Weiß ließ zwar keine Blitze auf mich niederzucken, aber schickte mir eine Reihe zorniger Blicke: „Sie wissen wohl nicht, wie krank Sie sind! Sie dürfen sich nicht anstrengen, wenn Sie wieder gesund werden wollen! Ab sofort ist Schluss damit!" Meine Einwände konnten nichts bei ihr bewirken. Zwar schaute ich auch weiterhin noch ab und zu in mein Lehrbuch, aber wirkliche Fortschritte beim Erlernen der arabischen Sprache machte ich nicht mehr.

Eines Nachmittags kam Chaule mit einem Foto in der Hand an mein Bett. „Schau mal, das ist mein Cousin ... und mein Verlobter", sagte sie mit einem verlegenen Lächeln. Ich nahm das Gesicht des jungen Mannes genau in Augenschein und stellte dabei Ähnlichkeit mit Chaule fest. „Ein sympathischer Junge", urteilte ich und setzte hinzu: „Aber liebst du ihn denn?" „Ich weiß nicht recht, aber ich bin ihm versprochen", bekam ich zur Antwort.

„Chaule, du bist erst 17 Jahre alt, dir wird bestimmt noch ein Mann begegnen, den du richtig liebst. Und nur den solltest du auch heiraten!" Ich versuchte sie davon zu überzeugen, dass sie sich mit einer solchen Ehe nicht für ihr ganzes Leben unglücklich machen dürfe. Aber ich spürte, dass ich mit meinen Argumenten keinen Zugang zu ihr fand. Am Ende sagte sie nur: „Aber meine Mutter hat auch ihren Cousin geheiratet und deren Mutter auch ..."

Nun sah ich Chaules Krankheit mit dem wunden Finger, der trotz aller Bemühungen der Fachärzte nicht heilte, in einem neuen Licht. Es könnte doch eine Folge von Inzucht sein ... Ich war entsetzt darüber, dass in unserer modernen Welt auf diese längst überwunden geglaubte Art und Weise Ehen arrangiert wurden. Auch Wochen, die einem unendlich lang erscheinen, gehen einmal zu Ende. Es kam der Tag meiner Entlassung aus dem Krankenhaus. Nachdem ich die Unterlagen für meinen anschließenden Sanatoriumsaufenthalt in Empfang genommen hatte, verabschiedete ich mich von Chaule. Ich wünschte ihr von Herzen baldige Genesung und eine glückliche Heimkehr zu ihrer Familie. Chaule schaute mich mit traurigen Augen an, so, als würde sie denken: Ja, du kannst gehen, aber ich muss bleiben.

Ob der kranke Finger am Ende amputiert werden musste?, überlege ich, nun wieder zurück in der Gegenwart. Aber da mir diese Zeit damals in der Hautklinik wieder so deutlich vor Augen steht, möchte ich noch viel mehr über Chaule wissen: Wie mag es ihr weiterhin ergangen sein? Hat sie ihren Cousin tatsächlich geheiratet? Wohnt sie noch in Bagdad? Unbeschwerte Nächte unter Bagdads Sternenhimmel wird es wohl schon lange nicht mehr geben. Ja, lebt sie überhaupt noch?

Alles Fragen, auf die ich keine Antwort erhalten werde ...

Heidi Huß

Globetrotter

Sie haben sich eingerichtet in der neuen Wohnung. Oben, auf dem Meißner Ratsweinberg. Und nun erwarten Magdalena und Johannes ihr erstes Kind. Nur wenige Tage noch. Alles ist bereit für den Empfang des neuen Erdenbürgers im Februar des Jahres

1939. Prächtig der Kinderwagen aus hellem Korbgeflecht. Tief liegend die „Wanne", voll gefedert, schwingend. Ein Markenstück, liebevoll ausgesucht.
Bald schiebt Magdalena ein Töchterchen durch Meißens Straßen. Das Kind warm gebettet in einem wunderbaren Gefährt. Noch ist Frieden in der Welt. Das Kind lernt laufen. Der Wagen wird überflüssig. Vorerst.
Der Umzug ins ferne Warthegau, nach Posen, geschieht schon mitten im Krieg. Auch der Kinderwagen gehört zum Reisegut. Ein Sohn wird geboren. Magdalena, jetzt die gnädige Frau, führt die Tochter an der Hand, während das Kindermädchen den Wagen schiebt. Täglich geht der Weg zum nahen Park mit dem gläsernen Palmenhaus. Noch immer zieht der Kinderwagen die Blicke vieler auf sich. Die Bestie Krieg stampft seit Wochen westwärts. Bei einem Fronturlaub rät Johannes, Magdalena möge vorübergehend mit den Kindern zu den Eltern nach Zwickau-Planitz gehen. Sie breitet Laken über Sessel, Stühle, Tische, den Flügel, verstaut das Nötigste in Reisekörbe. Bald würde die Familie wieder zurück sein. Das Kindermädchen Ella nimmt sich der Tochter an. Der Kleine ist im Wagen wohlgeborgen. So geht es auf die beschwerliche Reise von Posen ins Sächsische, ständig unterbrochen von Lazarettzügen.
Magdalena ahnt nicht, dass es kein Wiedersehen geben wird.
Nun ist es die Großmutter, die ihr jüngstes Enkelkind, das erste Schritte schon beherrscht, im Wagen die steile Gabelsbergerstraße hinauf- und hinunterschiebt. Beide haben ihre Freude dran. Die Jahre gehen dahin. Johannes kehrt aus amerikanischer Kriegsgefangenschaft zurück. Es wird eng im Hause der Großeltern. Auf dem geräumigen Dachboden steht in Decken gehüllt der Kinderwagen. Magdalena, längst keine Gnädige mehr, träumt von eigenen vier Wänden. Sieben Jahre nach Kriegsende erfüllt sich der Traum im stark zerbombten

Chemnitz: eine Wohnung, aus Abbruchziegeln gebaut. Viel Umzugsgut gibt es nicht. Aber er ist dabei: der Kinderwagen. Nun kein Vorzeigemodell mehr. Magdalena hat das gute Stück durch halb Europa geschleppt. So will sie sich auch jetzt nicht von ihm trennen. Sie ist 38 Jahre alt. Wer weiß. Und zur neuen Wohnung gehört eine Bodenkammer. Da steht er Jahr um Jahr. Keiner wagt es, ihn zu entsorgen. Erst recht nicht nach Magdalenas frühem Tod. Als die Tochter ein Kind erwartet, holt Johannes den Wagen vom Boden. Im nahen Waschhaus wird er geschrubbt und mit weißer Lackfarbe zu alter Pracht geführt. Ein wunderschöner Stubenwagen. Für draußen hat die junge Mutter ein modernes Stück erworben. Hochrädrig mit glänzenden Speichen, Korb mit Kunststoff verwoben. Doch sie bettet das wie sie an einem Sonntag geborene Mädchen allzu gern dorthin, wo sie selbst geborgen lag. Das Kind ertastet sich mit Schritten seine Welt. Zeit, den alten Wagen aufzugeben. Das Unterteil ist so stabil, dass künftig der Wäschekorb darauf befördert werden kann. Die Mangel liegt so weit entfernt.

Bald gibt es einen liebevollen Vater für das Kind. Bevor die kleine Familie eine Neubauwohnung am Rande des Karl-Marx-Städter Zeisigwaldes bezieht, tragen Johannes und die Tochter die Teile des einstigen Prachtstückes zu einem zentrumsnahen Sperrmüllplatz. Die junge Frau fühlt sich wie eine Verräterin. Doch ihr ist's, als hörte sie Magdalenas Stimme: „Gut gemacht, Tochter!"

Mein Frauentag

Du weißt tatsächlich noch das Thema deines Abituraufsatzes? Alle Achtung! So etwas schreibt man schließlich auch nur einmal im Leben. 25 Jahre alt warst du bereits, saßest mit Jüngeren dreimal pro Woche in der Abendschule und büffeltest für die

Hochschulreife. Der einfache Weg war dir verwehrt geblieben. Du warst kein Arbeiterkind. Geschadet hat es dir nicht. Der Aufsatz, geschrieben 1964, eine Erörterung: „Der gesellschaftliche Fortschritt lässt sich exakt messen an der gesellschaftlichen Stellung des schönen Geschlechts (die Hässlichen eingeschlossen)" Karl Marx 1868.
Vier Frauen hattest du ausgewählt, an deren Werdegang du die Marxsche These beweisen wolltest. Ich frag mich heute noch – warum gerade diese Frauen? Die am Institut für Lehrerbildung absolvierten Lektionen in Marxismus-Leninismus hatten dein Lebensbild doch schon geprägt und du nanntest dich Genossin. Warum also Dorothea Erxleben, Annette von Droste-Hülshoff, Louise Otto-Peters und Bertha von Suttner? Die Suttner, die Friedens-Bertha, hatte dir den Kopf verdreht. Oder waren es die männlichen Darsteller Matthias Wiemann als Alfred Nobel und der smarte Dieter Borsche als Arthur von Suttner? War es nicht doch nur ein kitschiger Film mit der schönen Hilde Krahl? Und ausgerechnet die Droste-Hülshoff, die Schlossherrin von Meersburg, ein Erzähltalent allemal, aber doch mit patriarchalisch geprägter Lebensauffassung. Wie konntest du daran gesellschaftlichen Fortschritt messen? Die Louise Otto-Peters nehme ich dir noch ab. Jawohl, ein erster Schritt in Richtung bürgerliche Frauenbewegung. Vor der Erxleben lass uns den Hut ziehen, mit dem wir Frauen uns leider zu selten schmücken. 1754 errang sie als erste deutsche Frau gegen den Widerstand des angeblich starken Geschlechts den medizinischen Doktortitel. Dein Aufsatz bekam ein „Sehr gut". Verspürst du nicht den Wunsch, diese Arbeit, jetzt knapp ein halbes Jahrhundert später, noch einmal zu lesen oder sie gar neu zu verfassen? Warum lagen dir eine Nadeshda Krupskaja, die Ehefrau und Kampfgefährtin Lenins, eine Rosa Luxemburg, eine Clara Zetkin nicht näher? Du konntest ihre Gesichter nicht erkennen, ihre Ängste

nicht spüren, ihr Lachen nicht hören. Sie blieben steril, in Beton gehauen. Dabei hätte es die sensible, kluge, zierliche Rosa verdient, von den Nachgeborenen geliebt zu werden.
Frauengestalten in der Literatur haben dich von früh an geformt. Nicht die „Trotzköpfchen"-, „Nesthäkchen"-, „Goldköpfchen"-Bände lagen für dich in der Kinderbibliothek bereit. „Das Mädchen Ustja", „Das Mädchen Sima", „Soja Kosmodemjanskaja", die Partisanin, wurden die Kindheitsbegleiter. Raue, harte Schicksale in den Wirren des Großen Vaterländischen Krieges. Später prägte dich die Pflichtlektüre – größtenteils männlich dominiert. Bis dich der „Geteilte Himmel" berührte und die wunderbare Christa Wolf. Und Maxie Wander und Brigitte Reimann stellten an das Leben andere, teils unerwünschte Fragen. Frauen durften endlich schwach und verzweifelt sein.

Als die Welt größer wurde und das Anschauen derselben einer lange gepredigten Anschauung nicht mehr widersprach, lerntest du eine Paula Modersohn-Becker und eine Gabriele Münter kennen, Malerinnen, Gefährtinnen, lebens- und liebeshungrig. Und kämpferisch.

Gäbe dir heute jemand das Thema noch einmal vor, du würdest neu entscheiden, andere Protagonistinnen wählen. Deine Favoritin hieße und heißt Eva Strittmatter. Und du würdest manches, was dir einst heil erschien, in Frage stellen, denn: „Der gesellschaftliche Fortschritt lässt sich exakt messen an der gesellschaftlichen Stellung des schönen Geschlechts". Das gilt immer noch. Auch zur 100. Wiederkehr des Internationalen Frauentages.

Maritta Jahnke

Der Traum vom Fliegen

In den 1920er Jahren fand mein Opa Arbeit als Zimmermann in einem abgelegenen Dorf. Dort baute er mit seinen eigenen Händen ein Haus für seine Familie. Eltern und sechs Kinder. Meine Oma erzählte mir, dass laut Bauzeichnung die Fenster der Küche zur Straße zeigten. Nein, sagte damals mein Opa, da schaut ihr Frauen nur zum Fenster raus, anstatt zu arbeiten. Also tauschte er beim Bauen die Küche mit der Treppe, die zum Obergeschoss führte. Dadurch konnte man aus der Decke über dem ersten Treppenabsatz einen großen Balken ragen sehen. Er wurde durch das Versetzen der Wände sichtbar und gehörte zum Dachboden.

Das Haus hatte keinerlei Isolierungen. So glitzerten in strengen Wintern die schrägen Wände des Kinderzimmers vom Frost. Aus einer Stadtwohnung kommend, hatte ich damit natürlich so meine Probleme. Am Tage legten wir in die Röhre des Küchenherdes Ziegelsteine, damit sie sich erwärmen konnten. Abends wurden sie in Packpapier gewickelt und in die Betten gelegt. Das war eine gute Wärmequelle. Eine dicke, aus Gänsefedern gestopfte Zudecke hüllte mich für die Nacht ein. Da ich nicht zu den Frühaufstehern zählte, zog ich mir die Decke morgens gern bis über die Ohren und kuschelte mich so richtig hinein. Meine Mutter war unerbittlich und rief mich erneut, denn ich musste zur Schule. Also ging ich mit geschlossenen Augen die Treppe nach unten. Über mir wirkte der Balken auf eine besondere Art bedrohlich. Beide Frauen, Oma und Mutter, standen unten an einen Türrahmen gelehnt und beobachteten mich. Du fällst noch mal die Treppe herunter, sagte meine Mutter dann stets. So entstand in mir der Wunsch, fliegen zu können. Dann könnte ich die Treppe nicht herunter fallen.

In einem wiederkehrenden Traum träumte ich dann vom Fliegen. Ich übte immer und immer wieder. In jedem Traum. Eines Tages war es dann soweit. Am oberen Treppenabsatz stehend, stieß ich mich ab und schwebte behäbig nach oben. Meine Arme und Beine hingen in der Luft. Wie bei einem Insekt. Über das Treppengeländer fiel mein Blick auf die untere Treppe. Dort war es dunkel. Dann aber sah ich den Balken. Ich erkannte aus der Nähe die Maserung des Holzes. Leider kam ich nicht daran vorbei. Ängstlich öffnete ich die Augen und stellte fest, dass es nur ein Traum war.

Ein Traum, der in gewissen Abständen wiederkehrte. Später, nach meinem Auszug, verließ mich der Traum. Er blieb zurück in meinem Elternhaus.

Er blieb zurück auf der Treppe mit dem hervorstehenden Balken.

Karin Koch
Die Wahrheit im Spiegel

Sorgfältig, als würde sie ins Theater gehen wollen, kleidet sich Marie vor ihrem großen Spiegel an. Seit sie die 80 überschritten hat, erfreut sie nicht gerade, was sie darin sieht. Oberflächlich betrachtet bietet ihr Spiegelbild noch immer die ihr so vertraute Silhouette, groß gewachsen, aufrechte Haltung, schlanke Figur. Sie dreht sich einige Male erst in die eine Richtung, dann in die andere, findet nichts, was abstoßend wirkt. Vor allem nicht, wenn sie sich, wie gerade jetzt, in zarter Spitzenunterwäsche präsentiert. Sich völlig nackt zu betrachten, wagt sie nur noch selten. Es war kaum zu ignorieren, dass die Elastizität ihrer Haut abgenommen hat, besonders an Brust, Bauch und Po. Aber wen störte das sonst noch? Es sieht ja niemand mehr, denn Marie lebt schon lange allein. Nur ihrem großen Spiegel, einem Überbleibsel aus besseren Tagen, mutet sie die nackte Wahrheit zu, und er, er war schonungslos und ehrlich zugleich. Trotzdem schaute sie herausfordernd, zumeist kritisch hinein und entdeckte tatsächlich immer öfter Unerfreuliches. Besonders im Gesicht zeigte er ihr jede Falte, jede Sünde durchwachter Nächte, jede Zigarette, jeden Schluck Alkohol und die durchlebten Sorgen. Auch – davon sah man nur nicht all zu viel – die wenigen Lachfalten an den Augen. Das Schicksal war im Laufe ihres Lebens mit immer neuen Herausforderungen dahergekommen, dabei hatte sie doch geglaubt, dass mit dem Kampf ums Überleben nach dem schrecklichen Krieg 1945 schon die meiste Kraft verbraucht war. Aber wie sich später herausstellte, musste sie für die wenigen Freuden in ihrem Leben jede Menge Energie verwenden. Anderen waren sie nur so zugeflogen, doch Jammern war ihr Ding nicht.

Schnell wendet sich Marie ab, greift das erstbeste Kleid, das in ihrem Schrank hängt, und streift es sich über. Es ist aus reiner Seide und in königsblauer Farbe, was bezaubernd zu ihren blauen Augen passt. Sie erinnert sich noch genau, wie begeistert die Verkäuferin diese Harmonie pries, damals, als sie es erwarb. Und tatsächlich lobten auch einige Bekannte ihren Geschmack, tauchte sie auf Partys darin auf. Der einzige Nachteil heute an diesem schönen Kleid jedoch erweist sich in dem gewagten Ausschnitt. Sie zupft daran herum. Vor Jahren war er stets der Grund für bewundernde Blicke gewesen, nun, na ja, Marie seufzt tief, jetzt zeigt er einfach zu viel faltige Haut. Dazu braucht sie nicht einmal in ihren großen Spiegel zu schauen. Sie weiß auch so, dass sie es nie mehr tragen würde. Mit flinken Bewegungen zieht sie es wieder aus und greift sich das feine grüne Jerseykleid, das wiederum so gut mit ihrem roten Haarschopf harmonierte. Dabei vergisst sie die kleine Tatsache, dass sie jetzt mit über 80 schlohweiß war. Das Kleid, bis oben geschlossen, mit kleinem Stehkragen, verdeckt perfekt ihre Problemzone. Außerdem fällt der Rock des Kleides in lockeren Falten herab und umspielt handbreit unter dem Knie ihre langen Beine. Prüfend wirft Marie einen Blick in ihren großen Spiegel und nickt zufrieden. So gefalle ich mir, denkt sie versöhnlich, nun noch die Haare kess in die Stirn gekämmt, etwas, nur eine klitzekleine Spur Make-up aufgetragen, Hausschuhe aus und schicke Pumps angezogen, fertig war sie zum Ausgehen. Halt, ermahnt sie sich, noch etwas Parfüm an Schläfen und Ohrläppchen, das ist ein Muss für die gepflegte Frau, hörte sie auch jetzt noch ihre Mutter mahnen. Nun betrachtet Marie sich wieder in ihrem großen Spiegel. Am liebsten würde sie ihn fragen: „Spieglein, Spieglein an der Wand", aber sie ist ja nicht im Märchen. Sie ist ..., ja, wo ist sie denn hier eigentlich, und wohin wollte sie überhaupt gehen? Warum hat sie dieses grüne Kleid an und die unbequemen Pumps?

Sie blickt in ihren großen Spiegel, sieht darin eine alte Frau, die sie überhaupt nicht kennt. Was macht die hier, in meinem großen Spiegel und mit meinem grünen Kleid? Unverschämt findet sie das! Aber die alte Frau verschwindet nicht, so sehr sie sie auffordert, doch endlich zu gehen. Unruhe und Angst beschleicht Marie, sie ruft laut um Hilfe, denn dieser Situation ist sie in ihrem Alter nicht mehr gewachsen. Außerdem mag sie keinen Streit, hat ihn noch nie gemocht, doch wie es aussieht, wird es hier gleich einen geben, denn das ist mein Zimmer und mein großer Spiegel. Vor Aufregung zittert sie am ganzen Körper.

„Aber, aber, Frau Fichte", hört sie eine beruhigende Stimme. „Was hat Sie denn so geängstigt, dass Sie um Hilfe rufen müssen?", fragt die Stimme weiter und behutsam führen sie starke Hände zu ihrem Sessel. „Für wen haben Sie sich denn in Schale geworfen?"

Da erkennt Marie die nette Pflegerin und weiß nun schlagartig wieder, wo sie ist. Noch etwas benommen wirft sie verstohlen aus ihren Augenwinkeln einen scheuen Blick in ihren großen Spiegel. Es ist keine alte Frau mehr zu sehen. Gott sei Dank! „Ist wieder alles in Ordnung?", fragt besorgt die Pflegerin und streichelt ihr sanft über das Haar. Marie lässt es geschehen, denn es gibt sonst keinen mehr, der dies tut. Sie lebt schon ein paar Jahre hier im Seniorenheim am Rande der Stadt. Als sie herzog, durfte sie einige Möbelstücke aus ihrer Wohnung mitnehmen, das erleichterte ihr das Eingewöhnen. Ihr großer Spiegel gehörte dazu. Doch es kommt immer häufiger vor, dass sie Raum und Zeit vergisst und ihr Bewusstsein in längst vergangene Tage entrückt, betrachtet sie sich darin. Ausgegangen, in ein Konzert, ins Theater oder auf Partys ist sie schon seit ewigen Zeiten nicht mehr. Alles findet hier im großen Gemeinschaftsraum des Seniorenheims statt und da, sie findet das sogar praktisch, kann sie in ihren Hausschuhen hingehen.

Ich werde meinen großen Spiegel weggeben, denkt sie. Ich brauche ihn nicht mehr. Aber wer trennt sich schon gerne von einem liebgewordenen Gegenstand. Besonders, wenn er so viele Erinnerungen birgt wie dieser Spiegel. Vor ihm hatte sie die ersten Tanzschritte geübt, um Bernhard, ihrem späteren Ehemann, in der Tanzstunde zu imponieren. Einige Jahre danach hatte sie aufgeregt mit roten Wangen sich in ihrem Brautkleid vor ihm gedreht und deutlich darin das kleine Bäuchlein gesehen, das sie eigentlich noch verbergen wollte. Dann, als ihr Bauch dicker, dicker und noch viel dicker wurde, weil ihre Zwillinge Robert und Sabine viel Platz brauchten, stand sie oft nackt davor und bestaunte dieses Wunder. Nach der Geburt ihrer Lieblinge hatte sie stets darauf geachtet, wieder eine tadellose Figur zu bekommen. Ihr großer Spiegel zeigte sie in Kleidern aller Farben und verschiedener Modestile und rückte natürlich auch ihren Mann und ihre Kinder immer ins rechte Licht.

Marie verlässt ihren Sessel. Sie braucht jetzt Menschen, sonst erdrücken sie ihre Erinnerungen. Sie tritt an ihren großen Spiegel und fast hat sie es geahnt, da ist sie wieder, die alte Frau! Doch diesmal erkennt Marie gleich ihr eigenes Spiegelbild. Alt, na und?, denkt sie jetzt gelassen. Der Spiegel zeigt immer die Wahrheit, nur unsere Erinnerungen, Träume und Fantasien tragen uns manchmal davon.

Beruhigt geht sie aus dem Zimmer und weiß ganz sicher, dass ihr großer Spiegel bleibt, wo er steht, denn er gehört einfach zu ihr.

Annemarie Köhler

Das Apfelbäumchen

Meiner Jüngsten

Du siehst die Früchte an den Bäumen reifen,
Sie leuchten rot im Sonnenschein.
Du möchtest sie mit Deinen Händen greifen,
doch merkst Du bald, Du bist ein Stück zu klein.

Du überlegst, die Leiter steht daneben.
Des Baumes Stamm. er bietet guten Halt.
Du mühst Dich sehr. die Leiter anzuheben,
zwingst sie durchs Ästewirrwarr mit Gewalt.

Bedächtig steigst Du nun die Sprossen höher
und hältst Dich gut am rauen Holze fest.
Die roten Früchte kommen immer näher,
die kleinen Hände reichen durchs Geäst.

Hast Du die letzte Sprosse dann erklommen,
so füll' den Korb als Lohn für Deinen Mut.
Und hast Du alle Äpfel abgenommen,
erkennst Du, dass die Ernte reich und gut.

Warum dies alles ich Dir heut erzähle?
Weil dem, der müßig nur im Grase liegt
und sich nicht rührt von seiner Stelle
ein fauler Apfel auf die Nase fliegt.

Gisela Kohl-Eppelt
Lebensfülle und Verlust

Meine Mutter sagte von sich, sie sei nicht mit besonderen Talenten gesegnet und auch an klugen Ratschlägen ließe sie es fehlen, doch eine Gabe hielt sie sich zugute: Sie konnte zuhören. Wenn ich mir Fotos ansehe, die sie in meinem Alter zeigen, bin ich gerührt: Was für ein Gesicht. Was für ein Leben. Seit ich mich erinnern kann, war sie der Mittelpunkt der Familie, die mit den Jahren wuchs, sich zerstritt, auseinander fiel und sich neu ordnete. Jeder fühlte sich von ihr angenommen, verstanden, ja, geliebt – und jeder verehrte sie. Ich schrieb es schon: Ja, sie konnte gut zuhören, nahm Anteil, man spürte direkt körperlich die Wärme, die von ihr ausging, obwohl sie eigentlich geistiger Natur war. Das war ihre Mitgift: Herzenswärme, Humor und Liebesfähigkeit.

Als meine Mutter in Rente ging, fiel das nicht weiter auf, sie wurde noch auf ihrer Arbeitsstelle gebraucht, und da sie schlechter lief als Fahrrad fuhr, sah man sie oft mit dem Rad

unterwegs, an dessen Lenker zwei Reisetaschen für Einkäufe hingen.
Im Alter von 78 Jahren erklärte sie ihrer Chefin, jetzt kürzer treten zu müssen. Viele Jahre hatte sie mich und andere Besucher auch mit ihrem Rad und dem Reisegepäck darauf zum Bahnhof begleitet. Mit den Jahren ließen die Kräfte nach, die Begleitstrecken wurden kürzer, schließlich stellte sie diesen Betrieb ein und winkte uns stattdessen lange, lange vom Balkon des Hauses nach, von dem sie die ganze Straße in ihrer Länge überblicken konnte.
Ein Grundsatz meiner Mutter war, wenn Besuch kam, die Hausarbeit ruhen zu lassen, um sich ganz dem Gast zu widmen, ihn zu bewirten, und wenn es sein musste, den Nachmittag nahtlos in den Abend übergehen zu lassen.
„Wenn Besuch kommt, biete ihm Tee und einen Stuhl an, soviel musst du immer übrig haben, auch wenn du nichts hast."
Nicht einmal das habe ich später beherzigt.

Mein Vater starb, wir Kinder gingen, nun erwachsen geworden, aus dem Haus. Nur der Älteste blieb in ihm wohnen, heiratete, wurde Vater und beinah unbemerkt wurden die entstandenen Lücken aufgefüllt. Das Haus blieb nicht leer. Meine Mutter versorgte die Enkel, sah verständnisvoll ihrem Treiben mit den Nachbarskindern zu, neue Besucher kamen. Was mir zu viel war, erschien ihr noch lange nicht genug. Wenn ich an den Wochenenden oder in den Ferien kam, traf ich sie selten alleine an. Schließlich wurden auch die Enkel groß und meine Mutter richtig alt. Doch stets blieb die Tür ihres Zimmers geöffnet. „Hat es nicht eben geläutet?", fragte sie mich, ich log und sagte: „Du hörst sicherlich deinen Tinnitus."
Ich war kinderlos geblieben, fühlte mich in den vielen Beschäftigungsverhältnissen aufgerieben und litt an den Folgen eines

schweren Verkehrsunfalls. Ich wollte einfach in Ruhe gelassen werden, war auch mit fünfzig Jahren noch immer eifersüchtig auf alle und jeden und wünschte mir, das einzige Kind meiner Mutter zu sein.
Endlich war mal niemand im Haus als wir beide. Doch sie stand auf, hinkte zur Tür, blieb schief im Türspalt stehen, die linke Hand auf die Klinke gestützt, die rechte an den Rahmen gedrückt und lauschte ins dunkle Treppenhaus. „Ist da jemand? Kommen Sie doch herauf."
Mir schien, sie lauschte dem Leben nach, das nun immer größere Pausen einlegte, sie immer länger alleine ließ, sie aber noch lange nicht los ließ.
Dieses Bild hat sich für immer in mein Herz geprägt.

Elfriede Kühle
Alles ist vergänglich

Den ganzen Sommer über saß sie bei schönem Wetter auf ihrem blauen Plaste-Stuhl vor dem Haus, die liebenswerte Frau Röder. Sie war klein, vollschlank und hatte noch fast schwarze Haare mit wenigen weißen Strähnen und Kaltwelle. Möglich, dass sie sie auch gefärbt hatte. Sie erzählte einmal, dass sie früher im Büro gearbeitet hat. Mehr wussten wir nicht von ihr.
Für jeden hatte Frau Röder einen freundlichen Gruß. Ihr Lächeln lud ein zum Gespräch und viele ließen sich nur zu gern darauf ein, auch ich. Da war jemand, der zuhören konnte, nichts erwartete, nur Anteil nahm und Mut machte.
Bis vor einigen Jahren hatte sie einen schwarzen Pudel. Da hatte sie keine Zeit, sich vor das Haus zu setzen. Sie führte ihren Hund mehrmals am Tage aus und bereitete für ihn das Futter.

Oder sie war mit ihm im Hundesalon. Er musste ja regelmäßig gepflegt werden. Da habe ich sie nur sehr selten gesehen. Dann war der Pudel krank geworden, er musste eingeschläfert werden. Nicht lange danach war sie mit dem Stuhl nach draußen gezogen und wir hatten uns daran gewöhnt, dass sie da saß und lächelte, bereit für ein Gespräch.

Nun war sie nicht mehr da. Und das fiel auf. Ich hatte erst einen Tag vorher erfahren, dass sie im Krankenhaus St. Georg lag. Der Kreislauf und die Nieren würden nicht mehr richtig arbeiten. Auch davon hatte sie uns nie etwas gesagt. Vielleicht waren die Beschwerden spontan aufgetreten.

Von einer Nachbarin hatte ich erfahren, dass sie Weihnachten immer von ihrer Nichte mit dem Auto abgeholt und wieder zurück gebracht wurde.

Sie lebte allein in einer 26 Quadratmeter großen Einraumwohnung mit Fenster nach Westen. Im Sommer soll es in ihrer Wohnung sehr warm gewesen sein. Da setzte sie sich eben in ihren Stuhl vor dem Hauseingang, rechts von der Straßenseite aus. Von dort hatte sie einen schönen Blick ins Grüne und auf die Kästen mit den bunten Blumen.

Im September 2006 war ich verreist, in die Pfalz und nach Karlsruhe. Mein Neffe Klaus und Frau und meine Freundin Christine und Mann hatten mich eingeladen.

Wieder zu Hause, wollte ich Frau Röder von meinen Reiseerlebnissen erzählen. Da war sie nicht mehr da, obgleich es noch sehr schönes Wetter war. Sie wird im Krankenhaus sein, dachte ich.

Erst Anfang Oktober erfuhr ich durch Nachbarn, dass sie dort verstorben sei. Sie ist 79 Jahre alt geworden.

An einem Oktobertag, einem Dienstag, gegen 12 Uhr, bog ich mit dem Fahrrad in die Bästleinstraße ein. Ich musste absteigen,

weil ein großes Müllverwertungsauto vor der Nummer 20 stand.
Da sah ich, dass Möbel wie Zeitungen platt gequetscht wurden.
Es quietschte und krachte.
Eine jüngere Frau aus unserem Haus war in einiger Entfernung stehen geblieben. Sie schien etwas sagen zu wollen, aber der Lärm war zu groß.
„Unseren Möbeln geht es auch mal so!", hörte ich sie schließlich rufen.
Mir fehlte die Kraft für eine Antwort. Ich sah den blauen Plaste-Stuhl an der Bordsteinkante stehen.
Wie vergänglich doch alles ist.

Christel Lehmann
Musik begleitet mich

Meine ersten Chorerfahrungen machte ich mit etwa 10 Jahren in einem Kinder- und Jugendchor einer Gemeinde in Berlin. Meine Mutti konnte mich als Kind nicht musisch fördern, hatte sie doch in erster Linie die Aufgabe, meinen Bruder und mich allein zu ernähren und groß zu ziehen, weil mein Vati nicht aus dem Krieg wiedergekehrt war. Woher kamen zusätzliche Lebensmittelmarken, womit konnte der Tisch gedeckt werden, was essen und anziehen, wie wird die Wohnung warm? Das waren ihre täglichen Sorgen.
Der Mann einer befreundeten Familie aus unserem Haus war musikalisch sehr interessiert, er unterstützte meine Anfänge beim Singen. Brachte mir von Schallplatten Musik zu Gehör, doch das gefiel mir noch nicht so richtig. Ich verstand es nicht.
Das Singen machte Freude, ich begriff langsam musikalische Zusammenhänge, wechselte in den gemischten Chor, doch dann

kam ein Bruch. Meine Einstellung hatte sich geändert, ich trat aus der Gemeinde aus. Weil ich aber weiter singen wollte, suchte ich nach einem Chor und fand die Berliner Domkantorei, die etwa 1971 keine Gottesdienste im Plan hatte, weil der Dom noch eine Ruine war. Ich konnte weiter geistliche Chormusik singen, diese Art der Musikliteratur gefiel mir so gut. Vorsingen wurde nicht gefordert. Um aber feststellen zu können, ob ich als neuer Sänger in die Stimmgruppe passe oder falsch singe, wurde ich neben Regine Hildebrandt gesetzt, die meine musikalischen Fähigkeiten kontrollierte (sie war später Ministerin für Arbeit und Soziales in der ersten frei gewählten Regierung der DDR). Sie war eine sehr sichere und starke Sängerin, die organisatorisch in dem Chor mit tätig war. Aus meiner heutigen Erfahrung heraus denke ich, dass das in einem Laienchor eine sehr erfolgreiche Methode der Kontrolle neuer Sänger ist.

Jetzt wurde ganz neues Repertoire gesungen, nicht kleine Lieder, sondern große Werke bekannter Komponisten. Mein erstes Weihnachtsoratorium durfte ich 1972 in Berlin mit singen. Als Solist war Hans-Christian Polster für die Basspartie engagiert. Es war ein Ereignis, mit singen zu dürfen. Durch unendliches Lampenfieber stand ich vorn mit hochrotem Kopf. Dieses Weihnachtsoratorium war für mich als junge Frau ein Höhepunkt.

Nach einigen Jahren erlebte ich eine Änderung, privat eine sehr schöne, musikalisch aber nicht. Ich heiratete und zog nach Leipzig. Ich sang beim Bügeln oder in der Wanne oder sang meinem Sohn Lieder vor.

Mein Mann hatte als Kind Klavier spielen gelernt und kaufte sich nach einer Erbschaft ein Keyboard, mit dem er entweder mit Kopfhörern oder ohne spielte. Es war für uns beide eine Bereicherung der Freizeit. Es störte mich aber, dass mein Mann so schön spielte und ich keine Ahnung, aber großes Interesse zeigte. Ich ging ins Rathaus, Abteilung Kultur und versuchte, einen Menschen zu finden, der mir Klavierunterricht zu Hause gibt, weil ich wegen meines Kindes nicht weg konnte. Welche Freude – es gab jemanden, der mich zu Hause auf dem Keyboard unterwies. Einmal im Monat und ein dreiviertel Jahr lang hatte ich die Möglichkeit, Musik zu lernen. Ich gab mir Mühe, sowohl die theoretischen als auch die praktischen Anforderungen zu meistern. Das Üben von Hausaufgaben hat zwar Spaß gemacht, war aber nicht zufriedenstellend. Wohlgemerkt, einmal im Monat hatte ich Unterricht. Die familiären Verpflichtungen waren zu groß. Trotzdem bin ich heute froh, diese sehr kurze Zeit genutzt zu haben, ich finde mich auf der Klaviatur zurecht und versuche einzelne geübte Passagen zu spielen.

Als ich dann einen Chor in Leipzig fand, war ich überglücklich. Der Grünauer Chor wurde neu gegründet, Vorsingen war kein Thema. Doch wenn dann und wann das Alleinsingen bestimmter Passagen gefordert wurde, kamen bei mir Komplexe auf, die dazu führten, dass meine Stimme versagte. Erst sehr langsam hat sich dieses Problem gelöst, mein Gehör wurde geschulter, ich stellte fest, dass mein Gesang sich in den musikalischen Zusammenhang einfügte. Heute macht es mir nicht viel aus, auch einmal allein zu singen.

Ab Januar 1994 sang ich zusätzlich im Leipziger Oratorienchor. Das war nun eine ganz neue Herausforderung. Zu Hause übte ich dank meiner kurzen Klavierstunde am Keyboard bzw. kaufte mir ein Programm für den Computer, mit dem ich die Passagen, die mir schwer fielen, Ton für Ton eingab, um sie bei Bedarf immer wieder abspielen zu können. Das erforderte zwar viel Zeit, doch ich wollte unbedingt in dem Chor bestehen können. Mit klopfendem Herzen saß ich jeden Montag mit in der Runde, um die Musikalischen Exequien von Heinrich Schütz zu erarbeiten. Nun sang ich in zwei Chören, die aber so unterschiedlich waren, dass ich keinen davon aufgeben wollte. Meine Familie hat mich unterstützt, ich hatte kein schlechtes Gewissen deshalb. Als Herr Hans-Christian Polster 1997 zum Weihnachtsoratorium die Basspartie sang, ging ich nach dem Konzert zu ihm, um meiner Freude Ausdruck zu verleihen, wieder mit ihm gesungen zu haben. Allerdings bedachte ich nicht, dass der zeitliche Abstand beider Konzerte auch für ihn bedeutete, 25 Jahre älter zu sein. Er sah mich nur süßsauer an.

Ein Weihnachtsoratorium werde ich wohl nie vergessen. Wir sangen – und auf einmal ging das Licht aus. Was ging mir da nicht alles durch den Kopf: Wie soll ich das Tempo feststellen, das nötig ist? Wann ist der nächste Einsatz? Doch auf einmal konnte ich Text und Noten und die Instrumentalisten spielten, dass es eine Freude war. Ein Dirigent ist auch notwendig, um alles zusammenzuhalten, den Rahmen festzustecken. Doch wenn man nichts mehr sieht, muss man mehr hören. Ich wundere mich noch heute, dass unser Konzert auch ohne Licht weiterging. Alle praktizierten, sich durch nichts aus der Ruhe bringen zu lassen, was auch kommen mochte. Aber glücklicherweise wurde die Dunkelheit doch beendet und das Konzert nahm seinen bekannten und geliebten Lauf.

Zu Hause erst erfuhr ich, dass mein Sohn den Lichtschalter betätigt hatte. Ich hatte ihn eingeladen, er kam spät, das Konzert lief schon und die hinteren Reihen waren alle belegt. Was sollte er jetzt machen. Stehen konnte er nicht, eine ganze Bankreihe aufscheuchen wollte er nicht, da lehnte er sich erst einmal an die Wand. Durch Veränderung seiner Position kam er mit seinem Rücken an den Lichtschalter und – alle Beteiligten musizierten eine Weile im Finstern.

Mein Bemühen, meinen Sohn für die Schönheit des Chorgesanges zu erwärmen, zeigte keine Früchte. Er liebt heute eine ganz andere Richtung, die ihn erfreut, was auch gut ist.

Ich bin in einem Alter, in dem es nicht selbstverständlich ist, noch zu singen. Vor jedem Konzert stellte ich mir die Frage: Kannst du das noch mitsingen? Es gab ja etliche Aspekte, die man für sich klären muss. Ist man noten- und einsatzsicher, spielt die Stimme mit, hat man die richtige Brille mit? Bei mir kam noch die Beschaffenheit meines Körpers hinzu – kann ich die geforderte Zeit stehen?

Große Konzerte wurden immer zum Anlass genommen, sich vom Oratorienchor zu verabschieden. Bei mir entstand immer der Druck, musst du auch schon? Die Mitsänger in meiner Umgebung bat ich, mich doch anzusprechen, wenn sie den Eindruck haben, dass meine Anwesenheit nicht mehr gut ist.

Eigentlich möchte ich kein Werk besonders nennen, wir sangen viele, sehr schöne, das eine oder andere empfand ich bei der Erarbeitung als schwerer, weil es ungewohnt im Hören war. Wenn die Aufführung kam, hatte ich mich reingehört und es machte auch Spaß.

Sehr gern denke ich an das Deutsche Requiem von Brahms, das wir 2001 in Frankreich und 2002 in Monaco sangen. Mendelssohn Bartholdy's Lobgesang 2015 open air im Leipziger Rosental und das jährliche Weihnachtliedersingen in der Alten Handelsbörse werden mir immer im Gedächtnis bleiben.

Nach dem Lobgesang 2015 wollte ich aufhören, war altersmäßig an der Reihe und es stellten sich bei mir große gesundheitliche Probleme ein. Bei jedem Konzert gab es für mich körperliche Herausforderungen, die ich nicht mehr gewillt war zu meistern. Durch verschiedene Begebenheiten machte es mir auch keinen Spaß mehr. Die Entscheidung erwies sich als gar nicht einfach. 21 Jahre Chorleben konnte ich nicht einfach löschen. Da bot sich mir als neues Hobby das Schreiben an, mit dem ich die Leere füllen kann, die vielleicht aufkommt. Nun ist alles gut, zum Jahresende ist der Chor gekündigt und ich denke mit einem lachenden und einem weinenden Auge an die Zeit zurück. Ich wünsche dem Leipziger Oratorienchor stabilen Fortbestand. Jetzt singe ich nur noch im Grünauer Chor, der mein Herz erwärmt. Das Singen in einem Chor ist und war für mich eine unendlich schöne Sache. Wenn ich vor über 60 Jahren gewusst hätte, dass ich heute noch so gern singe, hätte ich bestimmt mehr in meine musikalische Ausbildung investiert.

Sieben Mal eine Handvoll Glück

Unser Hund Timmy war mir eine große Stütze in der ersten Zeit, nachdem mein Mann gestorben war. Ich konnte mit ihm reden. Viel haben wir zusammen geweint und geschmust. Ich ahnte damals nicht, was ich noch alles mit ihm erleben würde.
An einem wunderbaren Tag, es war um Pfingsten 2002 herum, mein Garten gehörte mir erst wenige Wochen, hatte mein Sohn seine Hündin Shila einem Kumpel anvertraut. Dieser Kumpel wollte mir bei Gartenarbeiten helfen.
Timmy und die Hündin waren keine fünf Minuten zusammen, interessierten sich mächtig füreinander und wir überlegten gerade, jeden an einen anderen Baum zu binden, da war es schon geschehen: Mein Timmy saß auf der Hündin, beide waren nicht zu trennen. Was nun, wir wollten keine Hundekinder. Mein Sohn entschied nach langem Zögern, keine Abtreibung vornehmen zu lassen.
Die Trächtigkeit bei Hunden beträgt etwa dreiundsechzig Tage. Doch wie geht ein Wurf vor sich, was braucht man dazu? Fragen über Fragen. Wie werden die Winzlinge versorgt? Ich besorgte Bücher und las und las. Gemeinsam entschieden wir, dass die Kleinen in meinem Garten aufwachsen. Mein Sohn und seine Freundin schliefen draußen im Garten und ich kam früh, wenn

beide zur Arbeit oder Ausbildung gingen. Die kommenden Wochen waren angefüllt mit uns bisher Unbekanntem.
Die sieben Kleinen kamen am 17. Juli 2002 früh um 4 Uhr 50 zur Welt. Mit Brettern wurde in der Laube eine Fläche abgeteilt und mit Decken ausgelegt, das Wurflager war fertig. Die Hündin sorgte sich um ihre Kinder, die anfangs wie Ratten aussahen, so klein waren, dass sie einzeln bequem in eine Hand passten. Alle sieben hatten die Augen zu und quiekten um die Wette. Shila lag auf der Seite und alle versuchten, eine Zitze zu erwischen. Shila besaß zehn davon, eigentlich hätte es ja gereicht, doch jeder wollte zuerst trinken. Da wurde getreten und geschimpft, sie lagen manchmal übereinander und schubsten sich gegenseitig weg. Shila ließ alles über sich ergehen und Timmy staunte nur. In den ersten zwei Wochen ist nur Fressen und Schlafen ihre Hauptbeschäftigung, die sogenannte vegetative Phase. Augen und Ohren sind zu und der Geruchssinn soll auch kaum ausgeprägt sein.

Aus den Büchern erfuhr ich, dass eine Hundemutti mit der Zunge den Bauch massiert und dabei alle Ausscheidungen entfernt, die Praxis sah anders aus. Täglich nahm ich die Decke mit nach Hause. Tagsüber etwas antrocknen lassen, abschütteln und dann ab in die Waschmaschine. Am nächsten Morgen wurden die Decken dann ausgetauscht.

Nach etwa zehn Tagen öffneten die kleinen Geister schon ihre Augen und wuchsen sehr schnell.

Hundeväter werden nicht in die Versorgung einbezogen. Timmy saß abseits und schien sich zu fragen, was denn hier los sei. Keiner kümmerte sich um ihn, alle Menschen schauten nur seine Kinder an. Kaum Schmuseeinheiten, nicht mal Futter gab es regelmäßig und dann machten die solchen Krach. Wenn er sich so benehmen würde, wer weiß, was seine Menschen dann gesagt hätten.

Den Kleinen ging es gut, man konnte richtig zusehen, so schnell wuchsen sie. Wir entwickelten uns auch mit den Anforderungen, die an uns gestellt wurden. Ich brachte nach einiger Zeit meine Küchenwaage mit in den Garten, damit konnten wir den Gewichtszuwachs dokumentieren. Nach knapp zwei Wochen Lebenszeit vermeldeten wir zwischen 650 und 790 Gramm.

Die Sonne verwöhnte uns, deshalb hatten wir draußen auf der Wiese mit Maschendraht und Stäben ein Areal abgeteilt, in dem die Welpen toben konnten. Eine flache Unterstellmöglichkeit gegen die Sonne kam dazu, die kleinen Hunde erhielten manchmal Auslauf in den ganzen Garten. Meine Bepflanzungen und vor allem die Blumen taten mir zwar leid, doch alles ordnete sich dem Wohl der kleinen Welpen unter.

Nachts träumte ich von Hunden, in meinem Bett bellte und wimmerte es und wenn ich früh munter wurde, freute ich mich auf den neuen Tag und überdachte die anstehenden Handlungen.

Immer neue Überraschungen kamen auf uns zu, wir standen immer wieder vor neuen Problemen. Dann ins Buch geschaut, das Internet befragt und gemeinsam Entscheidungen getroffen. Es war eine tolle, lehrreiche, aber auch anstrengende Zeit. Manchmal beschäftigte man sich nur mit den Winzlingen, hatte keine Zeit und vor allem kein Interesse an dem normalen täglichen Leben. Wir beobachteten die neuen Hunde, versuchten Unterschiede herauszufinden, sowohl im Erscheinungsbild als auch im Charakter. Wir hätten sehr glücklich sein können, doch dann kam eine neue Herausforderung. Vor der Gartentür standen Gartennachbarn, beschwerten sich über die Ruhestörung, sie kannten mich noch nicht und die neuen Erdenbürger hielten sich nicht an die obligatorische Mittagsruhe. Sie nahmen an, dass ich den Garten brauchte, um Hunde zu vermehren und zu verkaufen. Meine Informationen, dass es ein Ausrutscher war und keine gewerbsmäßige Aufzucht, besänftigten sie nur zum Teil. Wie konnte ich die Nachbarn für die kleine Bande interessieren? Ich bat sie herein und zeigte ihnen, wie die Kleinen herumtollten, sich stritten und vor allem sich des Lebens freuten. Sie durften sie auch mal streicheln und bald gehörten die Herzen der Nachbarn den Welpen. Dann störte sie das Quieken nicht mehr.

Ein Junge aus einem der Nachbargärten war sehr interessiert an dem Nachwuchs. Er war etwa zwölf Jahre alt und kam fast täglich vorbei. Er versuchte sie zu streicheln, Shila gefiel das anfangs nicht. Jetzt hieß es Geduld zu haben und über die Stimme eine Verbindung aufzubauen.

Mit Hilfe eines Videofilms wollte ich mich auch in einigen Jahren an dieses Ereignis erinnern, deshalb nahm ich oft die Videokamera zur Hand, denn ich war mir sicher, dass ich so ein Erlebnis nicht noch einmal haben würde. Heute, Shila und Timmy leben nicht mehr, sehe ich mir sehr gern den zusammen geschnittenen und nachvertonten Film an. Die Erinnerung zaubert mir immer ein Lachen ins Gesicht.

Anfangs machte ich mir natürlich Sorgen, was mit den Nachkommen einmal werden sollte. Doch im Gartenverein sprach es sich herum, ich hatte rechtzeitig Informationen gestreut und dann schon einzelne Anmeldungen erhalten. Zum Schönauer Parkfest, das alljährlich Ende August stattfindet, habe ich Zettel vorbereitet und die Welpen angeboten. Jeder Stand erhielt solche Informationen und bald waren genügend Anwärter da.

Nach etwa drei Wochen waren die Welpen so groß, dass sie schon wie richtige kleine Hunde aussahen. Shila und Timmy waren schwarze Hunde, jeweils schon Mischlinge. Shila war geschmückt mit einem großen, weißen Latz, hatte weiße Pfoten und ein weißes Schwanzende. Timmy war schwarz, um die Schnauze herum grau und die Pfoten bräunlich. Ihre Kinder sahen dann sehr unterschiedlich aus und die Entwicklung vollzog sich auch nicht gleich. Da wir sie öfter auf die Waage legten, um das Gewicht zu kontrollieren und unterschiedliche Merkmale herausfanden, musste so langsam jeder einen Namen erhalten, wobei von Anfang an klar war, dass das nicht der endgültige Name sein würde. Wir wollten die sieben auseinander halten. Die neuen Besitzer würden ihnen den Namen geben, den sie aussuchten. Der eine sah meliert aus und bekam von uns den Namen „Pfeffi", das Fell eines Anderen war strubbelig, deshalb hieß er „Struppi", ein anderer wurde „ Strolch" genannt, weil ich einen solchen in meiner Kindheit gekannt hatte.

Alle Hundekinder waren irgendwie schwarz, mit schwarzen Nasen, entweder mit weißem Latz oder weißen Pfoten. Doch ein Welpe fiel aus dem Rahmen. Er war wesentlich größer und besaß blaue Augen, eine hellbraune Nasenspitze und rotbraunes wuscheliges Fell. Er hörte dann auf den Namen „Dicker". Ein weiblicher Nachkomme sah fast genau wie Timmy aus, wurde zuerst vermittelt und hieß dann Tammy.

Die kleinen Hunde erkundeten die Welt. Wenn es regnete, waren wir drinnen und sie stromerten durch die Laube und knabberten alles an. Lange konnte ich sie nicht außerhalb ihres Bretterverschlages lassen, weil sie ja nicht stubenrein waren, deshalb war ich froh, wenn trockenes Wetter war und sie draußen sein konnten.

Aus der Literatur entnahmen wir, dass die Kleinen mindestens acht Wochen bei der Mutter sein mussten, danach erst durften sie in ihr neues Zuhause kommen. Gern hätten wir die Rasselbande länger beobachtet. Weil ich eine Reise vorhatte, legten wir den Abgabetermin auf den 8. September 2002 fest.

An einem Tag tobten alle Hunde im Garten herum, ich machte gerade Videoaufnahmen. Dazu brauchte ich eine lange Elektroverbindung, das Kabel lag auf dem Boden. Der Dicke knabberte es an, zog und zerrte daran. Ich rief ihm zu, dass das nicht gut ist. Keine Reaktion. Das ging eine ganze Weile so, dann kam Shila, legte die Schnauze auf den Boden vor den Dicken, sah ihn an und ließ nach etlicher Zeit ein leises kurzes Geräusch hören, etwa wie leises Knurren. Das reichte, mein Kabel war frei. Das war ein Musterbeispiel für Erziehung durch Hunde. Wir Menschen, ich inbegriffen, sind viel zu laut.

Ein Ereignis machte uns großes Kopfzerbrechen: Die Hunde sollten geimpft werden, kurz bevor sie zu ihren neuen Besitzern kamen. Wie kann man sieben wilde Welpen transportieren? Sie hören ja noch nicht, freuen sich ihres Lebens, wollen herum toben und nicht still sitzen. Wir überlegten hin und her. Ein großer Wäschekorb mit Kissen war die Lösung. Damit sie im Korb blieben, kam oben drüber etwas Maschendraht, der an den Seiten festgesteckt wurde. Wir gingen zum Auto. Mit dem Tierarzt war ein Termin ausgemacht, lange warteten wir nicht. Dieser hatte so ein Gewusel auch nicht alle Tage und freute sich mit uns über die properen Welpen. Einer nach dem anderen wurde aus dem Wäschekorb befreit, untersucht und geimpft. Durch unsere gute Buchführung konnte schnell jeder Hund erfasst und alles Notwendige dokumentiert werden. Alle wurden eingesammelt, dann ging die Fahrt zurück in den Garten. Draußen tobten alle erleichtert durch meinen gesamten Garten.

Für den 8. September war ein großer Abholtag vereinbart. Es ging besser, als wir vorher befürchteten, die eine Familie ging und die nächste kam. Die ehemals Winzlinge brachten inzwischen zwei bis drei Kilogramm auf die Waage.

Timmy merkte, dass etwas Besonderes los war, er ging zu den neuen Menschen, die jeweils einen Welpen auf dem Arm hielten, und stellte seine Vorderpfoten an den neuen Besitzern hoch. Es sah aus, als würde er sich von den Welpen verabschieden. Shila war bei ihren verbliebenen Kindern.

Nachdem alle weg waren, brach eine große Leere über uns herein, über Menschen und Hunde. Shila war besonders traurig, sie suchte ständig ihre Kinder. In der nächsten Zeit hat sie schlecht gefressen, sie nahm ab und brauchte lange, um alles zu verarbeiten. Sie bekam nun besonders viel Zuwendung. Und wer tröstete uns?

Ein Jahr danach besuchte uns Tammy, inzwischen eine große schlanke, gut gebaute Hündin, mit ihren Besitzern im Garten. Shila und Tammy erkannten sich sofort wieder und Tammy legte sich so vor ihre Mutter hin, wie sie es immer als Welpe getan hatte. Es war schön mit anzusehen, welch innige Verbindung zwischen beiden bestand. Die anderen Besitzer waren ebenfalls eingeladen, kamen aber nicht.

Ich denke viel und gern an diese ereignisreiche Zeit, wir konnten mit beobachten, wie sich mit viel Liebe und Engagement sieben kleine Lebewesen herausbildeten und ihren neuen Familien Freude schenkten. Leider hatten nicht alle ein gutes Leben, doch wir gaben alles in unserer Macht Stehende für einen guten Start.

Elfriede Leymann

Unser „Frosch"

Wer hat uns nicht alles auf unserem Lebensweg begleitet – die Eltern vielleicht am längsten, aber auch andere ganz unterschiedliche Menschen, oft kurz, aber nachhaltig die einen, länger prägend andere, doch auch Städte – und Landschaften, und natürlich Bücher. Andere Dinge des täglichen Lebens geraten dabei mitunter ins Abseits, obgleich auch sie nicht selten zu neuen Ansichten und Einsichten führten auf dem weiteren Weg. So geschah es mir, meinem Mann und der ganzen Familie mit unserem „Frosch", unserem ersten fahrbaren Untersatz. Er war für uns nicht schlechthin ein Auto, sondern Erlösung aus allwöchentlicher Beschwernis, von Verwandten wie Freunden gern angenommene Hilfe. Vor allem kamen wir damals – 1966 nicht zu unterschätzen – schnell in den Besitz dieses so begehrten individuellen Beförderungsmittels. Dabei störte es uns nicht, dass manche mitleidig, andere herablassend lächelten, wenn wir sieben Leute – mein Mann, ich, meine Mutter, die bei uns lebte, und vier Kinder – aus unserem neu erworbenen „Moskwitsch" quollen. Wir waren stolz auf unsere erste Auto-Liebe im Jahre 1966.

Na ja, etwas kurz geraten wirkte unser Auto, eher pummelig-plump und ein bisschen abgefahren auch schon – eben gebraucht. Doch uns störte das nicht; wir strahlten. Und dass es noch nicht abbezahlt war, sah man ihm ja nicht an!

Zuvor in den fünfziger Jahren erkundeten wir auf unseren Fahrrädern munter und ausdauernd die Potsdamer Umgebung. Fahrräder konnten wir nicht nur ohne weiteres kaufen, sie entsprachen auch der Finanzlage unserer jungen Familie. Doch wie kam es, dass wir leidenschaftlichen Radfahrer, Anti-Autobesitzer aus Überzeugung, uns so gewandelt haben?

Alles fing mit unserem Umzug an von Potsdam nach Berlin. Hier in Pankow wohnten wir in einer engen Straße im dritten Stockwerk eines großen alten Mietshauses. Zwischen seinen Seitenflügeln an der Hinterfront erstreckte sich ein kleiner Hof mit dem zaghaften Ansatz einer Grasnarbe vor den Mülltonnen. Schon Ballspielen war hier gefährlich – für die umliegenden Fenster. Blieb nur Spielplatz „Straße".

Wir begannen den großen Garten an unserem Potsdamer Mietshaus zu vermissen. Dort hatten sich unsere Kinder ungestört und ungefährdet tummeln können. Langsam dämmerte uns, dass für das Wochenende ein Garten, ein Grundstück irgendwo draußen ideal wäre. Wie der Zufall es will: Die Familie des Kollegen Baum kannte viele Leute, verhalf uns zu einem Pachtgrundstück bei Bernau, einem verwilderten Garten mit alten Obstbäumen und einer bejahrten Laube. Er lag in einer Siedlung abseits der Straße, umgeben von Feldern, darin ein kleiner Pfuhl, ein Jägerhochsitz und dahinter ein Wäldchen. Unsere Kinder waren hier von morgens bis abends unterwegs mit den Nachbarkindern, mit Ball, Roller, Fahrrad, gruben nach Mäusen auf den Feldern, naschten Kirschen auf Niemandsland. Eine neue Freiheit für sie nach der Berliner Woche. Sie tauchten nur auf, wenn ich die große Kuhglocke läutete, die ich zu diesem Zweck in Thüringen erworben hatte.

Jeden Sonnabend in den frühen Nachmittagsstunden – damals wurde noch bis Mittag gearbeitet, war Unterricht – ging es nun hinaus. Unser „Auszug" glich einer kleinen Karawane: Vater und Mutter führten je ein Rad, auf dem vorn im Korb der kleine Jan, auf einem Kindersattel die Schulanfängerin Annegret saßen; auf dem Gepäckträger war jeweils eine Tasche festgeschnallt, Beutel baumelten mehr oder weniger an der Lenkstange, dazu oft noch ein Rucksack. Kleidung, Regensachen und vor allem Wochenend-Proviant für sieben Personen wollten transportiert sein. Dann kam Oma mit dem Sportwagen, darin unsere Jüngste Nora, begleitet von ihrer ältesten Schwester Angelika. Die S-Bahn brachte uns von Pankow nach Bernau. Hier begann unser „Geländemarsch" – etwa dreißig Minuten auf mal staubigen, mal glitschigen Feld- und Wiesenwegen.

Sonntags am Spätnachmittag zogen wir in umgekehrter Richtung – mitunter etwas weniger bepackt. Doch sobald die Kirschen reiften, nahmen sie den Platz auf Gepäckträgern und an Lenkstangen ein, anschließend Äpfel, Birnen, auch Tomaten und

Bohnen. Mitunter bedrängte uns Wind, mitunter Regen. Ging gerade ein Gewitterguss nieder, erreichten wir – trotz unserer Regenumhänge – quasi geduscht die S-Bahn.
Diese Wochenend-Geländemärsche besiegten unsere Auto-Antipathie: Wir meldeten Auto-Bedarf an. – Wartezeit nicht unter fünf Jahren! Schöne Aussichten! Doch die so hilfreiche Familie Baum hatte nicht nur einen heißen Draht zu dem Verpachten, sie hatte auch ein Auto, einen „Moskwitsch", und – was das allerwesentlichste war – eine „zuteilungsreife" Auto-Anmeldung. Mit anderen Worten: einen Termin, an dem sie ihren neuen „Wartburg" in Besitz nehmen konnten. War es Mitgefühl, Mitleid mit unseren Wochenend-Transportzügen? Familie Baum meinte jedenfalls, wir könnten ihren nicht mehr gebrauchten, aber durchaus noch brauchbaren „Moskwitsch" haben – zu einem kulanten Preis. Und außerdem auf Abzahlung. Natürlich nahmen wir überaus dankbar, geradezu begeistert ihr Angebot an. Mein Mann setzte alle verfügbaren Hebel in Bewegung und legte tatsächlich bald seine Fahrprüfung ab. Seine beiden Brüder, beide erfahrene Autokenner, prüften sofort die „Innereien" des Fahrzeugs wie Getriebe, Motor, Bremsen u.a. Einige Teile waren verschlissen; die von ihnen exakt benannten Ersatzteile erwarben sie nach einigen Umfragen und bauten sie sofort ein zur großen Freude aller.
Mit Begeisterung starteten wir bald unsere neue Errungenschaft zur ersten Fahrt; der Wagen lief einwandfrei. Stolz bestieg ihn die gesamte Familie: Zwar musste Oma die kleine Nora auf den Schoß nehmen, für die anderen drei Kinder hieß es, ihre Beine anzuziehen und ihre Arme an sich zu halten – aber nicht die Luft! Alle hatten auf der Hinterbank Platz. Damit war der giftgrüne „Moskwitsch" – von den Kindern „Frosch" getauft – als Familienkutsche angenommen. Er wurde zum Transporter für die Familie samt ihrer Ausrüstung, der gefüllten Erntekörbe und -säcke, er

beförderte auch Küchenherd, Kohlen, Matratzen, Stühle und ebenso Zaunfelder, die Wasserpumpe und andere Gerätschaften.

Hilfreich unterstützten die Verwandten unser Vorhaben. Der Onkel in Dresden signalisierte, er habe Tabakkisten-Bretter und Balken zu vergeben. Aber wie kommen sie zum Bernauer Grundstück für den Bau eines Schuppens? Der „Frosch" beförderte sie – auf seinem Dach festgezurrt, seine Frontscheibe überschattend und das Heck auch. Auf der Autobahn winkte ihn eine Polizeistreife heraus: Ob wir meinten, der Moskwitsch sei ein LKW? Meinten wir nicht. Misstrauisch umkreisten die Polizisten den „Frosch"; rüttelten hier, rüttelten da an Brettern und Balken: Sie saßen fest, konnten nicht verrutschen. Ob wir damit durch Berlin wollten? Nein, nein, nur bis Bernau, weit vor dem Stadtrand. Und wir durften weiter fahren. Bald besorgten wir auch Umzugs- und andere Hilfstransporte für Freunde und Kollegen. Alles bewältigte der „Frosch"!

Und noch in anderer Hinsicht war er unschlagbar, anderen Wagen überlegen – na ja, fast. Im Unterschied zu den in der DDR hergestellten Automodellen „Trabant" und „Wartburg" war er sehr hoch gebaut, vielleicht im Hinblick auf die in seinem Geburtsland, der Sowjetunion, vielerorts unbefestigten, ausgefahrenen Pisten durch Wald und Steppe. Das kam uns zugute: Unser „Frosch" versagte nie auf Waldwegen oder querfeldein, wenn wir zum Heidelbeerensammeln oder zur Pilzpirsch Abkürzungen nahmen, direkt bis an die Beeren- und Pilzgründe heran fuhren. Natürlich nutzten wir ihn auch für Ferienreisen an die Ostsee wie ins Gebirge. Allerdings – er war ein Gefährt für die Ebene. Kleine Hügel bewältigte er noch flott, längere Anstiege nur im dritten oder auch zweiten Gang. Immerhin kam er mit uns unentwegt voran von Arnstadt über Stützerbach auf der Straße, die in teils steilen Kurven aufwärts führt zum Rennsteig, dem Kammweg des Thüringer Waldes. Aber die steile Bergstraße von Eisenach zur Wartburg hinauf war ihm zu viel: Fast streikte er. Verzweifelt schaltete mein Mann auf den zweiten Gang – nur mühsam, im Schneckentempo bewegte er sich von der Stelle. Überholende Trabant-Fahrer grinsten herablassend. Doch sollten wir das Auto unten stehen lassen? Nein, kam nicht in Frage. Ideen muss man haben! Mein Mann hatte eine: Vielleicht geht's im Rückwärtsgang? Und siehe da, wenn auch sehr bedächtig, langsam – rückwärts schnaufte er tatsächlich hoch, unser „Frosch".

Alle Trabi und Wartburg rauschten nur so an uns vorbei, und – einige Fahrer zeigten uns einen „Vogel". Keine Ahnung hatten die!

Helga Marten-Rausch

Auch das ist New York

Allein
sitzt er da
am Boden,
auf seiner Decke, der Schwarze,
in sich gekehrt,
wartet auf die Geste
eines Menschen,
der mitfühlt.

Hinter ihm
das Spiegelbild
einer Kathedrale
auf einer schwarz glänzenden
Steinplatte.

Graue Wolken
verdecken den Himmel,
doch am Horizont
eine weiße Wolke,
wie eine kleine Hoffnung,
aber weit weg.

Neben dem Bettler
am grauen Boden
liegt ein Stück Papier,
leuchtend weiß,
zerknüllt,
achtlos weggeworfen.

Zu einem Foto von Arno Fischer in der Ausstellung „Gehaltene Zeit"

Jutta Martin

Wegbegleiterin

Lässt mich lachen, lässt mich weinen,
lässt mich ganz versunken sein.
Weiche, schöne Harmonien
laden mich zum Träumen ein.
Weckst aus meiner Lethargie
mich mit schriller Dissonanz
und dein Rhythmus, rasch und schnell,
fordert auf zu wildem Tanz.
Ob ich große Meister höre,
morgens froh ein Lied mir singe,
lausche dem Gesang der Chöre
oder dir ein Ständchen bringe,
du gehst nur mit deinen Klängen
nicht aus meinem Sinn:
meine schöne, wunderbare
Wegbegleiterin.

Felix

Wir liebten ihn vom ersten Augenblick an. Ein winziges schwarzes Katerchen, so klein und hilflos. Es passte in die geöffnete Hand, musste im Drei-Stunden-Rhythmus mit einem Fläschchen gefüttert werden, brauchte unsere Zuneigung.
Die Katzenmutter war gestorben, konnte ihn nicht nähren, putzen, zeigen, wie man Mäuse fängt.
Unser Einfallsreichtum war gefragt. Wir gaben unser Bestes.
Alle menschlichen Bemühungen waren unbedeutend gegen die Fürsorge und Beharrlichkeit seines Hundefreundes Gugu – er

übernahm mit Geschick und Ausdauer die Körperpflege und Erziehung, er wurde sein bester Freund.
Aus dem winzig kleinen Katerkind wurde unser stolzer, schöner, eigenwilliger Kater Felix.
Er hatte das Gehabe eines Großfürsten. Sein schwarzes Fell pflegte er mit Hingabe, bis er keine Kraft mehr hatte.
Was für ein liebevoller, treuer Weggefährte er uns war. Er zeigte uns seine Zuneigung mit wohligem Schnurren, rieb seinen Kopf zärtlich an unseren Beinen oder ignorierte uns einfach, wenn er seinen „stolzen Tag" hatte. Wer könnte seine Mäusegaben zählen, die er uns mit lautem Katergeschrei brachte und vor die Tür legte, fein aufgereiht in Reih und Glied.
Plötzlich war seine Zeit mit uns zu Ende, traurig mussten wir erkennen: Ein Katzenleben reicht nicht für ein Menschenleben.
Wir mussten ihn gehen lassen.

Eva-Marianne Mewes
Weggefährten

> Tiere sind die besten Freunde.
> Sie stellen keine Fragen und
> kritisieren nicht.
>
> Mark Twain

Im Allgemeinen versteht man unter Weggefährten Menschen, die uns eine Zeitlang im Leben begleiten und oftmals auch prägenden Einfluss auf unser Leben haben.
Aber auch Tiere können Weggefährten sein.
Ungefähr seit meinem dreizehnten Lebensjahr gehörten Katzen zur Familie.
Eine Katze hat besonders lange das Familienleben mitgeprägt,

eine einfache Hauskatze, schwarz, mit weißem Brustlatz und weißen Pfoten.
Schon die Art, wie sie zu uns kam, hatte etwas Besonderes. Eine Arbeitskollegin wohnte ungefähr 500 Meter entfernt von mir. Eines Tages machten wir gerade ein kleines Schwätzchen über ihren Gartenzaun, als ein kleines Kätzchen, ein paar Wochen alt, durch die Zaunstäbe kam und mir unentwegt um die Beine strich. Meine Kollegin, die ihre Katze nur hielt, um die Mäuse vom Hühnerfutter fernzuhalten, meinte, ich könne mir das Kätzchen ruhig mitnehmen. Ich konnte mir zwar nicht vorstellen, dass es mir gelingen sollte, das Katzenkind einfach so auf dem Arm bis nach Hause transportieren zu können, ohne dass es wieder zurücklaufen würde. Aber das kleine Kätzchen war so zutraulich, dass ich es einfach versuchte. Ich war überrascht. Der Versuch gelang. Ich hatte das kleine Kätzchen auf den Arm genommen, es den ganzen Weg über gestreichelt und beruhigend geredet. So kamen wir zu Hause an.
Doch auf unserem Grundstück war auch ein Hund zu Hause, an dessen Zwinger ich mit dem Kätzchen vorbei musste. Unser Hund war ein Mix aus Spitz und Terrier und demzufolge sehr lebhaft. Er war zwar an Katzen gewohnt, aber dieses Kätzchen war fremd und auf dem Arm von Frauchen eine unliebsame Konkurrenz. So blieb ich mit dem Kätzchen auf dem Arm etwa zwei Meter vor dem Zwinger stehen. Während ich das Kätzchen an mich drückte und begütigend streichelte, stellte ich es meinem Hund vor und hielt ihm einen Vortrag, dass dies nun unser Kätzchen sei. Dann ging ich mit dem Kätzchen ins Haus, gab ihm Milch und versorgte es mit einem Kasten mit Sand als Katzenklo. Auch das war für unser Kätzchen völlig neu, denn bisher hatte es nur draußen gelebt. Da war überall Katzenklo.
Mein Mann und meine Kinder begrüßten erfreut das neue Familienmitglied.

Wir nannten das kleine Kätzchen Susi und es war, als hätte Susi gespürt, dass sie es bei uns besser haben würde als bisher. Sie war von Anfang an sauber, lieb und zutraulich.
Nach ein paar Tagen ungewohnten Eingesperrtseins im Haus entwischte sie mir nach draußen, wo der Hund gerade außerhalb des Zwingers frei im Grundstück unterwegs war. So kam es zur ersten direkten Konfrontation mit ihm. Aber unser Kätzchen war mit Hund aufgewachsen und so hatte ich umsonst Angst um sie. Als der Hund auf sie zukam, stand sie vor der Hauswand, machte einen gewaltigen Katzenbuckel und fauchte ihn an, eine Pfote krallenbewehrt erhoben. Unser Hund, sicher bereits von den Vorgängerkatzen gebackpfeift, zog den Schwanz ein und sich zurück.
Später tollten sie oft gemeinsam durch den Garten, belauerten sich gegenseitig und neckten sich.
Susi überlebte drei Hunde, bei denen sie sich immer Respekt verschaffte und die willkommene Spielkameraden waren, vor allem, wenn über Tag niemand zu Hause war.
Bald waren auch die Kinder flügge und aus dem Haus und so blieben nur noch mein Mann und ich als Bezugspersonen für unsere Katze.
Mein Mann war seit Jahren krank, er litt an MS, nach 1999 war er arbeitsunfähig und zu Hause.
Für Hund und Katze wurde er nun zur Hauptbezugsperson und die Tiere für ihn zur einzigen Abwechslung. Sie ließen sich von Herrchen mit Streicheleinheiten verwöhnen.
Gemeinsam warteten sie nun täglich mit ihm auf meine Rückkehr von der Arbeit. Jede Nacht schlief unsere Katze Susi bei meinem Mann auf dem Bett. Mein Mann schlief auf dem Rücken und Susi lag ausgestreckt auf ihm und hatte ihr kleines Gesicht dicht vor dem seinen.
Als mein Mann fünf Jahre später recht plötzlich starb, fiel ich in

ein tiefes Loch. Auch meine Tiere vermissten meinen Mann sehr und trauerten mit mir. Wenn ich von der Arbeit nach Hause kam, waren sie um mich herum, um mir Trost zu spenden. Nun schlief Susi jede Nacht auf meinem Bett und wenn ich weinte, kuschelte sie sich tröstend an mich und schnurrte leise. Fast täglich ging ich nun mit dem Hund um oder über den Friedhof, der höchstens fünfhundert Meter entfernt ist von unserem Grundstück.
Susi gewöhnte sich an, uns immer häufiger ein Stückchen zu begleiten. Von Tag zu Tag kam sie etwas weiter mit und eines Tages lief sie mit auf den Friedhof bis an das Grab meines Mannes.

Es war Herbst geworden, als Susi eines Tages offenbar einen Schlaganfall erlitt. Sie saß vor ihrem Fressnapf, schrie plötzlich auf und bekam so etwas wie einen epileptischen Anfall. Nach vielleicht einer Minute war er vorbei und meine Katze saß völlig apathisch da. Ich hatte mich natürlich sehr erschrocken und jammerte verzweifelt: „Susi, tu mir das nicht an! Du nicht auch noch!" Drei Tage nahm sie keine Nahrung zu sich, dann war sie wieder die alte. Ob sie meine Verzweiflung gespürt hatte?
Sie blieb noch drei volle Jahre bei mir. Zum Zeitpunkt ihres Todes war Susi neunzehn und ein viertel Jahr alt. Sie hatte mich ein Drittel meines Lebens begleitet, meinem Mann in seiner Krankheit beigestanden und mich nach dessen Tod getröstet. Das hatte sie als tierischen Lebensgefährten so einmalig gemacht.

Adelheid Mischur-Herfort

Der Kretscham fehlt uns

„Oh ja, es tut in der Seele weh, auch wenn das Leben hart und schwer war. Mein Leben gehörte dem Kretscham. Ihn brennen zu sehen, war entsetzlich für mich!"

Fleißige Organisatoren wollen anlässlich der 750-Jahrfeier ihres Ortes ein Buch herausbringen. Da Oberseifersdorf fast vor meiner Haustür liegt, ein Ort an der B178 kurz vor Zittau, versprach ich, auch einen Beitrag dafür zu leisten.
Bei meinen Recherchen lernte ich die Frau Riemer kennen, eine Frau, die selbst im Alter trotz gesundheitlicher Einschränkungen versucht, ihr Leben zu meistern. Ich besuchte Erika Riemer, eine geborene Steudtner, am 14. Oktober 2015.
„Nächstes Jahr werde ich am 12. April bereits 90!", erzählte mir die gebürtige Lawalderin.
Bis zum 14. Lebensjahr ging sie in Lawalde zur Schule. Nach einem Landjahr war Erika Steudtner in verschiedenen Stellungen als Haushaltsgehilfin tätig, bis sie 1950 den Oberherwigsdorfer Günter Riemer heiratete. Da ihr Ehemann gerade den Fleischermeister absolviert hatte, wollte er sich selbständig machen. Darum bewirtschaftete das Ehepaar Riemer die Steinschenke in Mittelherwigsdorf, die inzwischen schon lange nicht mehr existiert. Leider wurde sie ihnen damals nicht verkauft. Nun waren beide auf der Suche nach einem geeigneten Objekt. Die damalige Kretschambesitzerin, Frau Riedel, bekam das mit und lockte das junge Paar nach Oberseifersdorf. Das war 1954. Ab 1958 gehörte die Gaststätte zum Konsum.
Vier Jahre betrieb das Ehepaar Riemer die Gaststätte und die Fleischerei. Da die Steuern für beide Einrichtungen sehr hoch waren, entschieden sie sich, nur die Fleischerei weiterzuführen.

In dem Kretschamgebäude war alles sehr primitiv. Die Küche war damals nur ein altes Loch, in dem die Flaschen standen. Und unten war nur „ein Klo mit Seechrinne", die Erika Riemer stets mit dem Besen auskehren musste. Später wurden im ersten Stock zwei Plumpsklo's eingebaut. Sie waren für die Öffentlichkeit und alle Mieter.

„Ich hatte nur Dreck wegzuschrubben, das kann man sich ja bei den vielen Veranstaltungen im Saal vorstellen. Die Riedeln hatte alles vermietet, selbst unterm Dachboden im zweiten Stock wohnten zwei Familien, und ein Fremdenzimmer gab es auch. Allen Menschen diente dieser Abort neben dem Saal."

Finanziell lief das Fleischergeschäft erst etwas besser, als die Lebensmittelmarken abgeschafft wurden. Solange es die Marken gab, war der Laden montags geschlossen und samstags war der Hauptverkauf. Das war bis so bis Ende der fünfziger Jahre. Zu dieser Zeit hatten Riemers einen Lehrjungen und die Angestellte Brigitte Gärtner, eine sehr fleißige Frau. Die Ware wurde je nach Umsatz vom Zittauer Schlachthof geliefert. Stolz schilderte mir Erika Riemer:
„Wir haben in unserer kleinen Fleischerei davon sehr viel Wurst hergestellt. Sie muss wohl geschmeckt haben, sonst hätten die Leute nicht so viel gekauft!" Ihre Augen leuchteten dabei. „Mein Mann hatte so seine ganz speziellen geheimen Rezepturen."
Es gab eine Zeit, da war Fleisch sehr knapp, so dass die meisten Menschen bereits am Mittwochnachmittag in die Riemerfleischerei stürmten, um für das Wochenende einzukaufen. Diese Sitte hatte sich so stark eingebürgert, dass sie auch später noch, als sich das Warenangebot wesentlich verbesserte, bereits immer mittwochs wegen dem Fleisch Schlange standen. Montags wurde Kochwurst angeboten, dienstags gab es dann die Brühwurst.

Wenn donnerstags die Räucherwürste aus der Fleischerei ins Geschäft geschleppt wurden, kamen nicht nur die Bauern vom Feld, um für ihr Mittagessen die duftenden Würste zu erwerben, zahlreiche Leute aus anderen Orten, ja ganze Brigaden aus den Betrieben holten diese Würste gleich in Kübeln vom Schlachthaus ab. Beim Bäcker kauften sie sich noch fix frische Semmeln dazu.

„Das ganze Schlachthaus, der Kühlraum, der Laden, alles hing voller Wurst und alles hatten wir bis Freitag verkauft, so dass das Geschäft wie ausgekehrt war", erklärte mir lächelnd Frau Riemer.

„Die Arbeit war wirklich sehr schwer, weil alles so altmodisch im Kretscham war. Geräuchert haben wir mit Holz und Spänen. Da ich im Schlachthaus mitarbeitete, rannte ich rasch quer durchs Haus in den Verkaufsraum, wenn die Ladenglocke schellte, weil Kunden das Geschäft betraten."

Sie zeigte mir Fotos vom Laden und vom Schlachthaus. Einige sogar in Farbe. Da lief mir das Wasser im Mund zusammen und gerne hätte ich so eine Wurst gekostet.

1964 wurde Jutta geboren, die erste Tochter. Susi, das zweite Mädchen, kam 1967 auf die Welt. Die Kinder wurden bei laufendem Betrieb nebenher groß. Jutta musste als Baby oft im Schuppen neben der Fleischerei schlafen.

„Die frische Luft sorgte immer für rosige Bäckchen."

Später standen beim Schuppen ein kleiner Sandkasten und ein Holzzaun, so dass kein Kind aus Versehen auf die Straße laufen konnte.

Charlotte Pietsch löste dann Brigitte Gärtner ab und arbeitete fast zwanzig Jahre bei den Riemers. Zubereitung, Produktion, Verkauf und Putzen – alles machte Frau Pietsch mit. „Sie war eine treue, zuverlässige Seele!", betonte Frau Riemer. Beide Frauen waren ein gutes Team. Sämtliche Tätigkeiten gingen

Hand in Hand. Sie arbeiteten viel und doch mit Freude; Schonung gab es keine.
Der Kretscham war ein sehr kaltes Gebäude. Schlachthaus und Laden waren nicht beheizt.
„Als wir Silberhochzeit hatten, war ans Feiern nicht zu denken. Die Fleischerei musste laufen. Plötzlich kam gegen Feierabend eine Kapelle und spielte ein Ständchen. Wir sind, so wie wir angezogen waren, in die Gaststätte gegangen und haben noch ein paar fröhliche Stunden verbracht."
Ungefähr 1967 haben Riemers dann einen Gesellen einstellen müssen, weil die Arbeit nicht mehr zu schaffen war. Frank Engler war über zehn Jahre bei dem Fleischerehepaar, vielleicht auch fünfzehn. So genau wusste es Erika Riemer nicht mehr.
Als sie die Gaststätte hatten, da musste sie alle 14 Tage früh von 4 bis 7 Uhr die Dielen scheuern, denn der Fußboden war aus Holz. Es war alles sehr umständlich in diesem Haus.
„Wenn die Fußballer vom Spiel in die Kneipe kamen, wuschen die sich immer erst in meiner kleinen engen Küche. Weil die meine Küche immer überschwemmten und mir im Wege waren, dachte ich, so kann's nicht weitergehen. Da hab ich dann Schüsseln voll Wasser gemacht und sie ihnen hinter den Kretscham auf einen Mauervorsprung gestellt."
Die Sportler waren eine sehr fröhliche Truppe und haben viel gesungen.
Im Saal hingen Gardinen aus Igelit und auch die Tischdecken waren aus diesem Weichkunststoff. Das sauber zu halten war kompliziert und zeitraubend. Die Treppe, die zu Riemers Wohnung führte, war auch immer nur dreckig wegen der vielen Geselligkeiten, die im Saal stattfanden. Die Wohnung mit zwei Räumen ohne Küche und Bad befand sich gegenüber von dem großen Saal. Riemers Küche war unten neben der Gaststätte und dem Laden.

Adelheid Mischur-Herfort

„Im Kretscham hatten wir wirklich keine schöne Wohnung, aber wir haben sie ja auch nicht gebraucht, weil wir nur gearbeitet haben." Im Saal wurde Theater gespielt, es gab Landkino, Tanzveranstaltungen und zur Fastnacht große Maskenbälle mit Preisverleihungen.

„Einmal hatte ich mir ein Kostüm als Igel selbst hergestellt, ganz viele kleine Holzspieße als Stacheln angenäht und bin auf allen Vieren den Abend rumgekrochen. Damit hatte ich den 1. Preis erzielt!"

Kirmes wurde damals drei Tage lang gefeiert, sogar noch am Montag. Riemers sind vor lauter Arbeit nicht ins Bett gekommen. Vorm Kretscham standen Karussells, 'ne Schießbude und anderes Rummelzeug. Betrieben wurde eins der Karussells von Kaßner aus Oderwitz.

Ja, der Kretscham war der Mittelpunkt des Dorfes. Musiker übten dort und Chöre. Zuerst gab es den gemischten Chor, in dem auch Frau Riemer sang. Später wurde der Bäckerchor gegründet, dem ihr Mann Günter Riemer angehörte. Alle trafen sich im Kretscham. Günter Riemer in seiner Besetzung im Chor als zweiter Bass war ein leidenschaftlicher Sänger.

Frau Riemer erinnerte sich, dass sie einmal am 1. Mai eine Tanzveranstaltung organisieren sollten.

„Mein Mann besorgte eine große Kapelle, die wir selbst bezahlen mussten, und dann kamen abends keine Leute, nicht mal die Bonzen mit ihrer großen Gusche! Ja, so war das damals!"

Ende der fünfziger Jahre war der Saal Ferienlager. Hundert Kinder aus Wurzen und der Maschinenfabrik aus Heidenau kamen und schliefen oben auf Strohsäcken.

„Wir brauchten da nur die Gaststube und nicht den Saal bewirtschaften, denn die brachten ihre eigene Köchin mit, alle Helfer, und was sie sonst noch brauchten.

Leider wurde das eingestellt. War wohl zu ungünstig. Man kam von Oberseifersdorf schlecht ins Gebirge. Die Bahn fuhr erst ab Zittau."

Später zogen Riemers in das Haus neben dem Kretscham, das sie nach dem Tod der Frau Riedel auch kaufen konnten. Zum Glück! Denn als 1990 der Kretscham abbrannte, blieb wenigstens ihr Heim verschont. In der Nacht vom 5. zum 6. Januar 1990 gegen vier Uhr sah Erika grelles Licht und stellte entsetzt fest: „Um Himmelswillen, der Kretscham brennt!"
Sie sah, wie die Flammen zum Dach herauskrochen. Oben war das Gebäude abgebrannt, und weil die Fleischerei sich unter dem Saal befand, war sie wegen der Löscharbeiten total abgesoffen. Alles war vernichtet! Das Feuerwehrdepot war zwar auf der anderen Seite des brennenden Gebäudes, aber der Winter war sehr kalt und alle Hydranten eingefroren. Riemers waren bereits Rentner und die Fleischerei hatte jemand anders übernommen, der nicht im Ort wohnte. Vielleicht hätte der Essenbrand bei mehr Kontrolle vermieden werden können. Die Gemeinde hatte damals bei der Modrow-Regierung um Unterstützung gebeten. Aus eigenen Mitteln war es nicht möglich, das Haus wieder aufzubauen. Das Schreiben war zu jener Zeit sinnlos.

Die so fröhliche, lebensbejahende Frau schaute mich traurig an, als sie sagte: „Es ist wirklich schade, dass es den Kretscham nicht mehr gibt. Vom Konsum gab es in dem Haus einen Industrie- und Haushaltswarenladen. Die ganze Ware wurde durch die Löscharbeiten verdorben. Die große Anlage einer Modelleisenbahn ist mit verbrannt. Auch das Sängerstübl ist ein Opfer der Flammen geworden und den Raum vom Jugendklub gibt es auch nicht mehr. Alles ist weg!"

Die Oberseifersdorfer vermissen ihren „Kraatschn" sehr.

Seit 1986 ist Frau Riemer verwitwet und die Jahre harter,

beschwerlicher Arbeit als Fleischersfrau haben ihre körperlichen Spuren hinterlassen. Im Geist und im Herzen sind ihre Erinnerungen aber noch lebendig. Sie fühlt sich im Ort verwurzelt, ist überaus gesellig und wenn es die Gesundheit zulässt, besucht sie die zahlreichen Veranstaltungen im Heimatdorf.
Beim Abschied setzte Erika Riemer für mich ihre alte Ladenglocke in Gang. Sie hat einen Ehrenplatz, gleich neben der Wohnungstür.

Totengräberhaus, Ziegenstall und Konsum

Unter jedem Dach sind Freud und Leid zu Hause. Oberseifersdorf hat viele Dächer und somit zahlreiche Geschichten.

Ursula Moc wurde 1938 im Oberseifersdorfer Totengräberhaus geboren. Ich muss wohl ungläubig dreingeschaut haben oder sogar recht bedeppert, denn die mehrfache Uroma mir gegenüber lachte: „Ja, mein Vater war Totengräber." Dabei leuchteten ihre Augen. „Als kleines Kind bin ich schon mit ihm in die Gruften gestiegen. Früher gab es mehr von diesen Dingern. Jede Bauernfamilie hatte ihre eigene Bestattungsstelle. Leider ist mein Vater 1943 schon gestorben."
Ich unterbrach sie, weil ich wissen wollte, ob sein Tod mit dem Krieg zu tun hatte. Sie schüttelte den Kopf und schaute mich jetzt sehr ernsthaft an.
„War es ein Unfall?", wollte ich wissen. „Nein", sagte sie zögernd. Vorsichtig fragte ich: „Ist er krank geworden?" Nachdenklich erwiderte sie: „Kann man so sagen. Sie müssen sich vorstellen, dass das keine so angenehme Sache war, wenn wieder jemand gestorben war und er in der Gruft die Särge zurechtrücken musste. Da hatten die Angehörigen ihm als Totenbettmeister schon

immer eine Flasche Schnaps hingestellt." Jetzt wurde mir klar, dass Freund Alkohol ihm die Lebensgeister geraubt hatte.
„Ich war erst fünf Jahre. Meine ältere Schwester sagte: *Hier haste 'nen Strauß Blumen! Wir gehen uns vom Vater verabschieden! – ‚Ich gehe nicht mitte, der sagt ja sowieso nischt!'* Ja, so habe ich als Kind geantwortet." Sie erzählte mir, dass vor Jahren die Toten, ehe sie in die Leichenhalle kamen, noch zu Hause aufgebahrt wurden. Zu Hause fand nach der Beerdigung dann die Trauerfeier statt. „Dabei wurde viel getrunken. Durch seine Arbeit war mein Vater bei jedem Leichenschmaus dabei." Ich konnte ihr ansehen, dass sich ihre Gefühle und Gedanken in ihrer Kinderzeit aufhielten.
„Meine Mutter war bei der Kirche Glöcknerin. Somit konnten wir im Kirchenhaus wohnen bleiben. 1968 wurde dieses Gebäude abgerissen. Mutter erbte zuvor Großmutters Haus." Wieder huschte dieses Lächeln über ihr Gesicht. „Und ich hab's von meiner Mutter geerbt und wohne jetzt hier hinne. Glauben Sie mir, es war nicht immer leicht. Mein Mann, Günter Moc, starb bereits mit 49 Jahren. Seit 38 Jahren lebe ich nun schon alleine. Mit der Zeit gewöhnt man sich daran."
„Wollten Sie nie wieder heiraten?", rutschte es mir heraus und schnell fügte ich hinzu: „Oh, ich vergaß, durch den Krieg waren Männer rar." Verschmitzt lächelte sie mich an: „Es hat sich nicht ergeben, und meine Jungs brauchten ihre Mutter."
„Wie viele Kinder haben Sie?" „Zwei Jungs, sechs Enkel und sechs Urenkel." „Da kennen Sie sicher reichlich Familientrubel!" „Oh, ja!" Frau Moc schien zu überlegen, ehe sie weiter erzählte: „Es gab sogar etwas ganz Besonderes in meiner Familie. Viele Jahre fanden Familienwanderungen ins Tschechische mit Übernachtungen statt. Wir waren so 12 bis 15 Leute und ich war die Älteste."
Stolz zeigte sie mir die Fotos, die im Wohnzimmer auf dem

Schrank standen. „Das sind meine beiden Söhne. Peter wohnt jetzt in Zittau und kommt ganz nach seinem Vater. Überall muss er was organisieren und mitmischen."
Ich sah es ihr an – viel lieber würde sie jetzt von den Kindern erzählen. Aber ich wollte mehr über sie selbst wissen. Wie war das, als Ursula Moc noch Bischoff hieß?
„Während der Schulzeit war ich schon beim Scholze-Willi Kindermädchen. Auch an der Dreschmaschine hab ich gearbeitet und Pferde eingeschirrt, damit wir was zu essen hatten."
Nur Arbeit, sonst nichts? Sie überlegte: „Es mochte wohl so in der 5. Klasse gewesen sein, da gehörte ich einer Tanzgruppe an. Es gab wenig Jungs und ich musste daher als Junge einspringen. Alles hab ich getanzt, ob in Lederhosen den Schuhplattler oder vornehm Wiener Walzer. Geübt haben wir im Kretscham. Bei Feuerwehrfeiern sind wir in der Feldschenke aufgetreten. Auf der Empore durften wir Kinder dann anschließend zuschauen, wie die Alten unten tanzten. Mir kamen die Leute damals sehr alt vor. Und heute bin ich über doppelt so alt." Wir mussten beide über dieses Phänomen lachen, dass Kinder Menschen mit etwa 40 Jahren schon als Steinkohle betrachten.
Sie zeigte mir ein Foto: „Hier bin ich. Die Tanzgruppe nimmt an einem Umzug durchs Dorf teil." Frau Moc legte mir weitere Zeitzeugenfotos hin.
„Nach der 8. Klasse, wie es damals so üblich war, fing dann meine Lehre an. Das war 1952, als ich drei Jahre im Konsum in Zittau Fachverkäuferin lernte. Bis zur Rente war ich beim Konsum. Nein, stimmt nicht ganz! Als Gerd geboren war, hab ich 1961 bis 1964 Heimarbeit gemacht und wie viele Frauen Hülsen gesteckt, um etwas dazu zu verdienen."
Als ich mir die Fotos anschaute, fragte ich: „Haben Sie auch Bilder vom Konsum?" „Leider nein." Ich wusste, dass bereits

1888 die Konsum e.G. Dresden und Umgebung gegründet wurde. Aber wie lief das hier in Oberseifersdorf mit dem kleinen Laden?

„Frau Moc", hakte ich darum nach. „Sie waren doch Verkaufsstellenleiterin hier in Oberseifersdorf?" Sie unterbrach mich. „Ich war nicht gleich Leiterin. Nach der Lehre war ich in Pethau eingeteilt. Dort hinzukommen war mir zu umständlich. Also machte ich Springer in Zittau, später Aushilfe in Seiersdorf (so nennen Oberseifersdorfer ihren Ort), u.a. im Kretscham in der Textilverkaufsstelle. 1964 wurde ich als Verkäuferin hier im Ort fest angestellt, und ab 1972 war ich Verkaufsstellenleiterin bis 1990. Wussten Sie, dass der erste Konsumladen in Zittau in der Brunnenstraße war? Und hier der erste im Niederdorf?" „In der Oberseifersdorfer Zeittafel hab ich gelesen, dass das bereits 1920 war."

„Das ist das Haus, in dem heute Herr Faßl wohnt, Hauptstraße 113. Wo heute Familie Blochberger wohnt, Quersteg 11, war der neugebaute Laden. Der wurde nach der Wende geschlossen."

„Wir hatten doch oft einen Mangel an bestimmten Waren. Wie war das hier in Oberseifersdorf?"

„Mit der Warenverteilung war es ohnehin schwierig zu DDR-Zeiten. Weil ich nur eine kleine Verkaufsstelle hatte, wurde ich mit der Belieferung benachteiligt. Nicht zu vergessen, dass bis 1958 noch Lebensmittelmarken geklebt wurden. Viel Arbeit machte auch das Abrechnen der Konsummarken. Der Konsumausschuss musste die Bücher alle nachrechnen und Listen schreiben. Ich weiß, dass viele Orte so ihre Probleme mit den Marken hatten. Ich hab mir die Ausschussmitglieder zu Hilfe genommen. Wir hatten dabei viel Spaß. Der einen lag das Rechnen nicht so. Da machte sie von sich aus den Vorschlag,

dass sie dafür öfter die Wäscherolle reinigen wollte. Diese befand sich neben dem Konsum. Wir hatten das bei der Gemeinde abzurechnen."
Auf den Bildern, die vor mir lagen, sah ich fröhliche verkleidete Leute. Hier feiert der Ausschuss Nachtwäscheball. Fasching wurde viel gefeiert in Oberseifersdorf. Ich hatte 'nen Bäcker gemacht, mir viele Brezeln umgebunden. Die hatten sie schon alle angeknabbert, als ich einen Preis erhielt. Ein Orden aus Papier wurde mir umgehängt. Darauf stand: ‚Minister für Handel und Versagung'! (Hier liegt kein Tippfehler vor!) Beim Rat des Kreises gab es damals die Abteilung Handel und Versorgung."
Nach einer kleinen Pause fragte sie mich plötzlich: „Kennen Sie eigentlich unsere Kirche? Anlässlich des 300-jährigen Bestehens fand eine Ausstellung statt. Da hab ich auch mitgemacht. In der Kirche hatten ja früher alle Leute ihren bestimmten Platz. Früher saßen die Frauen unten und die Männer oben. Dort gibt es auch eine Hutablage, individuelle Haken, an denen die Hüte hingen. Bei der Ausstellung haben wir alte Hüte dorte aufgebaumelt und alte Krückstöcke. Beim Abräumen konnte ich nicht dabei sein. Ich sagte noch, dass sie auf meinen Stock gut aufpassen sollten. Um den Hut hatte ich mich nicht so ängstlich, aber der Stock meines Großvaters ist etwas Besonderes. Als ich hinkam, war der schöne Stock weg."
„Wieso war der etwas Besonderes? Weil er schon so alt war?"
„Das auch, aber er war aus einem Stück. Ich kann Ihnen den ja mal zeigen." „Wieso? Ich denke, der ist weg!" Jetzt lachte Frau Moc, strahlte übers ganze Gesicht. „Der war nur woanders angebunden. Weil der Griff so flach gerundet ist, hielt er nicht am Haken. Ob er noch älter ist, weiß ich nicht. Nur, dass er meinem Großvater gehörte."
„Ehe das gute Stück wieder verschwindet, möchte ich gern ein Foto machen."

Ich schaute mir das seltene *Aus-einem-Stück-Exemplar* an. Sie erzählte weiter: „Meine Großmutter hatte 30 Ziehkinder."
„Was, hier in Ihrem kleinen Umgebindehaus?"
„Nicht alle auf einmal! Es waren überwiegend Tageskinder. Sie hatte se von Kleene bis se geheiratet ham." Es hörte sich für mich lustig an, wenn Ursula Moc Wörter in ihrer Mundart sprach.
„Was waren das für Kinder? Waisen?"
„Oft von ledigen Frauen, die die Kinder weggeben mussten. Manchmal, weil sie heirateten und der Mann keine fremden Kinder wollte."
„Das muss ja für die Mütter auch schlimm gewesen sein!"
„Viele Kinder kenne ich noch. Die Brunhilde starb als Kind – von der Heddl der Sohn lebt heute noch. Heddl, Hedwig, war die letzte, die hier noch gewohnt hat. Der Horschtl ist jetzt paar in die 80. Horst Wiedemuth heißt er genau. Das war auch einige Zeit so eine Tradition: Jeden Sonntag sind wir, ich, der Horschtl und von einer Cousine der Mann, der Rudi, zur Großmutter zum Frühschoppen. Immer haben wir 'ne Flasche ‚Roten Löbauer' getrunken. Heddl musste Bouletten braten. Jeder war mal zur Finanzierung dran. Ich war damals noch Lehrling und brauchte nicht so viel zugeben."
„Wie hießen denn Ihre Großeltern?"
„Michler! Anna und Karl."
Ich konnte es immer noch nicht fassen: „Dreißig Kinder hat Ihre Großmutter aufgezogen und das spielte sich alles hier in dem Wohnzimmer und der kleinen Küche ab?" „Nein, die Küche gab es damals noch nicht. Der Eingang war von der Straße aus. Links ging es ins Wohnzimmer, wo auch gekocht wurde. Rechts hatte meine Großmutter ihren Ziegenstall. Da, wo heute die Küche ist. Unterm Dache ist die Schlafstube. Meiner Mutter war es ja nur vergönnt, ein halbes Jahr in dem Häuschen zu leben. Sie starb mit 60. Ich hab dann vieles umbauen lassen."

Mir fiel ein, jemand hatte mir erzählt, dass in diesem Haus ein Pfeifenclub gewesen sein soll. „Davon weiß ich nichts. War wohl noch zu klein." Ich meinte: „Die sollen solche komischen langen Pfeifen gestopft haben und wer seine zuletzt aufgeraucht hatte, der war Sieger." Sie lachte: „Da wär ja vom Haus nischt mehr zu sehen, so in Rauch muss es eingehüllt gewesen sein."

„Frau Moc, fast hätte ich es vergessen: Kennen Sie den Schriftsteller Kurt David?"

„Der ist doch sogar verwandt mit mir. Mein Vater, Gustav Bischoff, und sein Vater, Emil David, waren Cousins. Als die Davids aus Reichenbach flüchten mussten, hatte Mutter alle aufgenommen. Alle wohnten sie in dem Totengräberhaus. In den Ehebetten schliefen die Kinder. Alle haben wir gehaust in einer Stube und einer Schlafstube: der Emil mit seiner Lina, der Kurt mit der Christina und noch eine Tante, die hieß Elisabeth, mit ihrem Mann, dem Klaus. Kurt David ist mit seiner Familie später noch mehrmals in Oberseifersdorf umgezogen, bis er dann nach Oybin zog. Lesungen in der Schule hat er auch gemacht. Daran kann ich mich noch gut erinnern. Bücher schenkte er mir mit Widmung. Ich weiß gar nicht, wo die hingekommen sind."

Wir verabschiedeten uns und ich wünschte ihr, dass sie noch viele Jahre bei bester Gesundheit verbringen möge, dass sie ihre vor kurzem überstandene komplizierte Herzoperation mit drei Bypässen gut verkraftet und weiterhin so aktiv in ihrer Familie bleiben kann sowie am Oberseifersdorfer Leben ihre Freude hat.

„Das alles geht nur, weil ich liebe Menschen um mich habe, die mich überall mit hinnehmen und sich um mich ständig kümmern, wie Christian, mein Nachbar."

Oberseifersdorf, 22. Juni 2015, Hauptstraße 23

Brigitte Müller

Die Handlungsreisende

Als die „Prinsesse Benedikte" ihren Rachen bereits wieder aufgesperrt hatte und nach der Überfahrt über den Belt der EC in ihrem Eisenbahn-, Bus- und Autodeck zur Ausfahrt nach dem dänischen Rödby bereit war, fand man die junge Frau tief schlafend in einem der bequemen Sessel auf dem vierten, oberen Deck. Man weckte sie: „Schnell, schnell, der Zug fährt gleich ab!" Sie rannte die zweimal vier steilen Treppen hinunter. Der Schaffner, der den Zug bereits abgepfiffen hatte, fasste sie an beiden Armen und zog sie in den langsam anrollenden Waggon herein.
„Das hätte aber jetzt schiefgehen können! Mein Gepäck in Kopenhagen und ich auf der Fähre oder hier, zwischen Kränen und Containern ..." Dabei lachte sie, lange und beinahe ausgelassen. Ihr Schreck und die Anspannung, die sie beim eiligen Herunterrennen auf den Schiffstreppen und vor allem für den Sprung auf das Trittbrett des anfahrenden EC hatte aktivieren müssen, hatten sich in dieses anhaltende Lachen aufgelöst.
Die schmale, zierliche junge Frau mit halblangen dunkelblonden Haaren im korrekten hellgrauen Hosenanzug und in sportlich gemusterter Hemdbluse hatte seit Hamburg an dem Vierertisch gesessen, der unserem gegenüber lag. Fast die ganze Zeit hatte sie gelesen, wobei sie immer wieder einmal eingenickt war. Für die Landschaft, durch die wir fuhren – die herrlichen Buchenwälder bei Schwartau, die weiten, sanft hügeligen Wiesenflächen mit einzelnen Gehöften darin, mit Baum- und Strauchgruppen, kleinen Dörfern, die gelegentlichen Durchblicke auf die Ostsee – hatte sie sich nicht interessiert. Noch weniger für die um sie herum oder ihr gegenüber sitzenden Passagiere.
Jetzt aber, noch aus ihrem Lachen heraus, kommt ein Gespräch

123

mit ihr zustande. Wir sprechen sie in Englisch an. Zuerst ein paar Kommentare zu dem Glück, das sie eben gehabt habe, dann mit der Frage, ob man sie fragen dürfe, woher sie komme. „Aus Jänschwalde." „Jänschwalde – in der Lausitz?"
„Ja, dort arbeite ich. Sie können mit mir Deutsch sprechen."
„Wunderbar! Aber, sagen Sie, Jänschwalde – dort ist doch das große Kraftwerk – arbeiten Sie da? Und wenn ja – dürfen wir Sie fragen, wo und in welchem Beruf? Vielleicht in der Schaltzentrale, an der Elektronik?" „Nein, ich arbeite nicht im Kraftwerk. Ich bin dort in einem italienischen Betrieb, der keramische Fliesen herstellt und sich vor kurzer Zeit in Jänschwalde angesiedelt hat. Weil da die ehemaligen Ostblockländer näher und die Arbeitskräfte billiger sind. Eigentlich wohne ich in Italien – in einem kleinen Ort bei Modena, da, wo die Erdbeben waren. Aber die haben ja noch gar nicht aufgehört. Immer wieder kommt es zu Nachbeben, und die Wissenschaftler haben vorausgesagt, dass diese Beben noch lange andauern werden. Die Menschen haben solche Angst! Manche kampieren noch immer in Zelten im Freien oder in Notunterkünften und haben kein Geld oder trauen sich nicht, ihre Häuser zu reparieren. Meine Freundin haben ihre Hunde, kurz bevor das Erdbeben losging, aus dem Bett gezerrt – sie kam gerade noch raus, ehe ihr Haus zusammenstürzte. Mein Haus ist in Ordnung geblieben, glücklicherweise. Aber wenn ich dort bin, kann ich vor Angst nicht schlafen. Da oben auf der Fähre war es so herrlich ruhig – kein Motorengeräusch, kein Zugrattern, die See ganz still – ich wundere mich gar nicht, dass ich da sofort fest eingeschlafen war. Ich bin ja immer so müde ..."
„Ihren Verwandten ist bei dem Erdbeben hoffentlich nichts passiert", taste ich mich an die nächste Frage heran.
„Meine Verwandten leben nicht in Italien. Die sind in den Niederlanden – da stamme ich her."

Die nächste, durchaus verwunderte Frage erspart sie uns, indem sie die gleich selbst beantwortet.

„Ja, das war vor zwölf Jahren. Da bin ich zu meinem Freund nach Italien gezogen und habe dort Italienisch studiert. Dann habe ich als Übersetzerin in einem Büro gearbeitet und gut verdient. Aber jetzt braucht man meine Arbeit dort nicht mehr. Und als ich arbeitslos war, hat mir der Keramikproduzent den Job in Jänschwalde angeboten. Ich habe zugesagt – was blieb mir anderes übrig? Ich fahre also in Europa herum und biete die Fliesen aus Jänschwalde zum Verkauf an. Mein Vertrag gilt für ein Jahr, und die Bezahlung hängt davon ab, wieviel Umsatz ich zustande bringe."

Sie geht zum Rand des Sitzplatzbereiches, wo sie eine große Kunststofftasche deponiert hat, und nimmt daraus eine etwa A4-formatige Klappmappe mit einem geschmackvollen Druckdekor, in der drei Keramikplatten stecken. Die zeigt sie uns. Sie haben ansprechende gelblich-bräunliche Muster und sind auf den ersten Blick kaum von dem Naturmaterial Travertin zu unterscheiden, das man von Fensterbrettern, Treppenhäusern oder auch den Eingangshallen von Hotels kennt, sind aber sehr viel härter, abriebfester, säurebeständiger und preiswerter als die Gesteinsplatten aus der Natur. Jetzt also will sie solche Keramikfliesen auf einem Architektenkongress anbieten – in einem Tagungshotel, das 30 oder 40 Kilometer von Kopenhagen entfernt ist.

„Die dänischen Architekten sind sehr innovationsfreudig. Ich denke, dass ich da, wenn alles gut geht, ein oder zwei Verträge zustande bringen müsste. Und damit könnte ich hoffen, dass mein Arbeitsvertrag mit der Firma in Jänschwalde um ein weiteres Jahr verlängert wird."

„Und wie kommen Sie zu diesem Tagungshotel hin? Werden Sie in Kopenhagen abgeholt?"

„Nein, leider nicht. Ich fahre mit dem Zug oder der S-Bahn zum

Flughafen. Dort steht ein Mietauto für mich bereit, und mit dem fahre ich dann bis zum Hotel."
„Da haben Sie ja noch einen anstrengenden Abend vor sich – ein Glück wenigstens, dass es hier oben jetzt lange hell ist."
In diesem Augenblick klingelt ihr Mobiltelefon. Sie beantwortet den Anruf in fließendem Italienisch. Aber nach einem persönlichen Gespräch mit einem ihr nahestehenden Menschen klingt das nicht, eher nach einer sachlich zu beantwortenden Anfrage oder einer Anweisung ihres Chefs aus Jänschwalde. Es scheint, dass sie einen anderen Anruf erwartet hat und nun enttäuscht ist. Vielleicht von ihrem italienischen Freund? Hier könnte das Problem liegen. Denn so ein Freund will ja keine Freundin, die in Europa herumreist, sondern eine, die ihm, wann immer er das wünscht, zur Verfügung steht. Aber wie dem auch sei – jetzt ist es wohl an der Zeit, unsererseits ein paar Worte zu unserem Woher und Wohin zu sagen.
„Wir sind aus Dresden. Das kennen Sie doch sicher – von Jänschwalde aus ist das ja fast nur ein Katzensprung."
Und nach Komplimenten für die Niederländerin brauchen wir als Dresdner ja nicht lange zu suchen.
„Wir haben in unserer Bildergalerie so herrliche Rembrandts. Saskia als junges Mädchen, Rembrandt mit ihr auf dem Schoß, wie er ausgelassen einen Becher hebt, Ganymed in den Fängen des Adlers – der kleine Kerl, der vor Schreck lospieselt …"
Sie hört uns konzentriert zu. In Dresden sei sie leider noch nicht gewesen, und da komme sie von Jänschwalde aus auch nicht hin. Das sei nicht vorgesehen. Sie ist einmal im Spreewald gewesen. Da hat es ihr gefallen. Die Leute dort seien freundlich. Und was Rembrandt betreffe: Im Rembrandt-Haus in Amsterdam ist sie gewesen. Aber das ist lange her.
Bei der Fahrkartenkontrolle durch das dänische Zugpersonal fällt meinem Mann versehentlich der Führerschein aus der

Brieftasche. Es ist der alte Führerschein aus der DDR, der unbegrenzt gültig ist – auch heute noch, lange nach dem Ende des Staates, der ihn ausgestellt hat. Sie liest die drei Buchstaben und die Aufschrift des Dokumentes und staunt.
„Der Führerschein gilt tatsächlich heute noch? Und Sie sind aus der DDR? Darf ich Sie da etwas fragen?"
„Aber ja, fragen Sie nur!"
„Wie sind denn die Leute, die in Westberlin wohnten, nach dem Mauerbau nach Westdeutschland gekommen?"
„Mit dem Zug oder auf der Autobahn oder mit dem Flugzeug."
Wir erklären ihr, wie es zu der Teilung Deutschlands und schließlich zum Bau der Mauer gekommen ist; weitere Fragen hat sie nicht. Aber nach einer Weile, als wir uns schon Kopenhagen nähern, sagt sie: „In der DDR war sicherlich manches schlecht. Aber es gab doch eine gute Bildung für alle, kostenlos, und vor allem hatte jeder Arbeit."
Mit einem Mal beginnt sie zu weinen. „Ich bin jetzt 32 Jahre alt und habe es außer zu meinem Haus zu nichts gebracht. Meine Eltern werden bald in Rente gehen, und ich kann sie nicht unterstützen. In Holland habe ich eine ganz liebe kleine Nichte und einen ganz lieben kleinen Neffen – die möchte ich doch auch bald einmal wieder sehen. Aber ich bin immer so müde, so entsetzlich müde." Und nach einer kurzen Pause fügt sie hinzu: „Ich weiß wirklich nicht, wie das alles weitergehen soll."

Wir verabschieden uns von ihr, als der Zug in Kopenhagen einfährt. Dort eilt sie, so schnell sie das mit ihrem schweren Gepäck kann, die Treppe hinauf zu einem anderen Bahnsteig, weil die nächste Bahn zum „Lufthavn" schon in wenigen Minuten abfährt.

Ekkehart Müller

Die Flut

Sie stand an dem Stein, der ihr Grundstück zur Straße hin begrenzte. Leer, gleichsam ausgehöhlt fühlte sie sich, dazu kam die Müdigkeit. Beides war der Ausdruck ihrer Hoffnungslosigkeit. Über ihr Gesicht rannen die Tränen und vermischten sich mit dem Regen, der seit zwei Tagen unaufhörlich auf die Gegend und das Gebirge in nicht vorstellbaren Mengen herabfiel. Das Salz ihrer Tränen war nicht bitter, denn das Wasser vom Himmel auf ihrem Gesicht nahm ihnen die Schärfe. Sie suchte durch den Schleier, der über ihren Augen lag, ihr Haus zu finden, das bis gestern noch hier gestanden hatte. Die Flut des Baches, ‚die Bach', wie man hier im Gebirge dazu sagt, wälzte sich durch das Tal und ihren Garten. Die Haustür hatte sie noch verschlossen, als ihr dringend angeraten worden war, das Haus zu verlassen.

Das Rauschen des Regens ging unter in dem Gurgeln der Wasserflut, in dem Klappern der sich gegeneinander stoßenden, mitgerissenen Steine und in dem Krachen der in der braunen Flut sich aufrichtenden und stürzenden Bäume. Sogar Container tanzten sich drehend im Wasser und schlugen scheppernd an Steine und noch vorhandenes Mauerwerk. Es war kein Bach mehr, der sich durch das Tal als ein breiter Wasserstrom wälzte. Überall lag Schlamm, nicht nur eine dünne Schicht, sondern viele Kubikmeter davon hatte das nächtliche Hochwasser hierher geschleppt und abgelegt, auch in den Häusern, deren Türen es eingedrückt hatte. Das Getöse, das die Frau von dem sich gegeneinander stoßenden Geröll vernahm, war nicht laut, gleichsam ein durch das Wasser gedämpfter Klang; aber gerade deshalb verstärkte er die Ohnmacht der Menschen gegenüber der entfesselten Naturgewalt. Auf ihrem Weg von der Unterkunft,

in der sie mit der Mutter übernachtet hatte, wurde ihr von den Nachbarn, die den Schlamm der nächtlichen Flut aus den Haustüren schippten oder mit Eimern aus Fenstern kippten, zugerufen, dass nichts mehr da, nichts mehr vorhanden sei. Was sollten diese Zurufe bedeuten? Sie konnte die Worte nicht umsetzen, nicht daran glauben. Sie wollte es auch nicht. Vielleicht hat das Wasser die Tür aufgedrückt und ist mit seinem mitgerissenen Schlamm und Unrat durch das Haus gezogen. Womöglich hat es den Schuppen weggerissen.
Aber was sie sah, überstieg ihre Vorstellungskraft. Das Haus war weggespült, nicht mehr vorhanden war es, nur die beiden zur Straße weisenden Mauern standen noch. Ein Dachbalken hing an einer dieser Mauern.
In dem pausenlos strömenden Regen gestern Nachmittag war Heinz von der Feuerwehr im Ort zu ihr gekommen. „Du musst das Haus verlassen, wenn dein Schutz, der Baum im Garten, von den Wassermassen ausgespült und umgerissen wird. Eine schwere Flut kann die Uferböschung eures Grundstücks auswaschen, da ja der Bach hier eine leichte Biegung hat. Solange sich das Wurzelgeflecht noch in der Erde verkrallen und die Steine umklammern kann, so hoffe ich, geht es gut. Bring aber deinen Sohn und deine Mutter in Sicherheit und nimm die Papiere und das Wichtigste mit. Dein Auto stellst du auf der Bergstraße oben ab. Mehr kann ich jetzt nicht für dich tun. Ich muss die anderen weiter oben noch warnen. Die höchste Flutwelle kommt wahrscheinlich heute Nacht. Hoffentlich wird es nicht zu schlimm." Da erst war ihr die Gefahr bewusst geworden, in der sie sich befand. Sie fragte ihn noch: „Was kann ich denn tun?" Doch Heinz zuckte die Schultern: „Eine konkrete Warnung haben wir nicht erhalten. Wir wissen nicht, was auf uns zukommt. Sandsäcke haben wir auch nicht. Doch selbst wenn wir sie hätten, die Zeit würde nicht reichen, sie zu stapeln."

Den Jungen hatte sie zur Freundin geschickt mit ein paar Sachen für die Nacht, doch die Mutter aus dem Haus zu bringen, hatte ihre Kräfte nahezu überstiegen. „Aus dem Haus bekommst du mich nur tot heraus", hatte diese hysterisch geschrien, verzweifelt und fassungslos. „Du weißt, dass der Großvater das Haus erbaut hat von seinen Spargroschen!" Doch mit der Zusicherung, dass sie sie morgen wieder hierher bringen würde, gelang es ihr, die Mutter zu überzeugen, ins Auto zu steigen. Sie war mit ihr in die kurzfristig eingerichtete Unterkunft gefahren. Dann hatte sie Werner angerufen, der von seinem LKW irgendwo im Norden antwortete und sie zu beruhigen versuchte. Der konnte seine fast nach Minuten vorgeschriebene Tour nicht abbrechen und kommen. Das wusste sie ja, aber wenigstens mit ihm darüber sprechen wollte sie, welche beängstigende Möglichkeit Heinz für die kommende Nacht nicht ausgeschlossen hatte. Vielleicht hätte Werner doch das Fahrzeug verlassen oder die Fahrt unterbrechen können.

Sie musste allein mit dieser Situation fertig werden. Fast die gesamte Nacht hatte sie mit anderen Einwohnern des Ortes auf das ständig steigende Wasser mit seinen Schlamm- und Geröllmassen geschaut, und sie waren gezwungen gewesen, den Hang immer höher hinaufzusteigen.

Sie erinnerte sich an die Baumaßnahmen am Haus, die ihre ganze Kraft und auch das Geld beansprucht hatten. Ihr ehemaliger Betrieb, ein Bergbaubetrieb weiter oben im Gebirge, – sie hatte dort in einem Büro gearbeitet –, war bereits kurz nach der Wende geschlossen worden. Auf dem Arbeitsamt hatte sie sich ständig zu melden. An verschiedenen Qualifizierungsmaßnahmen und Lehrgängen hatte sie teilgenommen. Doch Arbeit angeboten wurde ihr nicht. Eine Abfindung hatte sie vom Bergbaubetrieb erhalten. Im ersten Augenblick war ihr der Betrag als eine akzeptable Summe erschienen, doch um das Haus zu renovieren, hatte sie noch einen Kredit von der Bank aufnehmen müssen. Gerade einmal eine kleine Busfahrt in den Westen, nach Bayern, hatte sie sich geleistet. Aber die Renovierung hatte das Haus nicht stabilisieren können. Der Hauptanteil des Baumaterials für das vom Großvater errichtete Haus bestand aus Bruchsteinen. Unterkellert hatte er es nicht, als er im Talgrund baute. Groschen für Groschen hatte er sparsam dafür aufgebracht. Sie hatte das Haus gegen Feuchtigkeitsanstieg schützen lassen.

Und ihr Bankkredit lief noch, abzuzahlen waren die Raten Monat für Monat. Und das noch ein paar Jahre für ein Haus, das nun nicht mehr existierte, das untergegangen war in den an ihr vorbeischießenden braunen Wassermassen, die den Grund des Tales in der Nacht zwei bis drei Meter hoch überschwemmt hatten. Ablesen konnte man es an den Überschwemmungsmarken, die die braune Gewalt hinterlassen hat. Über die höher gelegene Straße war sie hierher gelangt.

Auch eine Versicherung hatte sie nicht abgeschlossen, sondern lieber das Geld für die Erneuerung des Daches verwendet. Eine absolute Fehlentscheidung hatte sie damit getroffen, aber die anderen, die Nachbarn, hatten sich auch so verhalten. Sie hatte ja mit denen darüber gesprochen.

Wieder rief sie Werner an. Sie musste ihm doch das Ausmaß der Zerstörung schildern. Der allerdings zeigte Unverständnis. „Ich hatte erwartet", so waren seine Worte, „dass du die Technik mit ins Auto packen würdest. Die hättest du doch in Sicherheit bringen können. Das wäre ja wohl möglich gewesen!" „Ja, ich habe daran gedacht", hatte sie erwidert, „und sie noch ins Dachgeschoss gebracht. Dass das Haus weggespült werden würde, habe ich mir doch nicht vorstellen können."

Den Verlust seiner von ihm sorgsam betreuten Tontechnik würde er wohl kaum verwinden. Das war ihr bewusst geworden.

Jetzt stand ihr auch noch das Gespräch mit der Mutter bevor, in dem sie ihr sagen musste, dass das Haus von der nächtlichen Flutwelle fortgespült worden war. Sie ahnte, wie die Mutter reagieren würde. Erst würde sich ein Wortschwall über sie ergießen, was alles der Großvater in so einer Situation getan hätte. Zukünftig würde sie ein fortwährendes Lamentieren der Mutter ertragen müssen.

Plötzlich kam ihr ein weiterer, ebenso unerträglicher Gedanke. Die Grenzen des Grundstückes sind ja untergegangen, sind gleichsam fortgespült. Der Baum an der oberen Begrenzung, vor dessen Entwurzelung Heinz sie gewarnt hatte, ist weggeschwemmt und fortgetrieben worden.

Heinz jedoch hatte sie bereits gesucht. „Dich hat es am schlimmsten aus dem ganzen Ort getroffen. Bei anderen sind zwar Teile ihrer Häuser weggeschwemmt worden, aber eben nur Teile. Die sind vielleicht wieder instand zu setzen. Auch die Rettungsaktion der Familie vom Dach ihres Hauses an der Hauptstraße mit einem Hubschrauber war gefährlich, sehr sogar. Da hätte es auch Tote geben können. Davon hast du ja gehört oder hast du es mit angesehen? Diese Flut wird ihre Todesopfer gefordert haben! Aber du lebst! Dein Sohn ist bei deiner Freundin untergebracht, und auch deine Mutter ist in Sicherheit."

„Meine Mutter, sie weiß es noch nicht. Ich konnte ihr nicht sagen, wie schlimm es uns getroffen hat. Ich habe einfach nicht die Kraft dazu."

Es dauerte einige Zeit, bis er antwortete.

„Ja, das Gespräch mit deiner Mutter wird schwer. Ich komme aber mit. Vorher jedoch gehen wir zum Gemeindeamt und klären, wo Ihr jetzt unterkommt. Vielleicht kann der Bürgermeister euch irgendwie helfen. Welche Art der Hilfe das werden könnte, weiß ich nicht."

Sie war ihm dankbar für seine Worte, für die angebotene Hilfe

und seine Überlegungen, wie der Tag zu bewältigen sei. Das Verständnis, das er zeigte, war die Hoffnung, die sie brauchte. Doch das war ihr bewusst geworden: „Heinz, ich kann mir nicht vorstellen, weiter in dem Ort zu wohnen, in dem ich ständig an diesen tragischen Tag erinnert werde."
Heinz ging mit ihr durch den Regen und hoffte, dass die von ihm versprochene Hilfe ihr auch gewährt würde. Der faulige und erdige Geruch des Schlammes begleitete sie, und unbewusst nahm sie auch ihn als eine bleibende Erinnerung auf.

Wie schlimm das Unwetter gewütet und wie schwer es den Ort getroffen hatte, erfuhren wir von unserer Bekannten, die uns unmittelbar danach anrief und uns mitteilte, dass sie sich auch auf den Weg machen werde, um Hilfe zu leisten. Ihrem Beispiel folgend haben wir unsere Gummistiefel ins Auto gepackt und sind losgefahren, soweit, wie es uns gestattet war. Meine Frau hat in einem Haus geholfen, den Schlamm von den Wänden zu waschen, während ich mich daran beteiligt habe, Steine unter eine freigespülte Garage zu wuchten. Unsere Kräfte haben nur für einen Tag gereicht. Von dem vom Wasser weggerissenen Haus und dem Schicksal seiner Bewohner hat man uns erzählt.

Sigrid Müller-Hirsch

Mein erstes Auto

Waren wir nicht geplagte Wesen, wir jungen Frauen der fünfziger Jahre! Volle Verantwortung für die Kinder, bei mir waren es zwei, notwendige und gewünschte Berufstätigkeit, Führung des armseligen, schwierigen Nachkriegshaushaltes und das alles oft ohne männliche Hilfe! Aber wir hatten Schwung, wir werden es schaffen. Wenn nur manches etwas leichter gewesen wäre! Wenn ich beweglicher gewesen wäre, wenn ich schneller zur Arbeit und abends schneller nach Hause zu meinen Pflichten hätte gelangen können! Wenn, wenn, wenn, ...! Wie alle jungen Menschen träumte ich von einem Auto. Aber das war ein Wahnbild, weit entfernt in den Sternen. Zunächst steckte auch noch die Kriegsangst in mir. Hatten wir doch erlebt, wie alle Privatautos ersatzlos an die Front eingezogen worden waren. Und war denn der Krieg endgültig vorbei? Belauerten sich nicht Russen und Amerikaner auf dem Territorium unseres Landes? Und so tröstete ich mich: Wer nichts hat, kann nichts verlieren.

Und doch, immer wieder erschien mir im hintersten Gehirnstübchen das Wunschbild, so wenn ich meine Jüngste in einer Tasche transportierte und später an der Hand in die Betriebskinderkrippe schaffte, wenn ich nach langen und oft vergeblichen Gängen durch die Geschäfte schließlich schwere Einkaufsbeutel nach Hause schleppte. Und ich schaute mich um. In den ersten in unserem Land produzierten Autos saßen Funktionäre, Betriebsleiter und ähnliche wichtige Personen, die ein Recht auf eine Bezugsgenehmigung hatten oder Leute mit sonstigen guten Beziehungen. Aber es ging die Sage um, im goldenen Westen gäbe es Autos für alle, die das bezahlen konnten. Und in unserer Straße, sogar genau vor unserem Haus, parkte längere Zeit ein solches Gefährt. Mir kam es vor wie eine Staatskarosse: prächtig, geräumig, es wurde geflüstert: zu einem unglaublich niedrigen Preis, West natürlich. Ja, wenn ich bekäme, wenn ich hätte ...! Also nichts. Aber ich könnte mich langfristig vorbereiten. Wer keine Technik besitzt, kann sich ja mit Logistik befassen (so würde man das heute Neudeutsch bezeichnen). Und da ich gerade große häusliche Probleme hatte, versuchte ich mich abzulenken und ging in die Fahrschule.

Zwei Jahre später schien es für mich einen Weg zum Auto zu

geben. „Ich verschaffe dir einen Eigenbau", lockte ein hilfreicher Bekannter. Na gut, ich kann es ja probieren. Das war natürlich kühn. Eines Tages sah ich ihn dann vor der Türe, den versprochenen fahrbaren Untersatz. Das soll er also sein! Ich schaute erst neugierig durch die Gardinen: eine Blechbüchse mit zwei Sitzen, einer Hupe mit Gummiball, Richtungsanzeiger ausklappbar. Aber es stand immerhin auf vier Rädern, Speichenrädern, wie bei einem Motorrad. Richtig, es stand! Und wie sollte das Ding fahren? Ich bat also einen Kollegen um eine Probefahrt. Das vollzog sich dann auf der Straße innerhalb des Geländes unserer Hochschule. Aber mir war es peinlich. Ich schaute deshalb nur aus sicherer Entfernung zu: Vorwärts schlich das Gefährt stöhnend, dafür konnte es rückwärts mit etwa 20 Stundenkilometern prächtig fahren, sogar einen kleinen Hügel hinauf. Und kein Bemühen brachte eine Änderung. Da hatte der gutwillige Kollege die Nase voll und warf das Handtuch: „Such' dir einen besseren Testfahrer." Das konnte ich nun aber keinem anderen zumuten. Also wurde die Missgeburt zunächst in einem Schuppen im Betrieb zwischengeparkt. Dort hatte sie sogar Gesellschaft von einem ähnlich verunstaltetem Ungetüm. Ob sich beide nun gegenseitig bedauerten? Manchmal war es aber auch lustig: Sie empfingen Neugierbesuche von Kollegen, bei denen sich das Ereignis natürlich herumgesprochen hatte. Leider waren auch die Eigentümernamen durchgesickert, auf deren Kosten nun manche Hochschulneckereien gingen. Da konnte ich nur mitlachen und mich bemühen, meinen Fehlgriff so schnell wie möglich loszuschlagen. Der nun gefundene Abnehmer war Berufskraftfahrer und wahrscheinlich auch Hobbybastler. Geld konnte ich von ihm nicht verlangen, aber damit ich nicht alles einbüßte, entschädigte er mich durch Benzinmarken, die er regelmäßig für Dienstfahrten in seinem Betrieb erhielt.

Das hat mir dann doch etwas geholfen, als ich einen Trabbi aus

zweiter Hand erstanden hatte, allerdings zum Neupreis. Das war so üblich in Anbetracht der Mangelsituation im Lande. Und die Mittel dafür musste ich auch noch borgen. Aber ich war zufrieden. Das Gefährt wurde spontan liebevoll Fridolin getauft. Das war unser einziges vermenschlichtes Töffchen. Mit ihm und in ihm erlebten wir manche glückliche Stunde, vielleicht freudvoller als mancher Besitzer mit seiner Luxuslimousine. Die Kinder waren stolz. Da ich in diesen Tagen zu den wenigen Frauen gehörte, die eine Fahrerlaubnis besaßen, fielen wir auf. Einmal, als ich meine Jüngste vom Kindergarten abholte, tanzte plötzlich eine Horde Kinder um unser Autochen: „Ha, ha, eine Frau, die Auto fährt." So hätten sie nicht spotten dürfen. Meine Tochter kurbelte empört die Scheibe herunter und rief triumphierend, belehrend: „Wir brauchen dazu keinen Mann!"
Der missglückte Versuch mit dem Eigenbau war vergessen. Wir fuhren lachend und singend in den Urlaub nach Arkona auf Rügen und an die Schwarzmeerküste Bulgariens, zur Wartburg, zur Hohen Tatra und immer mit Mutter am Steuer. Vierzehn Jahre hat uns das Wägelchen nie enttäuscht.

Eigentlich war Fridolin mein erstes Auto.

Brigitte Nowak
Die kleine Paula

Die kleine Paula ist wirklich sehr klein. Nach ihrem zwölften Lebensjahr hatte sie einfach aufgehört zu wachsen. Nun ist sie sechsundfünfzig und hat statt an Länge an Breite zugelegt.
Paula ist scheinbar immer munter und fröhlich. In ihrem kugel-

runden freundlichen Gesicht spiegelt sich eine Lebensfreude wider, um die sie so mancher beneiden sollte.
Paula bezieht eine kleine Rente, die sie durch das Zeitungsaustragen in unserer Wohngegend ein wenig aufbessert. Probleme, die unsereinen tagaus tagein bewegen, kennt sie offenbar nicht. Doch schon in ihrer Kindheit war entdeckt worden, was ihr Leben entscheidend bestimmen sollte: Paula erkennt keine menschlichen Gesichter. Obwohl ich sie schon jahrelang kenne, erschrickt sie jedes Mal, wenn ich sie auf der Straße grüße. „Hallo, Paula, wie geht's?", rufe ich ihr zu. Dann kommt sie lächelnd zu mir heran und fragt: „Wer sind'n Sie?" Mir scheint, auch Stimmen kann sie nicht gut zuordnen. Allerdings treffen wir nicht allzu oft aufeinander.
„Sie bringen uns immer die Zeitungen, ich bin die Frau N."
„Ach ja, die", lacht sie breit und versucht dabei ihr widerspenstiges Haar zur Raison zu bringen. „Sind Se mit mir zefrieden, isch bringe doch immer alles binktlich." Bei diesen Worten sieht sie mir ins Gesicht, und ich wüsste gerne, was sie dort sieht.
Paula entschuldigte sich vor längerer Zeit einmal bei mir, weil sie mich auf der Straße nicht gegrüßt hatte: „Dud mir leid", sagte sie freundlich lächelnd, „isch ergenne geene Gesichter. An dn Glamoddn werdsch Sie ergenn, awer Sie ziehn ja nu nich immer das Selbe an, un soviel gann isch mir nu ooch nisch mergn." Dann lachte sie herzhaft und schlenderte mit ihrer schweren Tasche, die oft voller Zeitschriften ist und immer bis zum Boden hängt, weiter. Ihren Familiennamen kenne ich nicht, und sie gab mir einmal zu verstehen, dass sie ihn nicht hören möchte.
An den Haustürklingeln läutet Paula Sturm und sagt dann in die Sprechanlage immer die gleichen Worte: „Gudn Morschn Frau N. Hier is de Paula, de gleene Paula. Isch bring de Fernsehzeidung." Ich bediene den Türöffner und antworte dann auch mit immer den gleichen Worten: „Danke, Paula. Ich wünsche

Ihnen noch einen schönen Tag." Damit ist sie zufrieden gestellt und zieht weiter.
Als ich einmal in Eile war, ließ ich den Wunsch für einen schönen Tag weg. Sofort klingelte es wieder. „Winschn Se mir heide nischt?", fragte die kleine Paula mit leicht pikiertem Unterton.
„Ach Entschuldigung", rief ich in die Sprechanlage, „natürlich wünsche ich Ihnen einen schönen Tag, bleiben Sie gesund", setzte ich noch hinzu, damit der Spruch nicht allzu abgedroschen klang. Aber sie bestand auf dem Üblichen und rief zurück: „Scheener Dach reicht schon. Wenn's scheen is, binsch ooch gesund!"
Der Bus fährt langsam auf die Endstelle zu und hält an. Der Fahrer macht erst einmal Pause, lässt die Fahrgäste aber schon einsteigen. Es gefällt mir, im haltenden Bus zu sitzen und über dies und jenes zu sinnieren.
Wie ein bunter lustiger Ballon, der heranrollt, nähert sich Paula dem Bus. Ihr knöchellanger Rock, der am unteren Ende leicht zusammen gezogen ist, und ihre kurze breite Gestalt geben ihr diesen Anschein. Alles an ihr ist rund und bunt. Selbst in ihrem blonden, ein wenig wirren Haar trägt sie bunte Spangen und Schleifen. Sie wohnt gegenüber der Busendstelle in einer winzigen Wohnung, deren Balkon im Erdgeschoss für jeden einsehbar wird, der über 1,60 Meter groß ist. Dort sieht man die kleine Paula manchmal frühstücken oder Berge von Wäsche sortieren.
In der Weihnachtszeit stellt sie ein Tannenbäumchen auf und schmückt es mit bizarrem, ich vermute, selbst hergestelltem Weihnachtsschmuck. Allerdings lässt sie sich von Althergebrachtem nicht immer leiten, denn das Bäumchen steht meist noch in der Osterzeit auf dem Balkon. Viele, die vorübergehen, sieht man lächeln, denn dann hängt Paula Ostereier an den Weihnachtsbaum.

Ihre große Tasche – Produkt einer Patch-Work-Arbeit – ist leer. Ich vermute, sie holt Nachschub an Zeitungen, die sie dann verteilen wird.

Lachend begrüßt die kleine Paula den Busfahrer, der rauchend neben dem Bus steht: „Na, geht's glei los?" Der Fahrer nickt ihr freundlich zu. Er kennt sie sicher längst und verlangt von ihr keinen Fahrschein zu sehen, während alle anderen ihn beim Einstieg vorweisen müssen.

Behäbig, stöhnend und gleichzeitig lachend ersteigt Paula den Bus. Sie lässt sich auf zwei Sitzen nieder. Ihre Füße unter dem Rock erreichen den Boden nicht. Ihr gegenüber döst ein Mann mit geschlossenen Augen vor sich hin. Er scheint mit dem Restalkohol zu kämpfen, der ihn schläfrig macht.

„Heide musstsch misch awer beeiln, dass schn Bus noch griesche, meine Giede, mei Herze gloppt wie wilde", ruft sie dem Schlafenden zu, ist aber auch am Dialog mit anderen Businsassen interessiert, denn sie dreht sich nach dem Ausruf um und blickt alle an, die inzwischen eingestiegen sind. Ich weiß, dass Paula keine Gesichter zuordnen kann. Deshalb ist mir auch klar, dass sie mich, die ihr schräg gegenüber sitzt, nicht erkennt. Doch überraschend ruft sie mir zu: „Sin Sie de Frau N.?" „Nanu," entgegne ich verblüfft, „heute erkennen Sie mich?"

„Jaaa", entgegnet sie triumphierend, „Sie gomm schon seit paar Wochn immor mit der gleichn Dasche – groß un gelb." Mit klaren blauen Augen blickt sie mich an, und ich spüre eine Welle von Sympathie für sie in mir aufsteigen. Alle im Bus lachen, außer dem Schlafenden. Die kleine Paula schlägt sich vor Freude auf die Schenkel und beginnt eine langatmige Geschichte über ihren verstorbenen Vater zu erzählen, der angeblich auch eine gelbe Tasche besaß. Gelegentlich dreht sie sich um, um sicher zu stellen, dass sie auch Zuhörer hat.

Doch die Zuhörer wechseln. Einige steigen aus, andere kommen

hinzu, hören erst einmal verwundert auf die Worte der kleinen Paula, um sich dann desinteressiert abzuwenden.
Längst fährt der Bus. Noch immer spricht sie – nun über das Wetter und dass sie Fenster putzen muss.
Plötzlich schlägt der Restalkoholiker seine gerötet verquollenen Augen auf. Sein vernichtender Blick ist einige Sekunden auf Paula gerichtet. Scheinbar muss er sich erst sammeln, um die kleine bunte Person ihm gegenüber richtig einordnen zu können. Mit vom Alkohol tief gesoffener Stimme röhrt er der Paula entgegen: „Halt's Maul, ich will schlafen." „Mir gann niemand dn Mund vorbiedn", sagt die kleine Person ohne Schärfe und besondere Betonung. Mit einer Gebärde, die in seinen vier Wänden sicher Frau und Kind in die Flucht schlägt, reagiert der Mann auf derart provokante Worte. Es sieht aus, als wolle er zuschlagen, und ich bin auf dem Sprung, die kleine Paula zu retten. Doch die gibt für alle hörbar ihre Lebensphilosophie zum Besten und nimmt so jedem Gewaltakt den Wind aus den Segeln: „Dr liewe Gott bestraft jedn, der andorn was dud. Wer's Schwert anfasst, wird ooch dadursch umgomm." Dabei sieht sie dem Trunkenbold gerade ins Gesicht, und es ist wirklich ein Vorteil für sie, dass sie es nicht 1 zu 1 erkennen kann.
Laut atmend gibt der Mann einen üblen Geruch von Fusel und Bier in die Luft ab.
Mit schweren Lidern starrt er ungläubig auf Paula, die gelassen und lächelnd auf ihrem Doppelsitz ruht. Man kann ihm ansehen, dass sein Weltbild ins Schwanken gerät.
Mit beiden Händen reibt er sich das gerötete Gesicht und blickt, als sehe er nun klarer, die kleine Paula an. „Meine Fresse, was sindn das for Bibelspriche", presst er heraus und streckt seine langen Beine unter ihre Sitze.
„De Beene zurick", ruft sie mit bestimmtem Ton, „isch will glei raus!" Verstört zieht der Mann seine Beine an und bemerkt

anscheinend erst jetzt, dass viele Blicke auf ihn gerichtet sind. Gerade als der Bus in der Haltephase ist, die stets mit einem Ruck endet, will er sich erheben, wird aber mit Wucht auf seinen Platz zurück geworfen. Einige Leute im Bus lachen. Mit größter Anstrengung gelangt er zum Ausgang. Nun entpuppt auch er sich als Kenner biblischer Inhalte und stößt gegen alle Businsassen die apokalyptische Weissagung aus: „De Menschheet jaacht uffn Abgrund zu, awer mit Karacho!!!!!" Es fragt sich, ob der Prophet Johannes seine Offenbarung so gemeint hat.

An der nächsten Haltestelle steigt die kleine Paula aus, nicht ohne vorher dem Fahrer noch einen schönen Tag zu wünschen. In die Richtung meiner gelben Tasche schickt sie ein fröhliches Winken.

Du meine Sonne

Ein verschneiter Vorweihnachtsabend geht seinem Ende entgegen. Die weihnachtlich geschmückten und erhellten Fenster in den Häusern der Stadt sehen wie freundliche Gesichter aus. In die Straßen kehrt langsam Ruhe ein. Nach dem Babysitten bei meinem kleinen Enkelsohn will ich eilends in meine Wohnung zurück.

Ich taste schon nach dem Hausschlüssel in meiner Jackentasche, als ich noch einmal auf die gegenüber liegende Straßenseite blicke.

Anfangs noch unbewusst, registriere ich dort eine Person, die nicht ins Bild dieses Abends passt. Ein plötzlicher Impuls schärft meinen Blick. Im Laternenlicht erkenne ich eine Schlafanzughose, einen offenen Mantel und einen einseitig weit herabhängenden Schal.

Am Gewohnten vorbei gehen auch die Bewegungen des

Mannes. Er irrt hin und her, bleibt stehen und sieht sich suchend um. Ich lasse zwei Autos vorbei fahren, dann überquere ich die Straße.

Nun sehe ich, dass es ein älterer Mann ist, der orientierungslos, nur mit Stoffhausschuhen ausgestattet, herumirrt. „Kommen Sie nicht ins Haus?", frage ich zögernd. Sein Blick streift mich kurz und irrt dann ins Nichts. „Wo wohnen Sie? Wollen Sie nach Hause?"

Ich spreche akzentuiert und hoffe, ihn so zu erreichen.

„Nach Hause, nach Hause", ruft er plötzlich und läuft mit ausgebreiteten Armen auf mich zu.

Ich bemerke, dass seine Schlafanzughose bis an die Knie vom Schnee durchnässt ist. Graue Haarsträhnen hängen unter seiner Strickmütze hervor. „Nach Hause", sagt er noch einmal leise und weinerlich.

Ratlos sehe ich mich um. Wo könnte er wohnen, sicher wird er schon vermisst. Er kann unmöglich allein wohnen.

Ein älteres Paar tritt aus einem Haus auf die Straße. Verwundert sehen uns beide an.

„Kennen Sie den Mann, wissen Sie, wo er wohnt?", rufe ich.

Der Mann bleibt zögernd stehen, die Frau zieht ihn mit sich.

„Nee, kennen wir nicht", ruft sie im Gehen und steuert der anderen Straßenseite zu.

Mit hängenden Schultern steht der Mann vor mir. Ich bemerke, dass er unter dem offenen Mantel eine Schlafanzugjacke trägt. Er sieht an mir vorbei, aber ich spüre, dass er Hoffnung in mich setzt. Mit zwei Schritten trete ich auf ihn zu. Seine mögliche Reaktion muss ich in Kauf nehmen. Zweimal hatte ich ihm vorher aus der Entfernung zugerufen: „Machen Sie doch Ihren Mantel zu, bitte!" Er hatte ins Leere gesehen.

Über mich selbst verwundert, knöpfe ich ihm nun seinen Mantel zu und binde den Schal wärmend um seinen Hals. Normalerweise würde ich mich einem Fremden niemals so unvermittelt nähern. Ein paar Schritte gehe ich noch mit ihm, plane ich, dann rufe ich mit dem Handy die Polizei. Er schlurft neben mir her und plötzlich spüre ich, dass seine Hand die meine berührt, erst zögerlich, doch dann umfasst er meine Hand und läuft weiter mit. Es scheint mir, als habe ein Kind Schutz gesucht und gefunden.

Wir stehen an der Kreuzung. „Sehen Sie sich um, wohnen Sie hier?" Schon fast verzweifelt stelle ich ihm immer wieder die gleiche Frage und weise dabei mit dem Arm auf die Häuserfront. Seinem Gesichtsausdruck ist keine Regung zu entnehmen. Der holt sich den Tod, wenn ich weiter mit ihm suche, sage ich mir in Gedanken.

Um das Handy aus meiner Umhängetasche zu kramen, brauche ich beide Hände. Der Mann im Schlafanzug lässt meine Hand nicht los. Ich sehe ihn an und treffe auf einen Ausdruck von Enttäuschung in seinem Gesicht. Seine Hand in meiner, öffne ich den Reißverschluss meiner Tasche und suche mit der anderen nach dem Handy.

Gerade will ich die Nummer eingeben, habe die Eins schon gewählt, als ich lautes Rufen höre. „Helmut, Hellllmuut", schallt es durch die nächtlichen Straßen.

Keine Reaktion bei meinem Begleiter. „Hallo, hallo", schreie ich. Angst befällt mich, dass die Ruferin wieder verschwindet. In Richtung des Rufes setze ich mich und den Mann im Schlafanzug in Trab. Eine Frau biegt um die Ecke, außer Atem, das Gesicht voller Angst. Als sie uns sieht, ruft sie erleichtert: „Helmut, da bist du ja endlich!" Sie wischt sich die Augen mit dem Taschentuch, dann umarmt sie den Mann und weint an seiner Schulter. „Helmut, du sollst doch nicht weglaufen. Ich habe mir solche Sorgen gemacht. Du hast dich bestimmt erkältet." Noch schluchzend richtet sie ihre Worte an Helmut, der sie ohne größere Regung ansieht. Erst dann wendet sie sich mir zu: „Sie

haben ihn wohl gefunden? Er war es früher, als er noch gesund war, gewöhnt, abends mit dem Hund herauszugehen. Das will er nun immer noch tun. Aber er findet sich nicht mehr zurecht. Mein Mann hat fortschreitende Demenz. Er begreift nicht einmal, dass wir keinen Hund mehr haben." Dankbar sieht sie mich an und reicht mir die Hand. „Vielen Dank, dass Sie sich um ihn gekümmert haben, nochmals danke schön."
Helmut lässt meine Hand los und sich von seiner Frau weiterführen. Ich sehe den beiden nach. Bevor sie um die Ecke biegen, dreht er sich noch einmal zu mir um und singt laut: „Du meine Sonne, la, lall, la la." Seine Frau lacht und ruft: „Das ist sein Lieblingslied, das kann er heute noch!"

Erichwerner Porsche
Im Zimmer

In manchem Zimmer
liegt so viel Ungesagtes.
Mit graufaltigem Gewand
schleicht die Dämmerung
von Stuhl zu Stuhl
bis sie das Zimmer füllt.
Ich zähle nicht
die Stunden
die ungelebt
entgleiten.
Da ich mich
wartend verhalte
um aus dieser Leere
Volles noch zu schöpfen.

Starre in die Augen
des tönernen Tieres
(im zeitlos
stillen Zwang
es auf gläsernem Schrank
zitternd steht)
um Götter zu ersinnen.

Ich aber stehe
wie im Regen.
Fühle
mein Kommen und Gehen.
Begrüße mich
als eigener Gast
im Raum
der meine Schritte
tötet
und so fremd
die Möbel duften.

Um ein Brautkleid

Stille Hände heben aus uralter Truhe das
Brautkleid – ein zartes Gedicht – die
etwas verwirrt über zerbröckelten Rosmarin
verblichenen Rosenblättern
starrer Myrte
sanften Lichtglanz streuen.
Wie alte Musik rauscht die weiße Seide in
den verwitweten Händen, die das erfüllende

Erichwerner Porsche / Andreas Poschadel

Genug des Lebens nicht erschöpften und den
berührenden Anstoß für den Anbeginn nicht
ertasteten.
Tränen brennen die Übung der Augen.
Der Ring am Finger ist ausgesetzt in den Verlust
des zweiten Ringes.
Das Herz geht durch das Tor der Erinnerungen.
Das Zimmer voll verlorener Träume und stille
Hände legen das Brautkleid – ein zartes
Gedicht – in die uralte Truhe leise wieder
zurück.

Andreas Poschadel

Ein guter Freund auf allen Wegen

Ich bin 14 und Feuer und Flamme für Rockmusik. Alles, was mir zum Glück noch fehlt, ist ein moderner japanischer Kassettenrecorder. Aber den zu bekommen, wird nicht leicht. Soviel ist mir von Anfang an klar. Alles, was heißbegehrt, ist schwer zu erwischen. Zu selten im Angebot. Wenn überhaupt. In der DDR. 1978.
Als Kind hörte ich Blasmusik, Schlager, Zeitgeschichte, Kinderhörspiele aus dem alten Röhrenempfänger meiner Eltern. Er stand in der Küche am Fenster. Das reicht mir nicht: Etwas Eigenes müsste her, was größer ist als ein kleines Transistorradio, das in meinem Kinderzimmer steht und nur mit Batterien betrieben werden kann. Dafür über drei von vier üblichen Wellenbereichen verfügt. Nein. Eine Granate von einem Kassettenrecorder muss her, die voll reinhaut, was die Lautstärke betrifft;

die aus kräftigeren Lautsprechern Musik speit. Um meinen eigenen Musikgeschmack festhalten zu können, fehlt mir nur noch die Verbindung zu einem Kassettenteil. Um etwas kaufen zu können, benötige ich Geld. Seit meinem sechsten Lebensjahr spare ich. Groschen für Groschen wanderten ins Plaste-Sparschwein. Einem Privatbauern half ich bei der Kartoffelernte. Für drei Stunden Arbeit gab es sechs Mark für die Mithilfe. Altstoffe zur Altstoff-Annahmestelle zu schleppen, wenn der entsprechende Laster in unserem Ort war, kostete mich keine größere Überwindung. Ob es dann beim Abwiegen der Zeitungen, Pappe, Flaschen immer gerecht zuging, kann ich nicht sagen. Aber mehr als knapp dreißig Mark konnte auch mit stärkster Sammelwut nicht erwirtschaftet werden. In der zweiten Klasse bekam ich ein paar Mal für eine unerwartete Eins in der Mathe-Klassenarbeit eine Mark zum Sparen. Später, im produktiven Unterricht, ab der siebenten Klasse, fiel auch so manches Geldstück an, das ich für's Bücken nach den Erdäpfeln bekam. Davon geht aber die Summe für die Wandertage ab, sodass ich als bester Schüler für drei Monate Feldarbeit auf 24,60 Mark komme.

Am anderen Ende unseres Wohnortes befindet sich der Stützpunkt einer landwirtschaftlichen Kooperative. Dort darf ich einmal austesten, wie es ist, jeden Tag um sieben Uhr am Arbeitsplatz in den Ferien zu erscheinen und acht Stunden weitgehend allein als Schüler herumzuwirbeln. Gleich als Erstes muss ich den Motor eines gewaltigen Traktors mit Waschbenzin reinigen. Mann, war das anstrengend! Der Vertreter der Patenbrigade unserer Klasse, ein Meister, hat den Jungen die Ferienarbeit vorgeschlagen. Mein Stundenlohn beträgt 2,21 Mark. Nach drei Wochen Arbeit bekomme ich 240 Mark auf die Hand.

Vom Rumliegen zu Hause wird der Zaster nicht mehr. Vermehrung fehlt! Mein Erspartes versauert nicht im Sparschwein. Es landet auf der Sparkasse der Kreisstadt. Dort gibt es auf die Einlage noch einmal 3,25 % Zinsen zum Jahresende obendrauf. So wächst der Geldberg mit den Jahren; denn ohne triftigen Grund darf ich nichts abheben! Ab und zu geben Oma und Opa einen Geldschein für mein geliebtes Sparschwein. Ich sage Danke und der Bauch des Tierchens füllt sich weiter. Mit 14 bin ich endlich Personalausweisbesitzer und darf somit selbständig kleinere Dinge auf der Sparkasse erledigen. Darf fragen, wie hoch mein Kontostand ist und mit Zustimmung der Mutter auch mein Angespartes abheben. Alles möglich.

Heute lacht mir das Glück zu: Ich habe einen Auftrag meiner Mutter in der Sparkasse zu erledigen. Später will ich sehen, ob es etwas zu beschaffen gibt, was mein Herz erfreut oder ich dringend brauche. An diesen Donnerstagvormittag, gegen zehn Uhr, bleibt meine Nase am Schaufenster des RFT-Geschäftes haften. Es befindet sich keine hundert Meter von der Sparkasse entfernt. Erst glaube ich, nicht richtig zu seh'n. Spinn ich? Eine Fata Morgana, weit nach Tagesanbruch? Da, wo sonst die klobigen Küchenradios von uns die Leute anlocken, hat ein schicker Kassettenrecorder aus Fernost ihren Platz besetzt. Das Gerät ist scharf, schießt es mir durch den Kopf, wenn nicht dieser ausverschämte hohe Preis unter dem Recorder stünde. Ohne lange nachzudenken fasse ich den Entschluss: Das Konto muss leergeräumt werden! Das gibt es nicht gleich wieder! Höchstwahrscheinlich niemals wieder, dieses Angebot!

Allzu viel Zeit zum Überlegen bleibt nicht, so meine bisherige Erfahrung. Was gut ist, wissen andere auch. Ich flitze hoch zur Sparkasse. Atemlos lasse ich mir meinen Kontostand nennen. Oh Schreck, es reicht nicht! Trotzdem sage ich zu der Frau: „Bitte, alles auszahlen!" Hastig blättere ich die Scheine durch. „Stimmt!", murmele ich. Als letzte Möglichkeit bleibt mir nur nach Hause zu fahren, mit dem Bus, mein Fahrrad zu schnappen –

und ab zur Oma, um ihr meine Notlage zu schildern. Das kostet wieder wertvolle Minuten, wenn nicht Stunden. Hoffentlich ist das Ausstellungsstück noch da, wenn ich wieder in Grimma bin. Als ich nach reichlich einer Stunde bei Oma angeradelt komme, lässt sie sich erweichen, nachdem ich meinen Wunsch nach der beträchtlichen Summe vorgetragen habe. Ich bleibe im Wohnzimmer sitzen. Sie verschwindet im Schlafzimmer. Bringt nach kurzer Zeit eine Handvoll Geldscheine mit. Wer weiß, woher. Vor Freude drücke ich die Oma gleich noch einmal. Mit der Kohle in der Jackentasche spurte ich zurück. Den weiten Weg nach Hause, in den kleinen Ort, in dem ich lebe. Wieder ein reichlicher Fußweg von mehr als tausend Metern bis zur Bushaltestelle. Keuchend vor Anstrengung schaffe ich gerade so den heranbrausenden ersten Nachmittagsbus. Zwanzig Minuten später steige ich in Grimma, Nikolaiplatz, aus dem Bus. Von da ist es nicht weit bis zum RFT-Geschäft.

Erster Blick: Ist denn mein Freund noch da? Ja. Mal kein Pech gehabt. Der Musikkracher kostet stolze 1990 Mark, inklusive Netzkabel, einer Leerkassette Aiwa – 60 Minuten Aufnahmezeit und dem originalen, grauen Pappkarton. Alles geht seinen Gang: Ich sage, was ich haben will. Die Verkäuferin verpackt den Recorder. Zahle. Fertig. Wenn es immer so einfach wäre. Ein Import-Recorder ist noch im Laden, als ich gehe.

Meine Mono-Musikmaschine ist klasse. Zieht durch seine glänzende Metallausführung alle Blicke auf sich. Der Aiwa hat auf der rechten Seite einen dominierenden, ovalen, großen Lautsprecher. Schwarze Metalleinfassung. Linker Hand verbessert ein weiterer Lautsprecher, Hochtöner genannt, den Klang zusätzlich. Dieser ist klein und schwarz. Von seiner Struktur her erinnert er mich an die Waben eines Waffeleisens. Nur nicht so groß. Plastikeinfassung. In der Mitte findet das Kassettenteil seinen Platz, mit den wuchtigen, wohlgeformten Tasten für

Aufnahme und Abspielen der Kassette. Über den Lautsprechern thront das Radio mit vier Wellenbereichen. Silberfarbige Einfassung als besonderes Merkmal.
Auf der gleichen Höhe: das Anzeigeinstrument für die Stärke der einfallenden Radiowelle, das die Qualität der Rundfunkaufnahme anzeigt. Außen rechts glänzt das Mikrophon. Sehe ich von oben auf den Aiwa, entdecke ich diverse Plastik-Kippschalter, die den Klang verbessern sollen oder lästige Pfeifgeräusche wegdrücken. Dabei ist alles wunderbar in Reihe geordnet.
Sonntagnachmittag. Wir sind den langen Feldweg, vorbei an den Rübenfeldern, entlanggewandert. Die Anhöhe vor dem Ort Kemmlitz, der Blick klebt an den weißen Kaolinbergen. Dabei höre ich Musik aus meinem Recorder und werde langsamer, ohne es zu merken. Bleibe stehen. Richte die Antenne neu aus. In der Ferne rauschen einzelne Pkws nach Mügeln, sodass der Sendeempfang von den Motorengeräuschen übertönt wird, für Sekunden. Ich rufe nach vorn: „Oma, mach mal Pause! Bei mir geht's nicht so schnell. Die Lage ist gerade günstig!"
Aber das ist nicht das einzige Ärgernis, das mir den Spaß am Lauschen von „Radio Luxemburg" auf Kurzwelle verdirbt. Lieder schwellen an, wie Wellen auf der Ostsee, die Lautstärke vervielfacht sich für Sekunden. Das Gegenteil folgt auf dem Fuße. Ich bin froh, wenn vom Lied-Ende überhaupt etwas an meine Ohren dringt. Dann presse ich den vier Kilogramm schweren Apparat an die linke Ohrmuschel. Allzu lange halte ich den Aiwa nicht gen Himmel. Nach einer Weile setze ich das Radio ins staubige Straßengras. Rast. Erst mal Luft holen.
„Oma! Oma. Omaa ...!"
Von meiner Oma Olga ist schon fast nichts mehr zu sehen. Meine Musikpause ist wohl zu lang. Neuvorstellungen und die nachfolgende Hitparade sind meine Welt. Da verliert man seine Liebsten

schon mal aus den Augen. Die Musik schafft einen riesigen Vorsprung für Oma Olga und den entsprechenden Rückstand für mich. Bei meinen Lieblingsgruppen bin ich sicherlich zu oft stehen geblieben. Das rächt sich jetzt. Jede Musiksendung endet, und ich haste meiner munteren Reiseführerin hinterher, bis ich auf Höhe ihres Rockschoßes bin. Auf dem Rückweg gehe ich schneller; ein anderer Sender ohne Störgeräusche befeuert mein Gehör musikalisch.

In der neunten Klasse sitze ich neben Rico Schmidt. Er ist neu in der Klasse, Sohn eines Ingenieurs, der in der Gegend eine neue Arbeit und ein neues Zuhause gefunden hat. Schnell kommen wir ins Gespräch. Natürlich geht es darum, was jeder von uns außerhalb der Schule am liebsten macht. Musikhören und Aufzeichnen, darin sind wir uns einig. Und, die neuesten Hits für die Klassendisko aus westlichen Hitparaden auswählen. Rico hat nur ein altes Tesla-Tonbandgerät, das man nicht mit raus ins Freie nehmen kann. Aber seine Oma will beim nächsten BRD-Besuch einen klasse Recorder mitbringen. Oder wenigstens die D-Mark, für den Intershop. So seine Ansage. Na ja. Nicht mal einen Stern-Recorder, oder zumindest einen Anette-, Sonett- oder Babette-Recorder, aus Sonneberg oder Berlin. Ich bin stolz wie Oskar auf meine Neuerwerbung. Will sie von allen bewundern lassen.

Eines Tages zeige ich Rico in der Schulpause die Beschreibung des „Multiband-Radiocassetten-Recorders Aiwa TPR 300 A Europe" aus dem fernen Tokyo. Wie das Ding offiziell heißt. Das ist ein Einstieg nach Maß in unser Hobby. Schnell bildet sich eine Traube um unseren Tisch. Alle wollen die Abbildungen vom Musikkraftwerk aus Japan sehen.

So manches Mädchen, so mancher Junge aus meiner Klasse spekuliert, um wieviel Prozent die Musikausgangsleistung über dem liegt, was sie zu Hause an Vergleichbarem herumstehen

haben. Rico fragt mich, sichtlich angetan vom Aiwa: „Hat das gute Teil ein Rauschunterdrückungssystem, Dolby B, oder so was, dass man den Klang der Stücke auf der Leerkassette verbessern kann?" „Ich glaube, der hat AFC und Muting, das ist mindestens genauso gut wie Dolby B!", versichere ich ihm. Etwas verwirrt entgegnet er mir: „Ich werde meinen Vater fragen, der wird wissen, ob das so ist!"
Was sein Vater dazu gesagt hat, habe ich nicht erfahren. Schön ist von diesem Moment an: Ich kann den Mitschülern immer einen Tipp geben, welcher Interpret die britischen Charts erobern wird und demnächst in den Discotheken unserer Region gespielt würde.
Nicht immer geht alles glatt bei mir. Der neue Hausgenosse bringt Aufregung zwischen mir und meiner Mutter: Ich habe sie nicht kommen gehört, viel zu gespannt starre ich auf die Pegelanzeige, die ihren Zeiger in die Mitte der grünen Zone geschickt hat. Die dicke Aufnahmetaste ist heruntergedrückt. Das Band der Kassette dreht gleichmäßig vorwärts. Der Klang der Rockmusik hallt durch den Raum, hinaus ins Freie. Ich nehme vom Küchenradio meiner Eltern mit dem Außenmicro meines Recorders auf. Aus dem Garten kommend, hat meine Mutter die Gardine flott zur Seite gezogen und ruft: „Andreas, hast du schon den Tisch gedeckt? Butter aus dem Kühlschrank genommen?"
Somit ist der schöne Titel gestorben. Es schmerzt mich, wenn ich an die augenblicklich zerstörte Aufnahme denke. Erzürnt schreie ich zurück: „Musst du immer im falschen Moment kommen und alles kaputtmachen!" Unterdessen habe ich die Stopp-Taste gedrückt. Schlagartig liegt der Aussteuerungspegelanzeiger, links unten, wie eine tote Maus in der Ecke und das Band der Kassette rührt sich nicht. Mit dem „Sound of Silence" von Depeche Mode ist jetzt endgültig Ruhe. Vielleicht wird das Stück noch einmal im Radio gespielt. Genervt sehe ich

auf das kleine Zählwerk, spule ungefähr bis zum Liedanfang zurück und hoffe den Übergang von einem Song zum anderen genau getroffen zu haben. So ist meine Mutter immer: Platzt rein, und aus ist es mit der Ruhe.

Helga Rahn
Und wieder

zu erleben, dass die
warme Haut
wie unter Strom
geladen ist, als
in der Sonne mich
dein Arm gestreift.
Magie, Berührung,
die geheim ist und
genehm, in ihrer Kürze
wahrnehmbar,
o ja, ereignisreich
für diesen Tag,
ein Tasten, leicht
wie Vogelflaum
und prägend, wert
es mitzunehmen,
zu bewahren. Pulse
klopfen in Erwartung, dieser
Sommer gibt sich – körperwarm.

Für B., 2013

Günter Rötzsch

Die Brücke

Über 650 Hektar groß ist das sich wieder im städtischen Besitz befindliche Connewitzer Holz im südlichen Auenwald. Zur forstlichen Nutzung bauten schon die Altvorderen in diesem Feuchtbiotop, neben einer Vielzahl von kleinen Brücken und Stegen, auch zwei die Pleiße überquerende große Überfahrten. Im südlichen Bereich war das die Hakenbrücke und nördlich nahe dem Schleußiger Weg die Studentenbrücke. Leider wurde dieses schöne Bauwerk im Krieg zerstört und durch eine nicht ganz in den Rahmen passende Stahlbetonbrücke ersetzt.

Mit der Hakenbrücke aber gibt es einen Haken, denn ich konnte nie ermitteln, warum sie gerade diesen Namen trägt. Sie war aber während meiner mehr als zehnjährigen Tätigkeit als zuständiger Revierförster eine Brücke der Begegnungen.

An ihrer Südseite, dem so genannten Brückenkopf, prangte an einem Weg, der eigentlich nicht anderes als ein Trampelpfad war, ein Schild mit der Aufschrift: „Verbotener Weg Durchgang verboten der Oberbürgermeister der Reichsmessestadt Leipzig!" Auch das blieb ein Geheimnis, denn ich konnte nichts entdecken, was dort verboten sein sollte.

Mehrmals begegnete mir auf der Brücke ein sorgfältig gekleideter älterer Herr, mit dem ich mich gern unterhalten habe. Er versicherte mir, dass es in diesem Wald das ganze Jahr über essbare Pilze geben würde, was ich eigentlich nicht so recht glauben wollte. Es war ein pensionierter Obersteiger, der mir auch von seiner Reiselust erzählte, so auch von einem Aufenthalt in Portugal, wo Bücher in öffentlichen Bibliotheken kostenlos entnommen werden konnten, ohne das es jemals zu Diebstählen gekommen sei. Er führte es auf die strenge Religiosität der dort lebenden Menschen zurück.

Elisabeth Hartenstein, die mir erst später namentlich bekannt wurde, überquerte mit ihrer Pferdekutsche, in der ein offenbar pflegebedürftiger Mann saß, hin und wieder die Hakenbrücke, dabei grüßten wir uns immer freundlich. Eines Tages hatte ich mit „dem kleinen Mann", meinem damaligen Oberförster, einen Treff auf der Brücke vereinbart. Als Frau Hartenstein die Brücke passieren wollte, hinderte er sie unwirsch an der Weiterfahrt und forderte von mir, sie gebührenpflichtig abzustrafen.

Enttäuscht machte sie kehrt und verstand die Welt nicht mehr.

Einige Tage später suchte ich sie auf, entschuldigte mich für dieses Vorkommnis und sagte ihr, dass ich nichts gegen ihre Kutschfahrten hätte, mein Chef ein bei allen Kollegen ohnehin unbeliebter Zeitgenosse sei und ich in meinem Dienstbuch ganz hinten eine Liste seiner bösen Taten führen würde.

Dazu gehörte auch, dass er einen Kindersattel, den ich auf meinem Dienstfahrrad aufgeschraubt hatte, monierte. Das Fahrrad war damals das einzige vom Forstbetrieb bereitgestellte Fortbewegungsmittel für einen Revierförster.

Erst Jahre später erhielten die meisten einen „Spatz" aus der Suhler Vogelschar und ich nach der Übernahme einer gesamtbetrieblichen Aufgabe als Landeskulturbeauftragter sogar das Alphatier der Vogelfamilie, den führerscheinpflichtigen „Sperber".

Funktionsbezogen fuhr der „kleine Mann" eine für ihn viel zu große AWO und erst in letzter Sekunde konnte man erkennen, dass das Motorrad nicht führerlos durch die Gegend brauste.

Frau Hartenstein war eine heute fast vergessene Schriftstellerin, von der auch eine Reihe von Büchern verlegt wurde, unter anderem waren das „Meine Kindheit unter der Petroleumlampe" und „Mit dem Pferd durch die Jahrtausende". Mit einer persönlichen Widmung versehen schenkte sie mir das zweitgenannte Buch.

Mullex, einen meiner Deutschlehrer aus der Oberschulzeit, habe ich auch auf der Brücke getroffen. Doch so recht konnte er sich nicht an mich erinnern und ich verschwieg ihm auch, dass ich einmal während einer Unterrichtsstunde eine Serie von Knallfröschen angezündet hatte, was bei ihm zu einem Nervenzusammenbruch mit wochenlanger Krankheit geführt hatte.

Die damals zu einem stinkenden Abwassergraben verkommene Pleiße, auf deren rotbrauner Brühe weiße Schaumkronen schwammen, hatte einmal einen recht niedrigen Wasserstand und ich entdeckte eine Vielzahl von Infanteriewaffen und Munition, die von der Polizei nach meiner Meldung entsorgt wurden.

Auch die Feuerwehr konnte mit Tanklöschfahrzeugen die Brücke problemlos überqueren, wenn beispielsweise ein Brand es erforderlich machte. Einmal kam es in meinem Revier tatsächlich zu einem Brand, weil ein Pyromane eine neben der Brücke stehende alte Eiche angezündet hatte. Wirtschaftliche Bedeutung hatte sie nicht mehr, doch sie diente vielen Waldtieren als Unterschlupf, so Baummardern und Eichhörnchen und einer Vielzahl von Vögeln. Bedingt durch den inneren Hohlraum brannte sie wie ein Kamin. Aus Sicherheitsgründen musste ich die Feuerwehr alarmieren, die das Feuer auch schnell löschte. Danach sagte ich zu den Männern: „Na dann Tschüss bis morgen", was sie mir nicht glaubten. Doch am nächsten Tag mussten sie wieder kommen, denn der „Schornstein" spuckte erneut Rauch und Feuer. Wieder hieß es „Wasser marsch", aber ich hatte vorgesorgt und unseren Sprengmeister gebeten, vor Ort zu sein. Er brachte eine Ladung Dynamit am Baum an. Die teilweise noch glimmenden Baumteile wurden abgelöscht.

Wege, Brücken, Stege, Kinderspielplätze, Unterstellpilze, Bänke usw. wurden durch meine Landeskulturbrigade gepflegt und teilweise auch neu gebaut. Auch die Hakenbrücke erhielt, sofern sich die Notwendigkeit ergab, einen Holzschutzanstrich. Hin und wieder musste auch einmal eine Holzbohle ausgewechselt werden, wenn ein Fahrzeug sie überquerte und es zu laut polterte.

An einem schönen Sommertag donnerte ein Motorradfahrer mit seiner Seitenwagenmaschine über die Brücke und fiel mir förmlich in die Arme. Ich akzeptierte seine Ausrede, notierte mir aber vorsichtshalber seine KFZ-Nummer. Am Abend erhielt ich einen Anruf von der Polizei, die nach einem Sittlichkeitsverbrecher fahndete, der in meinem Revier sein Unwesen treiben sollte. Es war ein Volltreffer, der mir eine Prämie in Höhe von 50 Mark einbrachte, ich hatte den richtigen Tipp gegeben.

Eines sonnendurchfluteten Tages war ich mit der Anfertigung einer Skizze für eine Aufforstungsfläche beschäftigt, da ertönte wieder einmal das mir wohlbekannte Klappern des Brückenbelages von der Hakenbrücke herüber und schon kam ein blauer F9 mit offenen Verdeck um die Kurve. Der Fahrer im gleichermaßen blauen Hemd der FDJ ließ lässig seinen Arm über die Tür baumeln und zog an einer Zigarette im Mundwinkel. Das ganze auch noch bei der Waldbrandwarnstufe 3.

Sein Grinsen war mir zuwider, vor allem auch die Ausrede, dass man sich verfahren hätte.

Mit Kulanz konnte er nicht rechnen, zumal er mir nicht unbekannt war, denn wir hatten noch eine Rechnung offen. Ich hatte an einem Sonntagvormittag ein Seminar für Reiseleiter von Jugendtourist abgehalten, doch auf die vereinbarte Aufwandsentschädigung warte ich bis zum heutigen Tage vergebens. Erschwerend kam noch hinzu, dass sich eine hübsche junge Frau auf dem Beifahrersitz leicht nervös räkelte, die mir wohlbekannt war.

Mit Helga, die ein Kinderheim in Markkleeberg leitete, hätte ich selbst gern einmal einen Waldspaziergang gemacht ...

Die Höchststrafe von 10 Mark wurde ausgesprochen. Gengel-

bachs Max, mein Waldläufer, musste das Geld bei Helga eintreiben. Halb so schlimm, denn die beiden Verkehrssünder haben bald danach geheiratet.
Auf Grund ihrer zentralen Lage war die Hakenbrücke ein beliebter Treffpunkt für Holzfäller und Kulturfrauen, aber auch für jagdliche Veranstaltungen, denn trotz der unsagbar schlechten Wasserqualität tummelten sich vor allem im Winter Stockenten und Blesshühner auf der Pleiße, denn sie war durch den hohen Phenolgehalt nie zugefroren und zudem auch relativ warm. Genießbar waren die Chemieenten allerdings nicht.

Nach der Wende verfiel wie so vieles andere auf Grund mangelnder Pflege auch die Hakenbrücke. Schließlich musste sie aus Sicherheitsgründen gesperrt werden. Jahrelang hielt dieser Zustand sehr zum Ärger der Waldbesucher an. Es dauerte überaus lange, bis endlich eine neue Brücke gebaut wurde, sie ist durch Poller für den Fahrzeugverkehr gesperrt. Ob sie allerdings gleichen Belastungen wie ihre Vorgängerin gewachsen ist, wage ich zu bezweifeln.

Auch Kindheitserinnerungen verbinden mich mit der Hakenbrücke. Mit Eltern und Großeltern machten wir einmal eine Bootsfahrt auf der Pleiße. Gleich hinter der Pferdeschwemme am Pleißenmühlgraben stiegen wir in einen Stechkahn, unmittelbar neben einer damals vorhandenen Flussbadeanstalt. Das Wasser war noch sehr sauber und der Fluss gehörte zu den fischreichsten Gewässern in Deutschland.
Ähnlich wie heute noch im Spreewald zu sehen, konnten bis zu 20 Personen in einem Kahn Platz finden und los ging die lustige Fahrt, manchmal begleitet von einem fröhliche Lieder anstimmenden Gitarristen oder Akkordeonspieler.
Vor der Hakenbrücke mündete damals wie heute der Mühlgraben

in den Fluss und schnell huschte das Boot unter der Brücke hinweg flussabwärts bis zum „Wassergott", unmittelbar vor der Studentenbrücke. Der „Wassergott" war eine an der Pleiße liegende Ausflugsgaststätte, von der heute leider keine Spur mehr zu finden ist.
Auf dem Rückweg wanderten wir dann durch das Connewitzer Holz bis zum „Hirschpark", wie der Wildpark damals im Volksmund hieß.

Susanne Rosenkranz
Die Nachbarin

Ich muss 12 Jahre alt gewesen sein. Als kleiner Nachzügler wohnte ich mit meinen Eltern in einem Altneubaublock in einem Dorf bei Leipzig. An diesem heißen Sommertag durften wir nach der dritten Unterrichtsstunde nach Hause gehen. Ein Lehrer war durch alle Klassenzimmer gegangen: „Ihr habt hitzefrei!"
Schnell lief ich nach Hause. Wie schön, ein paar Stunden ganz für mich allein! Als ich unseren Wohnblock erreicht hatte, sah ich wie immer Frau T. am geöffneten Fenster. Aus Gesprächen meiner Eltern wusste ich, dass Herr T. Bauingenieur war und viel unterwegs. Ich grüßte zum Fenster hin und fühlte den Blick der Nachbarin, bis ich die Haustür erreicht hatte. Aber dann in der Wohnung kam meine gute Stimmung zurück.
Auf einmal klingelte es an der Wohnungstür. Nichtsahnend öffnete ich. Frau T. stand auf dem Abtreter.
Dann ging alles sehr schnell. Sie verschaffte sich einen Weg durch den Korridor ins Wohnzimmer und näherte sich dem Stubenbuffet. In einer ungeheuren Geschwindigkeit zog sie die Schubkästen auf. In kurzen lauten Sätzen rief sie mit verzückter,

leicht gequetschter Stimme, was sie in den Schubladen sah: „Ach, hier drin ist wohl euer Weihnachtsschmuck und hier die Servietten und hier deine Blockflöte." Zackig ging es weiter mit den letzten drei Schubladen. Ihre Neugierde erschien mir grenzenlos.

So schnell, wie der Spuk begonnen hatte, war er schon wieder vorbei. Ich stand wie angewurzelt in der Wohnstube und sah fassungslos auf die Nachbarin. Sie huschte an mir vorbei, die Wohnungstür klappte und auf leisen Sohlen flitzte sie die Treppen hinunter, um in ihre Wohnung zu kommen. Bald nahm sie wieder am geöffneten Fenster ihren Platz ein. Bequem auf ein weiches Kissen gestützt, verfolgte sie das Treiben auf der Straße.

Viele Jahre sind vergangen. Umzug der Eltern und Gründung einer eigenen Familie. Die Erinnerungen an meine Kindheit rückten in den Hintergrund. Heute zieht es mich zurück in das Dorf, das schöner, aber auch spießig geworden ist. Mit dem Fahrrad bin ich unterwegs, um noch einmal nach der sandigen Badestelle am Kanal zu suchen. Hier lernte ich, kaum sechs Jahre alt, das Schwimmen.

Dann sehe ich auch: Es gibt ihn noch, unseren Neubaublock, inzwischen verschönert und saniert, und wie vor 25 Jahren schaut, auf ein weiches Kissen gestützt, Frau T. vom geöffneten Fenster aus auf das Leben ...

Doris Scherer

Max

Weggefährten – man wirft mir das Wort zu wie einen Köder. Und sofort fällst du mir ein – Max, nicht mein einziger und auch nicht mein längster Weggefährte, aber sicher einer meiner liebsten und treuesten. Du hast nicht mein ganzes Leben mit mir geteilt, aber *ich* kenne *dich* fast dein ganzes Hundeleben lang, seit du als tapsiger Welpe in mein Leben gestolpert bist. Du warst der Einzige in der Welpenbox des Tierheims, der bei meinem Besuch nicht die Nase ans Gitter drückte. Schwarz wie die Nacht saßest du im Hintergrund – nicht, weil du etwa so schüchtern gewesen wärest – schüchtern warst du wahrhaftig noch nie! Nein, ich sah dir an, dass du dachtest, „wirkliche Qualität zeigt sich von alleine!, ich muss mich nicht vordrängen". Schwarze Hunde seien schlecht zu vermitteln, erklärte mir fairerweise die Leiterin des Tierheims. Warum weiß ich bis heute nicht. Deine vornehme Zurückhaltung imponierte mir – dafür hielt ich es nämlich damals! Inzwischen weiß ich, es war pure Berechnung! Du hast mich richtig eingeschätzt! Was – schwer zu vermitteln? Also auch relativ selten? – Den wollte ich haben. Ich konnte dich noch nicht mitnehmen, weil du noch zu klein warst und noch deine Mutter brauchtest, aber ich sagte dir, als man mich in die Box ließ, dass ich auf jeden Fall wiederkäme. Und du hast es mir geglaubt und darauf vertraut, dass ich dich nicht enttäuschen würde – wie du mir seither immer vertraut hast.
Wer alles unter deinen Vorfahren war, wusste die Leiterin des Tierheims nicht zu sagen, aber wir vermuteten beide, dass du sicher ein etwas größeres Exemplar werden würdest, schließlich war deine Mutter auch nicht gerade klein!
Du weißt, dass unser Zusammenleben nicht unbedingt immer einfach war. Ich hatte vor dir noch nie einen Welpen, *meine*

Hunde waren immer schon erzogen. Auch hatte ich noch nie einen Hund, der das Autofahren nicht verträgt. Du hattest von Anfang an eine außerordentliche Abneigung gegen jegliche Art von Verkehrsmittel, das zeigtest du mir gleich, als ich dich vom Tierheim nach Hause brachte – du hast dich ausgiebig übergeben, aber – ordentlich – auf die Fußmatte!
Da ich selbst unter Reisekrankheit leide, konnte ich dich sehr gut verstehen und nur bedauern.
Leider hat sich deine Angst vor Autofahrten bis heute erhalten, und deine regelmäßigen Spritzen beim Tierarzt abzuholen, ist jedes Mal eine Herausforderung für dich und mich. Und da unser Tierdoktor auch für sportliche Hunde und Menschen nun einmal nicht zu Fuß zu erreichen ist, leiden wir beide jedes Mal „wie die Hunde"!
Als du zu mir kamst, warst du ein süßes kohlschwarzes Wollknäuel, das die ganze Wohnung unsicher machte und andauernder Aufsicht bedurfte. Es fielen dir ständig Dinge ein, die verboten waren – Tapete abnagen – verboten. Stuhlbeine mit Bissmustern versehen – verboten. Elektrokabel durchbeißen – verboten. Hausschuhe ankauen und besabbern – verboten. Bächlein (oder Sonstiges) in der Wohnung absetzen – verboten. Die dauernden Verbote und Ermahnungen und alles gelegentliche Ausschimpfen haben aber deiner ständigen guten Laune keinen Abbruch getan. Und manchem Verbotenen konnten wir vorbeugen – Elektrokabel wurden alle hochgebunden, Hausschuhe weggeräumt und der Wohnungs-Verunreinigung kamen wir zuvor, indem wir dich mindestens alle Stunde auf die Wiese hinter dem Haus setzten und in euphorisches Loben ausbrachen, wenn du dein Geschäft tatsächlich dort verrichtet hast.
Zum Glück werden kleine Hunde schnell müde und dann bist du mitten im Spielen zusammengebrochen und eingeschlafen. Und wenn du dann schön warm auf meinen Füßen gelegen und

geschnarcht hast, wagte ich nicht mich zu bewegen, weil du so völlig harmlos und unschuldig ausgesehen hast.
Ich bin, als du noch jung warst, brav mit dir zur Hundeschule gegangen, ich wollte mich ja nicht vor den Nachbarn schämen müssen, die allesamt total wohlerzogene Hunde haben. Zu irgendwelchen Kunststücken, die die Leiterin der Hundeschule ihren Schülern – Hunden und Menschen – beibringen wollte, hattest du meist keine Lust, du fandest es, glaube ich, einfach blöd, auf Balken zu balancieren oder durch Tunnel zu kriechen. Irgendwann habe ich dann auch aufgehört, dich da hinzuschleppen. Das Wichtigste an der ganzen Erzieherei hast du ja auch kapiert, nämlich, dass du nach Möglichkeit zu mir kommst, wenn ich dich rufe. Die Betonung liegt für dich auf „nach Möglichkeit"! Das heißt, du eilst zu mir (schließlich gibt es ja auch ein Leckerli!), wenn sich nicht vorher etwas Interessanteres findet – vielleicht eine Maus, die dicht unter der Grasnarbe raschelt.
Inzwischen sind wir beide reifer geworden. Du stellst kaum noch verbotene Dinge an und ich habe gelernt, ein wenig Unordnung, Dreck und Hundehaare auf dem Teppich auszuhalten. Ich hatte Recht mit meiner Vermutung – du hast dich zu einem stattlichen Exemplar ausgewachsen. Du könntest inzwischen deinen Kopf auf den Tisch legen (streng verboten!). Und wenn du einen Besucher freundlich begrüßest, indem du ihm beide Pfoten auf die Schultern legst, ist deine Schnauze und deine Schlabberzunge in Höhe seiner Nase, was nicht allen Leuten gefällt! Auch ich möchte nicht das Gesicht abgeleckt bekommen – ich weiß zu genau, wo überall du vorher mit deiner Schnauze warst!
Ich stelle mir gern vor, dass du mich verteidigen würdest, wenn uns unterwegs jemand dumm käme – oder wenn uns ein Einbrecher heimsuchen würde. Aber ausprobieren möchte ich das nicht – wer weiß, wer da wen verteidigen müsste!

Doris Scherer

Du bist nämlich zwar groß, aber trotzdem ein kleiner Hasenfuß! Eines hast du allerdings leider nicht verlernt – das Jagen! Unter deinen nicht näher zu bezeichnenden Vorfahren muss mindestens *ein* Jagdhund gewesen sein! Und wenn dir unterwegs der Duft irgendeines jagdbaren Wildes in die Nase steigt, ist es aus mit dem Gehorsam! Du versuchst deine Hängeohren anzulegen und es geht in gestrecktem Galopp los – über Stock und Stein, Bachläufe und Autostraßen! Hinter wem du eigentlich her bist, kann ich oft gar nicht feststellen, ich sehe nur meinen Hund mit wehenden Ohren irgendwo verschwinden. Ich kann rufen oder pfeifen, aber ich kann es auch lassen, weil es ohnehin nichts bringt. Ich mache lediglich alle andern Hundegänger darauf aufmerksam, dass *mein* Hund mal wieder nicht gehorcht! Weißt du eigentlich, wie peinlich das ist, du Maximilian du? Als du im vergangenen Winter mal eine volle Stunde verschwunden warst, hätte ich dich glatt an deinen Schlappohren aufhängen mögen – wenn ich dich denn mal bei der Hand gehabt hätte!
Auf dem Heimweg, den ich beschämenderweise allein und mit leerer Hundeleine antreten musste, sind mir natürlich alle wohlerzogenen Hunde der Umgebung mit ihren Herrchen und Frauchen begegnet, und wie mitleidig die mich alle angesehen haben (vermischt mit ein wenig heimlicher Schadenfreude) – das kannst du dir nicht vorstellen! Ich sah dich im Geist schon platt gefahren auf der Straße liegen neben dem erbosten Autofahrer, dem du gerade sein gutes Stück verbeult hast. Du hast ja keine Ahnung, wie teuer die Reparatur so einer Blechkiste ist! Dich interessieren meine Finanzen nicht. So lange du dein Fressen pünktlich bekommst, ist dir alles egal! Was kümmert dich meine Pleite! Aber gib zu, dass ich nicht einmal geschimpft habe, als ich dich zu Hause vor der Haustür sitzend antraf! Ich war einfach nur froh, dass du wohlbehalten wieder da warst! Aber wehe, du machst so was nochmal!

Um das Reh, den Hasen oder wem immer du hinterher hechelst, habe ich keine Angst! So schnell bist du denn doch nicht. Aber immerhin schnell genug, um meinen Adrenalin-Spiegel in die Höhe zu treiben!
Das sind aber die einzigen Momente, in denen ich denke, was muss ich auch einen Hund haben! Und die Momente gehen meist rasch vorbei und sind vergessen.
Mein Mäxchen – ich wünsche mir noch viele schöne Tage mit dir zusammen. Und wenn wir beide alt bzw. noch älter werden, dann werden wir auch *damit* fertig.
Dann machen wir halt keine so weiten Spaziergänge mehr, sondern sitzen schön gemütlich in der Sonne. Du musst nicht mehr auf die Jagd gehen – gekriegt hast du ohnehin nie etwas, weil du halt doch nicht ganz so schnell bist. Dich an Schnelligkeit mit einem Reh oder einem Hasen zu messen, wäre schon ein wenig anmaßend!
Wenn ich dich anschaue, dann ist mein Herz voller Liebe!
Wenn es dir mal einen Tag nicht so gut geht (wer weiß, was du unterwegs wieder gefressen hast!), dann leide ich mit dir! Und *du* merkst genau, wenn *ich* mal nicht so gut drauf bin, weil mich jemand geärgert hat oder ich in trauriger Stimmung bin. Dann kommst du und legst deinen Kopf auf meine Knie und alles ist leichter.

Christel Schimmele

Im Netz der Spinnen

Es ist die Stunde vor dem Morgengrauen, in denen die Träume zu Alpträumen werden. Die Stunde der Geister, die auf Beute gehen und ihre Opfer einsam und hilflos zurücklassen.

Robert wacht schweißnass auf. Da ist es wieder, das graue Männchen, das ihm immer und immer wieder erscheint, ihn verlacht, verhöhnt, sich kaputtlachen will über ihn.
Dabei ist er doch zu bemitleiden, der charmante Beau, dem ein Leben lang die Frauen zu Füßen liegen, na besser gesagt, lagen. Eine Melodie will ihm nicht aus dem Sinn: „Millionen Frauen lieben mich, nur meine Frau versteht mich nicht."
„Welche deiner Frauen meinst du denn?", spottet der Graue. „Die erste, die zweite, die dritte, die vierte?"
„Hör doch auf!", schnauzt Robert ihn an. Was kann er denn dafür, dass so eine 15 Jahre ältere Frau sich einbildet, er, als Student, würde sie heiraten, nur weil sie ein Kind von ihm bekommt. Ein Kind, das sie ihm abgeluchst hat, in einer schwachen Stunde. Und sie musste es ja auch nicht bekommen. Als Krankenschwester hatte sie sicherlich viele Möglichkeiten. Zugegeben, heute ist er stolz auf seinen Sohn, aber damals erschien er ihm wie ein Klotz am Bein. Es ist schon erstaunlich, wie sie den Sohn in der alten DDR mit den 30 Mark seines Vaters großgezogen hat.
„Das Leben ist ein Fluss", spottet das graue Männlein weiter, „wie war es denn mit deiner zweiten?"
„Mit meiner zweiten?", sinniert Robert. „Ja, wenn die nicht so bösartig gewesen wäre und die Scheidung eingereicht hätte, noch heute würde ich Tisch und Bett mit ihr teilen."
„Die war bösartig?", der Graue ist ehrlich erstaunt, „wieso denn das? Warst du es nicht, der sie mit Patientinnen, Kolleginnen, ja sogar mit ihren Freundinnen belogen und betrogen hat?"
„Also, wenn du schon so gemein abrechnest, dann weißt du doch sicherlich auch, dass sie es war, die mich unbedingt heiraten wollte, weil sie so unendlich verliebt in mich war. Und ihre Mutter, die hat mir ja praktisch die Pistole auf die Brust gesetzt."
Damals war Sein oder Nichtsein für ihn die Frage. Ohne sie und ihre Mutter hätte er keine Verbindungen, keine Wohnung, kein Geld

gehabt, und vor allem wäre er nach dem Studium in die Prärie gewandert. Und er wollte doch in der Magistrale bleiben. Anfangs ging auch alles gut. Er war dankbar für all die Unterstützung, und es lebt sich ja so gut als Prinzgemahl.

„Ja", höhnt der Graue, „während sie dich unterstützte und bemutterte, putztest du dein Gefieder, wurdest ein stolzer Schwan. Gewiss, mit ihrer Naivität und ihrem Urvertrauen in dich machte sie es dir leicht. Und du sonntest dich in der Gewissheit, ein trautes Heim und eine Geliebte zu haben. Das steht dir zu, dachtest du."

Robert will etwas einwenden, aber das graue Männlein wischt seinen Einwand mit einer Handbewegung weg. „Und was war denn mit der nächsten? Als diese gewissenlose Verführerin ihre scharfen Krallen nach dir ausstreckte, da warst du schwach und charakterlos. Du lehntest die dir gebotenen Chancen zur Umkehr immer und immer wieder ab. Du verrietst deine fast erwachsene Tochter und die auf dich vertrauende Ehefrau nach 22 Jahren Ehe."

Robert will auf der Mitleidswelle reiten. „Aber sieh doch, wie schlecht es mir geht!", ruft er verzweifelt.

„Ja, jetzt heulst du", fährt der Graue erbarmungslos fort, „weil deine schöne Verführerin dich verlassen hat, weil du ihr zu alt und nicht mehr sexy genug bist. Weil sie mit deinem Geld fort ist und du dein Gesicht verloren hast. Du heulst, weil dir jetzt heimgezahlt wird, was du früher ausgeteilt hast."

Das graue Männlein tanzt wie Rumpelstilzchen lachend und geckernd im Kreis um das große Ehebett herum. Dann fährt es fort: „Ja, man trifft sich meistens zweimal im Leben. Und du wunderst dich, dass deine frühere Ehefrau dich nicht wiederhaben will, jetzt, da du angekrochen kommst? Ihr hättet euch doch früher immer so gut verstanden, hast du gemurmelt, in der Gewissheit, dass sie dich immer noch liebt."

„Aber bestimmt liebt sie mich noch, ich habe es ihr angesehen. Und sie hat ja auch keine andere Beziehung. Was habe ich nur

falsch gemacht?", verzweifelt setzt sich Robert im Bett auf.
„Ja, ich weiß, dass sie dich noch liebt, aber im Gegensatz zu dir hört sie jetzt auf ihren Kopf, nicht mehr auf ihre Schmetterlinge im Bauch. Man kann sich zwar von seiner Vergangenheit nicht trennen, genau so wenig wie von seinem Herzen, aber man lernt auch aus seinen Fehlern."
„Aber ich habe auch aus meinen Fehlern gelernt", jammert Robert laut.
„Trotzdem kannst du dich nicht von deinen Neigungen trennen", sekundiert das graue Männlein. „Hast du dich vielleicht von deiner dritten scheiden lassen? Nein, du schwärmst deiner zweiten vor, wie gut du dich mit deiner vierten sexuell verstehen würdest. Einfach geschmacklos war das. Du bist eine Kristallschüssel, aus der man nicht essen kann."
„Schweig still, du graues Moster", ruft Robert genervt und wälzt sich schlaflos auf die andere, die leere Seite seines Ehebettes.

Lisa Schomburg

Die Odyssee eines kleinen Vierbeiners

Als kleines Wollknäuel kam der Schäferhund-Mischling in Ruanda, im Herzen Afrikas, auf die Welt. Er wurde von meiner thailändischen Schwiegertochter „Bui" genannt, es bedeutet auf Deutsch „Schönes Fell".
Gut versorgt und geliebt wuchs Bui heran. Er war es gewohnt, mit den Eingeborenen zu leben, die als Haushaltshilfe, Gärtner oder Nachtwächter angestellt waren. Die Ruandesen mögen eigentlich keine Hunde. Die Hausangestellten erlebten jedoch tagtäglich, wie Bui gut behandelt und wie mit ihm gespielt wurde – und wie wichtig er als Wachhund war. Er gehörte wie selbst-

verständlich zur Familie. Nur selten nahm mein Sohn Andreas seinen Hund zu einer Ausfahrt mit, er hätte damit rechnen müssen, dass Bui aus dem Hinterhalt mit Steinen beworfen worden wäre.
Der kleine Vierbeiner wurde bald Andreas' bester Freund. Als Familienzuwachs kam, akzeptierte er das Baby und bewachte es.
Wenn die Familie verreiste, blieb Bui bei dem Gärtner und dem Nachtwächter. Wohl war er dann traurig, doch mein Sohn meinte, dass sein Hund ein feines Gespür habe und auf seine Rückkehr warte.
Bui war etwa sechseinhalb Jahre alt, als in Ruanda der Bürgerkrieg zwischen den Eingeborenen, den Tutsis und Hutus, wieder begann, Folgen mehrere Jahrhunderte währender Stammesfehden. Der Ausgangspunkt war, dass der Ruandische und der Burundische Präsident mit ihrem Gefolge sich in demselben Flugzeug befanden, welches von Dar-Es-Salam/Tansania auf dem Heimflug nach Ruanda war und über dem Flughafen in Kigali, der Hauptstadt Ruandas, abgeschossen wurde. Keiner der Insassen überlebte. Da beide Länder plötzlich ohne Regierung waren, kam es zwischen den Hutus und den Tutsis zu einem entsetzlichen Massaker. In hundert Tagen wurden achthunderttausend Menschen bestialisch ermordet.
Die Europäer wurden aufgefordert, das Land zu verlassen. Die Familie konnte sich einem Flüchtlingstreck nach Burundi anschließen, unter Führung amerikanischer Botschaftsangehöriger. Sie mussten ihren treuen Hund zurück lassen, denn bei der Evakuierung durfte ein Hund nicht mitgenommen werden, im Flugzeug nach Deutschland wäre es sowieso unmöglich gewesen. Es verblieben genug Vorräte für die beiden Nachtwächter – die während der Kämpfe das Grundstück nicht verließen – und Bui für fünf bis sechs Wochen. Die Familie hoffte – wie

schon einmal bei einer Evakuierung 1990 – nach etwa vier Wochen wieder zurückkommen zu können. Sie befestigten eine weiße Gardine an einem Bambusstock und hielten diese „Fahne" aus dem Fenster des VW-Busses, als sie vorsichtig das Grundstück verließen. Bui schaute ihnen über die Mauer nach. (Ahnte er diesmal, dass seine Familie nicht wieder zurückkommen würde?)

Mein Sohn traf mit seiner Familie in Hamburg ein und blieb etwa acht Wochen. In dieser Zeit schliefen Andreas und seine Frau schlecht, denn Buis trauriger Blick verfolgte sie ständig. Die Ungewissheit quälte sie.

Nach diesen acht Wochen siedelten sie nach Dar-Es-Salam in Tansania über, wo Andreas die Leitung der Niederlassung seiner Hamburger Exportfirma übernahm.

Als die Unruhen in Ruanda nach vielen Monaten abebbten, bat Andreas seine ehemalige Assistentin, von Burundi aus, wo sie lebte, mit dem dort zurückgelassenen VW-Bus nach Kigali in Ruanda zu fahren, um in dem verlassenen Haus nach eventuell noch auffindbaren Firmenunterlagen zu suchen. Nach langer Autofahrt durch das verwüstete Land stand die Assistentin vor dem nur teilweise beschädigten Haus. Tutsi-Milizen, die mit ihren Familien das Haus inzwischen besetzt hatten, standen im Eingang. Plötzlich näherte sich ihr ein Hund. Ungläubig zuerst, dann erstaunt, sah sie Bui auf sich zulaufen. Er hatte den kleinen Bus seines Herrn erkannt.

Sofort sprang er hinein und war nicht mehr zum Herauskommen zu bewegen. Er hatte eine Wunde am Kopf und das Fell wies kahle Flecken auf. Wie hat er überlebt? Wovon hat er sich ernährt? Vermutlich hat er herabfallende Früchte von den Avocado-Bäumen oder auf der Erde liegende Bananen gefressen. Niemand weiß es. Während andere Hunde geflüchteter Europäer herrenlos durch die Stadt streunten, war Bui die ganze Zeit, also etwa vier Monate, am Haus geblieben, wie die Assistentin erfuhr. Sie nahm Bui in dem Bus mit nach Bujumbura, der Hautstadt Burundis, und gab meinem Sohn sofort Nachricht nach Dar-Es-Salam, dass Bui lebt. Zuerst Ungläubigkeit, dann Erstaunen versetzte meinen Sohn in große Freude. Andreas besorgte eine Transportkiste und flog mit der nächsten Maschine von Tansania nach Burundi. Die Assistentin wartete schon mit Bui auf dem Flughafen. Was für eine Wiedersehensfreude mit dem geliebten, totgeglaubten Hund!

Formalitäten für den Transport des Hundes mussten erledigt werden. Die afrikanischen Zollbeamten zögern alles gern lange hinaus, so dass mein Sohn sie mit viel Geld bestechen musste.

Die Zeit drängte, denn es fliegt nur einmal pro Woche ein Flugzeug von Burundi nach Tansania und zurück. Im letzten Moment konnte die Kiste mit Bui in dieselbe Maschine verladen werden, mit der Andreas ein paar Stunden vorher gelandet war.

Endlich in Dar-Es-Salam angekommen, gab es auch dort wieder umständliche Formalitäten am Flughafen. Außerdem: Bui sollte in Quarantäne. Nach langem Hin und Her und einem sehr guten Trinkgeld setzte der Zollbeamte endlich einen Stempel auf das betreffende Formular.

Zwei Jahre lebte Bui in Tansania mit seiner Familie. Noch zwei andere Hunde gehörten zu dem Haus in Dar-Es-Salam, die sich aber nur draußen auf dem großen Grundstück aufhielten.

Bui durfte sich innerhalb des sehr geräumigen Hauses über mehrere Etagen und großer, hochliegender Terrasse aufhalten. Er hatte eine Sonderstellung und wurde auch zu jeder Ausfahrt an den Strand mitgenommen.

Mein Sohn kehrte nach diesen zwei Jahren mit seiner kleinen Familie für immer zurück nach Hamburg, natürlich nicht ohne seinen Hund!

Wieder wurde er in einer Transportkiste in ein Flugzeug verfrachtet. Als Bui nach 13 Stunden endlich in Hamburg aus seiner Kiste entlassen werden konnte, torkelte er etwas durch die Nachwirkung des Schlafmittels. Die Kiste war während der ganzen Zeit trocken geblieben, daher gehörte ihm das am nächsten liegende Gebüsch.

Bui benötigte nur eine kurze Eingewöhnungszeit. Das Klima konnte er von Anfang an gut vertragen. Er sah zum ersten Mal das viele Gras, die vielen Büsche und Bäume.

Der Tierarzt fand eine Geschwulst in Buis Bauch. Er wurde geröntgt. Dabei entdeckte der Arzt eine Gewehrkugel unter seinem linken Vorderlauf, das war wahrscheinlich ein Querschläger. Die Kugel brauchte nicht entfernt zu werden, sie hatte sich inzwischen verkapselt. Die Geschwulst war bösartig, sie wurde großflächig herausoperiert.

Bui erholte sich schnell, sein Fell wurde langsam wieder dicht und weich. Er fühlte sich sichtlich wohl.

Nur, wenn es beim Gewitter donnerte oder ein Knall zu hören war, suchte Bui die enge Nähe seiner Leute. Bei Gewitter in der Nacht legte er sich sogar ans Bett im Schlafzimmer, das er normalerweise nicht betrat.

Dann will er noch mehr als üblich gestreichelt werden.

Walter Schulz - Garz
Uferweg

Ich bin den Uferweg allein gegangen.
Nur Steine. Trostlos. Meer und Wind.
Mit Wolken ist der Horizont verhangen.
Wer weiß, wo jetzt die Freunde sind?

Hoch aufgetürmt das Eis bis in den Märzen.
April noch kalt und klar die Luft.
Im Juni blühte Mohn wie Glut im Herzen.
Oktober. Herber Kieferduft.

Doch heute will sich dieses Bild nicht fügen.
Es ist doch Mai! Wo bleibt die Lust?
Wie Nebelschleier im November liegen
Gedanken schwer auf Herz und Brust.

Soll ich den Strand wie falsche Freunde meiden?
Was bleibt, sind Himmel, Meer und Wind?
Hier müssten sich die freien Geister scheiden.
Wüsst' ich, was echte Freunde sind.

Ich bin den Uferweg allein gegangen.
Nur Steine. Trostlos. Meer und Wind.
Mit Wolken war der Horizont verhangen.
Wer weiß, wo jetzt die Freunde sind.

Walter Schulz - Garz

Mönchgut

Du bist noch immer schön mit deinen salz'gen Wiesen
mit sanften Hügeln und dem weißen Strand.
Und stürmt die off'ne See, so flimmert weit der Bodden.
Dich schuf der Schöpfer hier mit lock'rer Hand.

Wie lange Zähne ragen deine mächt'gen Zungen
ins blaue Meer, das freundlich dich umringt.
Hart hat der Mensch in alter Zeit gerungen,
auf dass ihm Tag für Tag sein Mahl gelingt.

Im Rookhuus rücken sie des Nachts dann dicht zusammen
und wärmen sich: ob Mensch, ob Schaf und Rind.
„Mann, lenk dat Pierd to Mudder Griepsch na Thießow."
Die Mutter weint, es kommt das zwölfte Kind.

Sie holen Fisch vom reichen Meer und Korn vom Acker.
Der karge Boden nähret nicht das Land.
Sie laufen heimlich oft zum Ufer, hoffen wacker
und flehen: „Herr, ein Schiff, ein Schiff zum Strand!"

Sie fischen, säen, ernten, nähen, weben, spinnen
und singen, tanzen. – „... School, de bruuk wi nicht!"
Und als die Segnungen der großen Welt beginnen,
verliert auch dieser kleine Landstrich sein Gesicht.

Doch Mönchgut, dich kann ich noch heute schmecken,
riechen
und fühlen, wenn man etwas tiefer schaut.
Lasst mich die Stille im Pfarrwitwenhaus genießen.
Am Speckbusch niemand mir den Blick verbaut.

Erhalten bleiben Fischerkaten, Tanz und Trachten
dank Fräulein Bahls. – Mir ist, sie sei bereit
und will mit mir die Zeit von Ina Rex betrachten:
„Das Alte stürzt. – Es ändert sich die Zeit."

Gedanken nach einer Lesung von Dr. Gabriela Risch über
Ina Rex „Nivellierarbeit der Zeit" im Zollhaus zu Klein Zicker, Juli 1999

Heimtraut Seidlein
Saisonbeginn auf dem Balkon

Nach vielen kalten und trüben Tagen im April schien endlich wieder die Sonne und lockte mich am Sonntag, dem 27. April, am Nachmittag hinaus auf den Balkon, diesmal mit der Stickdecke. Es war schon herrlich warm, so dass ich sogar das Kleid ausziehen konnte und die Sonne in mich aufnehmen.

Schon vor 14 Tagen hatte ich mir Stiefmütterchen bei ALDI geholt, aber die wurden schon kurz danach vom Schnee zugedeckt, der mit gewaltigen Schauern alles in Weiß hüllte. Aber es hat ihnen zum Glück nicht geschadet und jetzt blühen sie wunderschön in blau, gelb und dunkelorange.

Das Vogelhäuschen steht noch draußen, und eifrig kommen Spatz und Grünling, manchmal sind es 12 Vögelchen. Einer hatte sich mal ins Zimmer verirrt, als ich die Tür offen hatte. Zum Glück kam gerade Hartmut zum Geburtstagsbesuch, hat ihn vorsichtig gefangen und hinaus ins Futterhäuschen gesetzt. Dort saß er eine ganze Weile geschockt, ehe er zögernd anfing zu knabbern. Die anderen Vögel waren auch gekommen, trauten sich aber nicht ins Häuschen. Nach einer ganzen Weile hat er dann ängstlich gepiept und nach seinen Eltern gerufen, ist ganz vorsichtig auf die Stange geflogen vom Balkongitter und hat dann wohl Antwort von seinen Eltern bekommen. Ganz langsam ist er davon geflogen.

Auch Fuchsien sind schon in zwei kleine Kästen eingepflanzt und haben sich gut „eingelebt". Ein großes Margaritenstämmchen hat wieder seinen Platz gefunden. Leider ist es etwas schief eingepflanzt und da hat der Sturm es schon mehrere Male umgeworfen, aber es blüht über und über. Leider habe ich es noch nie geschafft, es von einem zum anderen Jahr zu erhalten. Wenn die Sonne zu sehr scheint, dann vertrocknen die Blüten sehr schnell, ich muss sie ausschneiden und dann erholt sich das Bäumchen selten wieder.

Die große Porzellanblume haben wir auch umgepflanzt, dabei hat sie doch einige Blätter verloren und zu lange Triebe mussten wir abschneiden. Ins Wasser gestellt fangen sie nun an, kleine Wurzeln zu treiben, und ich will versuchen, ob ich es selbst zu einem Ableger schaffen kann. Diese Blume steht aber im Zimmer am Seitenfenster, wohin viel Sonne kommt. Ich konnte schon Ableger verschenken. An dem zweiten Stöckchen zeigen sich auch Blütenansätze. Der erste Stock, der im letzten Jahr zweimal 13 Blüten getragen hat, wird es dieses Jahr sicher nicht so weit schaffen, weil wir ihn umgepflanzt haben, aber neue Blätter und Triebe zeigt er schon. Das ist alles eine ganz besondere Freude für mich.

Umgepflanzt habe ich auch schon einzelne Zweige meines sperrigen Christusdorns, den ich als ganz kleine Pflanze vor einigen Jahren geschenkt bekam. Diese Triebe kann man gleich in die Erde stecken und sie wurzeln dort sehr schnell und treiben weiter, sie kann ich auch gut als Geschenke verwenden.

Vom Sachsengras hatte ich die Ableger abgeschnitten und nun zum Wurzeln in eine Vase gesteckt. Sie wurzeln schnell und man kann dann wieder neue Töpfe bepflanzen. So habe ich

immer Arbeit und Freude an meinen Blumen. Zum Geburtstag bekam ich ein kleines Rosenstöckchen geschenkt, das kann ich später auf dem Balkon einpflanzen, da habe ich auch schon gute Erfahrungen gesammelt.
Wenn die Futterkiste leer ist, wird das Vogelhäuschen wieder in den Keller gestellt bis zum Winter. Erst kommen noch die Vögel, sitzen auf der Stange und lärmen, als wollten sie sich beschweren, dass ihnen die bequeme Futterkrippe nun genommen ist, aber sie finden ja jetzt in der Natur genug Futter.
So gehen die Jahreszeiten dahin, immer schneller, je älter man wird. Beizeiten muss ich mir einen lieben Menschen suchen, der meine Blumen im Zimmer und auf dem Balkon begießt, wenn ich ein paar Wochen nicht da bin. Aber bisher hat es auch die Nachbarin geschafft, das wird hoffentlich wieder klappen, denn es wäre doch schade, wenn die Pflanzen unter meiner Abwesenheit zu leiden hätten.
Nun wird es sicher öfter möglich sein, dass ich mich mit meiner Handarbeit an den großen Balkontisch setzen kann, um Sonne zu genießen. Gern lasse ich mich zur Mittagsruhe im Sessel von der Sonne bescheinen. Gerade, weil mir das Laufen doch Beschwerden schafft, ist für mich der Balkon so wichtig
Im Umfeld ist nun der Frühling eingezogen, die Bäume tragen frisches Laub und hinter diesem verstecken sich die kahlen Stellen von den ausgebauten Gleisen des Rangierbahnhofes. Was nun die freien Stellen schmücken soll, ist noch nicht ausgehandelt. Wenn nicht bald etwas geschieht, dann wird dort eine Mülldeponie entstehen, die Anfänge dazu habe ich schon beim letzten Spaziergang an den Gleisen gesehen.
Ich werde einen Brief an das Ordnungsamt schreiben und diese Leute auf die Gefahr hinweisen, obgleich ich nicht recht glauben kann, dass sich ein Mensch im Rathaus für solche Dinge interessiert. Aber man muss es doch versuchen.

Meta Techam
Gesegnete Mahlzeit

„Heute gibts wieder Beetenbortsch", ruft meine Schwester Lotte fröhlich und wirft ihre langen Zöpfe zurück. Auf dem Tannenholztisch in unserer Hinterstube steht schon die große Schüssel mit Pellkartoffeln. Lotte rutscht bis zum anderen Ende der Bank, so haben Bruder Fritz und ich auch noch Platz darauf. Mutter und Großmutter sind noch mit dem Essenkochen beschäftigt. Unsere Küche ist nur klein, den meisten Platz braucht der Herd, den Vater aus Lehm und Ziegeln selbst gemauert hat. Das Feuer aus trockenem Tannenholz knistert. Die Flammen schlagen direkt gegen den Boden der gusseisernen Töpfe, weil Großmutter die eisernen Ringe von beiden Kochstellen rausgenommen hat. Die Töpfe haben darum eine dicke Rußschicht am Boden.
Vater kommt zu Tisch. Er ist von der Arbeit nach Hause gekommen, hat sich gewaschen und seine harzige, geflickte Waldarbeiterkleidung gegen Manchesterhosen und Wolljacke vertauscht. Es ist Ende November und schon recht kalt. Ehe Vater sich setzt, streckt er die Hand aus und schraubt den Docht der Petroleumlampe ein wenig höher. Vater hat große, braune Hände. Sie liegen jetzt müde auf dem Tisch.
Wir sehen, wie Großmutter in der Küche eine große Scheibe knusprigen Speck aus der Pfanne nimmt und auf einen Teller legt. Mit dem Fett übergießt sie den Bortsch und bringt ihn auf den Tisch. Mutter schneidet den Speck in Stücke und legt für Oma, für uns Kinder und für sich kleine Stücke auf den Teller, das größte Stück gibt sie Vater. Wir nehmen unsere Löffel, drehen sie um und pellen mit dem Löffelstiel die Kartoffel ab. Ich nehme am liebsten die aufgeplatzten Pellkartoffeln, bei denen das gelbe Innere schon aus der Schale guckt. Sieht aus, als ob sie lachen. Jeder hat nun ein Häuflein Pelle vor sich auf dem Tisch und ein

paar Kartoffeln auf dem Teller. Darüber schöpfen wir den himbeerroten Beetenbortsch. Sieht fein aus und riecht gut. Nur Fritz mag dieses gute Essen nicht so gerne. Er schöpft nur wenig davon auf seinen Teller.
Mutter ermuntert Vater. „Iss nur tüchtig, Rudolf", sagt sie, „bald gibts Frost und dann geht die harte Arbeit mit dem Bäumefällen los." Vater lacht. „Vergiß nicht, Anna", antwortet er, „wenn es friert, schlachten wir das Schwein und dann gibts wieder tüchtig frisches Fleisch."
„Und Leberwurst", ruft Fritz und schüttelt vor Freude beide Fäuste. Den Teller schiebt er dabei ein wenig zurück. „Hier wird leergegessen", mahnt Großmutter. Wir essen, bis wir alle satt sind. Fritz steht auf und geht zum Wassereimer, schöpft eine Kelle Wasser und trinkt. Er schüttelt sich ein wenig: „Heute gab es wieder Beetenbortsch!"

Hildegard

Hildegard ist Witwe geworden.
Eine Zeitlang lebt sie alleine in ihrem Haus, aber sie fühlt sich einsam und fürchtet sich.
Ihr Sohn mit seiner Familie zieht zu ihr.
Hildegard gibt sich mit einem Zimmer zufrieden.
Doch das Zusammenleben will nicht klappen.
Ihr Sohn ist oft so unfreundlich zu ihr, dass es Hildegard weh tut.
Sie beschließt, in ein Seniorenwohnheim zu ziehen.
Die Schwiegertochter hilft bei der Suche und beim Umziehen.
Nun wohnt die Zweiundsechzigjährige in einem großen, sonnigen Zimmer mit Balkon. Sie hat eine kleine Einbauküche und ein Badezimmer, beides ohne Fenster.

Dort wohne ich, sagt Hildegard.
Mein Zuhause ist der Binsengrund.
Hier habe ich seit meiner Kindheit gelebt.

Manchmal kommt sie am Vormittag, holt den Hund und macht lange Spaziergänge durchs Moor, durch die Schrebergärten, durch die vertraute Umgebung.

Siglinde Trumpf
Schrott-Opa

Ich sitze auf der Parkbank, lasse mir von der Sonne die Nase kitzeln. Es ist ein angenehmes Gefühl, nur so da zu sitzen.
Einer setzt sich.
Muss das sein, denke ich. Es gibt doch mehr Bänke, alle sind frei, stehen auch in der Sonne. Ich schaue kurz zur Seite.
Ein Mann. Ein Bad täte ihm gut, stelle ich fest. Ziehe meine Tasche fester an mich. Sie wärmt jetzt meinen Bauch zusätzlich. Komischer Alter! Muss er ständig vor sich her reden. Neugierig geworden, schaue ich ihn mir interessierter an.
Das ist ja Schrott-Opa, fährt es mir durch den Kopf. Was macht der denn hier? In dieser Gegend sah ich ihn nie.
Wo ist sein Fahrrad? Hat wohl seinen Geist aufgegeben.
Ich sah ihn hin und wieder in der Stadt, ein Fahrrad schiebend, das aussah wie aus Schrottteilen zusammengebastelt. Zum Fahren benutzte er es nie, auch nicht, um etwas zu transportieren. Dafür nutzte er seinen Rucksack.
Warum schob er es so neben sich her? Manchmal schien es mir, als ob er mit dem Rad redete. Obwohl er auffiel, war er für

mich bisher eine flüchtige Erscheinung im geschäftigen Stadtbild. Leicht gekrümmt sitzt er jetzt neben mir, die Hände halten seinen Kopf, den er ständig leicht hin und her bewegt.
Was murmelt er doch nur immer? Langsam wird es störend.
Ich konzentriere mich gegen meinen Willen auf seine Worte.
Oder sind sie gar an mich gerichtet?
„Allein bin ich, alles weg, futsch. Nichts habe ich mehr von Friedhelm. Meinen Jungen haben sie genommen. Das Fahrrad. – Die Polizei versteht mich nicht. Die glauben mir nicht. Warum nicht?
Ich fahre doch nicht mit Rad, ist doch Friedhelm seins. Schrottreif wär's, verkehrsuntauglich. Blödsinn, halte mich daran nur fest. Die denken, ich bin senil. Opa, kauf dir ein neues. Wie die blöd grinsten! Die verstehn mich nicht. Keiner. Wollt nur was von Friedhelm behalten.
Krank macht mich das Alleinsein. Haben ja Recht: weg mit den Alten."
Er teilt sich seinen Schmerz selber mit, stelle ich fest.
Mitleid regt sich. Soll ich was sagen? Nur was?
Das Fahrrad kann ich ihm doch nicht zurückholen, den Friedhelm auch nicht.
Vielleicht will er gar nicht angesprochen werden.
Unvermittelt berührt etwas meine Hand, die ja ach so unnötig fest die Tasche umklammert.
War er es?

„Danke, fürs Zuhören, wer hört mir schon zu. Mein Fahrrad, das von Friedhelm, auch nicht mehr. Ich bin jetzt ganz allein. Friedhelm kommt nicht mehr, das fühl ich. Der Streit, der Streit – ewig schon her."
Er steht auf, mechanisch läuft er davon.
Vielleicht hätte ich doch mit ihm reden sollen?

Renate Tschurn

Nach gutem Alten neu gestalten

Sinnend sitze ich am Schreibtisch im kleinen Kabinett. Ein Studierstübchen, nur für mich! So bezeichnete diese kleine Stube mit sparsamer Einrichtung einmal mein Mann. Ein Bücherschrank, ein Tisch, ein größeres Regal und eben der Schreibtisch mitsamt dem Sessel. Der Schreibtisch ist es, der es in sich hat, obwohl alles auf ihm steht. Er ist mit der Moderne verbunden. Manchmal doch zu viel Modetorheit? Mit dem Computer zu arbeiten ist eine Schreibart, deren Vielfalt mitunter Angst macht, aber modern denken und handeln lässt. Die Rechtschreibung eingeklickt, und es gibt unter Garantie keine Fehler mehr! Wozu da noch die klugen Bücher wälzen? Vorwurfsvoll haben sie mir, so wie ich ihnen, den Rücken zugewandt. Neuerdings genießen sie weniger meine Aufmerksamkeit. Lassen sie es mich spüren? Die Romane aller Autoren von A-Z. Schön geordnet stehen sie hinter der Glasscheibe, nicht nach dem ABC, da bekäme ich Schwierigkeiten, zu unterschiedlich sind sie von Art und Größe. Seit ich selber kleine Geschichten schreibe, beschäftige ich mich kaum noch mit ihnen. Die wenige Zeit, die mir bleibt zwischen Haus und Garten, sitze ich am Computer. Für die Musik, den Sport und das Neueste aus aller Welt habe ich das Radio und noch mehr das Fernsehen.
Was sollen da die alten Bücher mit ihren Geschichten aus noch älterer Zeit? Solche Gedanken mögen mir schon hin und wieder gekommen sein, aber ich nahm sie nicht gar so ernst. Bis zu dem großen Krach im Haus. Was mochte an diesem, sonst so sanft und mild ausklingendem Sommerabend geschehen sein? Den Fernseher schaltete ich aus, wollte mich zur Nachtruhe begeben.
Da, auf einmal, ein Krachen, ein Poltern! Erst einmal rührte ich

mich nicht vom Fleck, wartete, ob noch mehr geschehen würde. Vorsichtig schaute ich zum Fenster hinaus. Der Mond zeigte seine fast volle Schönheit, und die Sterne strahlten mir entgegen. Still ist es wieder geworden. Ob den Krach eine der Katzen meiner Nachbarsleute verursacht hatte? Manchmal besuchen sie mich. Streifen um meine Beine, lassen sich auch gern verwöhnen. Katzen sind wie Kinder, ganz gleich, wie alt sie sind, sie bleiben Kinder. Tun, was sie wollen, treiben oft auch Unfug. Vielleicht hatte ich eine von ihnen am Abend eingesperrt? Eddi, den braungelben Kater, oder die graue Maxi! Oder es spukt im Haus! Im Garten habe ich es schon erlebt. In der vorigen Woche bei gar nicht allzu heftigem Wind ist der alte Pflaumenbaum in der Mitte durchgebrochen. Er hat keinen Schaden weiter angerichtet. Seltsam ist das alles schon. Allein im Haus, muss ich nachschauen, was den Lärm verursacht hat. Langsam steige ich Stufe um Stufe hinunter in die unteren Räume, nachdem ich oben nichts Verdächtiges entdecken kann. Im Kabinett werde ich fündig. Die Türen vom Bücherschrank stehen offen. Ob ich vergaß, sie zu schließen? Kann ich mir kaum denken. Trotzdem, hier muss das Krachen und Poltern gewesen sein. Die Hälfte aller Bücher liegt davor. Doch keines der starken Bretter scheint gebrochen zu sein. Beim Aufräumen entdecke ich die Ursache. Es ist eine der kleinen Leisten, die man in die vorhandenen Kerben schieben kann. Von irgendwelchem Getier konnte ich an der Leiste nichts entdecken und doch ging sie entzwei. Wollten sich die Bücher nur einfach so bemerkbar machen? Eine dumme Zeit haben sie sich dazu ausgewählt.
Hermann, der Cherusker, lächelt mich an, als wollte er sagen: „Gut haben wir das hinbekommen, ihr bleibt gar nichts anderes übrig, als sich um uns zu kümmern."
Vom Cherusker muss ich noch sagen: Er ist aus Kupferblech und gehörte zu einem Einband von einem alten Folianten. Wo

das dicke Buch hingekommen ist, weiß ich nicht. Diese kupferne Schönheit ziert jetzt den Bücherschrank. Geklemmt unter eine der Schmuckleisten, die quer über die Scheiben angeordnet sind. Jugendstil nennt man diese Art. Ob ich ihm, dem alten, ehrwürdigen Möbelstück, doch ein paar Bücher abnehmen sollte? Längst ist Mitternacht vorbei, und noch immer trage ich die Bücher hin und her, wie eine Katze ihre Jungen. Da sitzt tatsächlich der braune Kater auf dem Fensterbrett und schaut mir zu. Am liebsten würde er zu mir hereinkommen und mit stöbern. Auch er hat sicher das Poltern gehört, nur aufgefallen ist er mir nicht gleich. Jetzt ist Nachtruhe, nun aber endgültig.

Später als sonst komme ich am Morgen aus den Federn, und nach nur kurz gehaltenem Frühstück stehe ich wieder vor dem Bücherschrank. Eine neue Leiste schnitze ich für ihn. Beim Einräumen nehme ich dann doch dieses oder jenes Buch länger als notwendig in die Hand. Ja, man könnte ruhig einmal wieder eins davon lesen. Die doppelten, ob ich sie aussondern sollte? Den Kindern anbieten? Auch ein paar Regale würde ich im Haus noch unterbringen, dort stehen die Bücher luftiger und weniger eingezwängt. Meine Aufmerksamkeit hatte er auf jeden Fall geweckt, der gute alte Bücherschrank mit seinem Leistenbruch zu später Stunde.

Etwas zum Freuen hat jeder Tag

Es war an einem jener Tage, wo man sich lieber eine Beschäftigung im Hause vornahm, das Wetter zeigte sich nicht von seiner besten Seite. Mein Schmuckkästchen suchte ich mir zum Zeitvertreib aus. Allerhand hübsche Sachen entdeckte ich. Überall hängen mehr oder weniger auch Geschichten daran.

Eine recht bemerkenswerte Geschichte von einer kleinen Brosche will ich erzählen:
Etwa 20 Jahre ist sie schon in meinem Besitz. Mein Mann brachte sie mir einmal mit in das Krankenhaus, als er mich nach der Operation besuchte. Blumen hatte ich schon zum Überfluss und essen durfte ich weder Pralinen noch irgendetwas Herzhaftes.
„Dass du nur da bist", sagte ich immer, wenn er kam. „Dich zu sehen und von dir etwas zu hören ist mir so viel wert, da muss nicht noch extra eine Zugabe sein. Versorgt werde ich gut, und die Schmerzen verkneif ich mir."
„Brauchst schon einen festen Panzer, damit du wieder richtig gesund werden kannst", sagte er und drückte mir ein winziges Päckchen in die Hand. Hielt meine Hand aber auch gleich fest!
„Lasse es noch zu, solange ich da bin. Wenn die Besuchszeit zu Ende ist, kannst du dir das Mitbringsel anschauen. Wenn ich morgen wiederkomme, erfahre ich, ob es dir gefallen hat."
Dabei strich er sacht über meine schmal gewordenen Hände.
Die Schwester rief jedes Mal viel zu schnell zur Tür herein: „Ende der Besuchszeit, bitte verabschieden Sie sich." Ringsum in den Betten nahm jeder Abschied von den Seinen. Auch wir zwei verabschiedeten uns. Dabei sagte mein Mann mir leise ins Ohr: „Brauchst schon einen dicken Panzer, damit du die Schmerzen nicht mehr spüren kannst."
Was mochte er wohl damit gemeint haben?
Als die anderen im Zimmer sich mit dem neuen Blumenflor beschäftigten, packte ich die Winzigkeit aus. Siehe da, eine kleine Schildkröte kam zum Vorschein. Was sollte ich dazu sagen?
Immer ließ sich mein Mann irgendetwas Besonderes einfallen, und immer steckte auch ein Sinn dahinter. Niedlich schaute das winzige Tier mit den Perlenaugen den Betrachter an. Ganz vertieft war ich in das kleine Stück, darüber gerieten sogar etliche Schmerzen in Vergessenheit. Ganz fest hielt ich es in meiner

Hand. Richtig warm wurde mir dabei. Sicher war das ein Zufall, aber ich konnte mich an etwas festhalten. Wie ein Blatt im Wind, losgelöst von seinem Baum, so hatte ich mich vorher gefühlt. Dabei war es nicht das erste Mal, dass ich in einem Krankenhaus sein musste. Aber die anderen Male bin ich nie alleine gewesen, immer lag ein Baby in meinen Armen, und mit diesen kleinen Wesen freute ich mich auf die Heimkehr. Diesmal war es anders. Inzwischen hatten meine Kinder selbst schon Kinder, als diese Operation sein musste. Einfach war die Operation nicht – und die Schmerzen? Na ja. Doch seit ich die kleine Schildkröte wann immer es mir beliebte anschauen konnte, ging es deutlich bergauf.

Am folgenden Tag zur Besuchszeit konnte ich meinem Mann schon ein paar Schritte entgegengehen. „Das hat die kleine Schildkröte gemacht", sagte ich ihm. Nicht lange mehr und die Fäden wurden gezogen, danach durfte ich nach Hause. Vielleicht doch ein paar Tage früher, als es ohne das kleine Panzertier gewesen wäre. Seitdem trug ich es oft an meiner Kleidung. Bildete mir ein, von ihm ginge Kraft aus. Doch es kamen Zeiten, wo die kleine Schildkröte nur noch in meinem Schmuckkästchen lag. Vor allem, seit sie mir einmal verlustig ging. In Karlovy Vary ist es gewesen. Genau dort, wo man festgestellt hatte: „Die Operation muss sein!"

Bevor ich dorthin reiste, konnte ich fast nichts mehr ohne schlimme Nebenerscheinungen essen. Mein Mann war schon richtig verzweifelt und schickte mich zu einer Kur ins Böhmische. Wir beide glaubten fest daran, dass ich dort dieses Leiden loswerde. Es einfach hinwegspülen könnte mit dem Wasser der Quellen.

Dem war nicht so, auch in Karlovy Vary linderte sich das Leiden nicht, und ich wurde geröngt. In dem Kurbericht stand: „Dringend ist die Patientin innerhalb von drei Monaten zu operieren." So kam es zu dem Krankenhausaufenthalt und ich zu der kleinen Schildkröte. Bei diesem ersten Besuch im Kurbad lernte ich eine Dame kennen und ihr schönes Privatquartier. So fuhr ich nach der gelungenen Operation noch oft dort hin. Einfach so aus lauter Dankbarkeit, nicht ernstlich zur Kur.

Die kleine Schildkröte hatte ich als meinen treuen Begleiter stets dabei. So geschah es, dass sie mir auf einem weit ausgedehnten Spaziergang verloren ging. Auf einmal war sie verschwunden, steckte nicht mehr am Kleid. Auf dem Weg nach „Andelska-Hoiy", einem Ausflugsziel in der Nähe von Karlovy Vary, musste es passiert sein. Über einen weiten Golfplatz war ich gelaufen. Für den Rückweg wollte ich lieber durch den Wald gehen, als ich den Verlust bemerkte.

Niedergeschlagen wandte ich mich dem Weg zu, den ich gekommen. Glücklich war ich, als ich die kleine Brosche wieder fand: auf dem Golfplatz inmitten der unendlichen grünen Weite. Auf einmal lag sie vor mir und schimmerte in der Abendsonne. Seitdem wurde sie in das Schmuckkästchen verbannt. An jenem regnerischen Tag entdeckte ich sie dort wieder zwischen allerhand anderem Schmuck. An Schönheit hat sie nichts eingebüßt und die Erinnerung an sie wurde mir mit einem Mal so lebendig, dass ich ihre Geschichte einfach aufschreiben musste. Neuerdings stecke ich sie auch wieder gern an. Aber sie muss sich gefallen lassen, dass ich ihre Beinchen mit Nähgarn fessele. Nur so bin ich beruhigt, wenn sie mich hierhin und dahin begleitet. Gewiss, es ist kein teures Stück, aber für mich ist es ein kostbarer Schatz oder doch wenigstens eine liebe Erinnerung.

Karin Türpe

Mein Handy

Gestern, als ich aus dem Fitnesscenter kam, hätte es beinahe einen Zusammenstoß gegeben.
Eine junge Frau kam mir auf der Treppe entgegen. Sie war so intensiv mit ihrem Handy beschäftigt, dass sie um sich herum nichts mehr wahrnahm.
In letzter Sekunde konnte ich einem Zusammenstoß noch ausweichen.
Die junge Frau hatte nur kurz aufgesehen, simste weiter, nahm die nächsten Treppenstufen.
Meine Worte: „Oh je, der Unfallverursacher Handy", hörte sie nicht mehr.
Auf dem Weg zum Parkplatz wanderten meine Gedanken zurück in die Zeit, als nach und nach viele Menschen mir stolz ihre neueste Errungenschaft, ein Mobiltelefon, zeigten.
Ein nettes Spielzeug, dachte ich dann. Ich ließ mich von dem Handyfieber nicht anstecken. Solch ein Spielzeug brauchte ich nicht!
Als ich dann in den Ruhestand ging, genoss ich es erst recht, frei, unabhängig und unterwegs nicht erreichbar zu sein.
Schließlich war ich schon ein gutes Jahr Rentnerin. Und plötzlich geriet meine Überzeugung doch ins Wanken. Und das kam so.
Von einem Vortrag war ich auf der Fahrt nach Hause. Die Ampel zeigte endlich grün, aber das Auto war nicht zur Weiterfahrt zu bewegen.
In der ersten Aufregung stieg ich aus, stellte das Warndreieck hinter das Auto. Ratlos schaute ich mich um. Oh, da links ist ja ein Autohaus. Ungefähr 50 Meter entfernt. Dort schilderte ich mein Malheur. Ein freundlicher Monteur kam mit mir zum Auto und gab mir Starthilfe. So konnte ich meine Fahrt fortsetzen.

Inzwischen hatte sich der Himmel verdunkelt. Es blitzte und donnerte schon, die ersten Regentropfen platschten auf das Dach.
Die mir entgegenkommenden Autos fuhren mit Licht.
Auch ich schaltete das Licht an, und augenblicklich blieb das Auto stehen. Mitten auf der Kreuzung! Es sprang nicht wieder an.
Ein Passant sah meine Not, sprach: „Ich werde Ihr Auto dort an den Straßenrand schieben, lenken Sie entsprechend."
Gesagt, getan. Da stand ich nun, wollte Pannenhilfe rufen.
Aber wo ist hier ein öffentlicher Fernsprecher? Keiner zu sehen.
Ach, hier an der Ecke ist ein Bäckerladen, da darf ich sicher mal telefonieren.
„Guten Tag, darf ich bitte Ihr Telefon benutzen? Ich habe eine Autopanne, muss Hilfe rufen."
„Ich habe gar kein Telefon", sagte daraufhin der Bäcker.
Was nun?
Neben mir stand eine Frau, die gerade ihr Kuchenpaket bezahlte.
„Hier gibt es keinen öffentlichen Fernsprecher mehr. Sie können mit zu mir kommen, ich wohne im Nebenhaus."
Gern nahm ich dieses freundliche Angebot an. Durch den inzwischen heftigen Gewitterregen rannten wir in das Haus nebenan.
In ihrer Wohnung gab sie mir ihr Handy und das Telefonbuch. Und schnell hatte ich Verbindung mit dem ADAC. Eine Stunde allerdings sollte ich mich gedulden.
Inzwischen hatte mir die nette Frau eine Tasse Tee eingeschenkt. Das warme Getränk tat mir gut, und schon kündigte der ADAC-Helfer seine Ankunft an.
Bei den netten Leuten, der Ehemann war inzwischen mit einem Kollegen nach Hause gekommen, bedankte ich mich.
Der Pannenhelfer baute mir eine neue Batterie ein, und nun konnte ich nach Hause fahren.

Dankbar für die Hilfe vom Vortag ging ich am nächsten Tag noch einmal mit einem Geschenk zu der hilfsbereiten Frau.
Diesmal öffnete sie die Tür zögernd. Sie erzählte mir, dass ihr Mann mit ihr geschimpft habe, weil sie eine fremde Person so einfach in ihre Wohnung mitgenommen hatte. Als ich ihr dann das Geschenk überreichte, hat sie gemerkt, dass sie von mir nichts zu befürchten hatte.
Ein paar Tage später war ich unterwegs, den neugestalteten Saalepark anzusehen.
Da sah ich ein Handygeschäft. Zwei junge Männer warteten auf Kundschaft.
„Guten Tag. Ich möchte gern ein Handy kaufen, mit dem man nur telefonieren kann."
„Das gibt es nicht mehr", so einer der Verkäufer.
„Aber ich brauche doch den Schnickschnack nicht, den die Mobiltelefone jetzt haben."
Mit den Worten: „Das ist das einfachste Handy, das wir haben", legte er ein Mobiltelefon der Firma NOKIA auf den Ladentisch.
„Es kostet 49 Euro."
Nach einigen Erklärungen des Verkäufers kaufte ich dieses Gerät.
Zu Hause mühte ich mich dann damit ab, eine PIN-Code-Nummer zu installieren. Auch das war schwierig. Aber in der Betriebsanleitung stand eine Servicenummer.
Ich wählte diese Nummer, und eine resolute Frauenstimme wies an, wie ich die fehlerhaft installierte Nummer entfernen und eine neue, leicht zu merkende eingeben und speichern sollte. Jetzt funktionierte es!
Stolz tätigte ich nun immer einmal Anrufe mit meinem Handy.
Aber mein Festnetztelefon musste ich ja nicht immer erst vorbereiten, wenn ich anrufen wollte. Außerdem habe ich dafür eine Flatrate. So benutzte ich mein neues Gerät eher selten. Auf

meiner Prepaidkarte waren ja auch nur 10 Euro Startkapital. Die zweite Prepaid-Aufladung schon lief ziemlich problematisch ab – und teuer. Weil sich das Handy in einem kleinen Servicegeschäft nicht aufladen ließ, ging ich in ein Fachgeschäft. Schnell machte sich der Fachmann an die Arbeit, und schon hatte er es in seine Einzelteile zerlegt. „Moment mal, ich wollte das Telefon doch nur aufgeladen haben!"
„Ihr Handy ist gesperrt, das sind Verbrecher, Banditen ...!" schimpfte der Mann. „Ich kann es ihnen auch für 102 Euro wieder gangbar machen!"
„Aber es hat doch nur 49 Euro neu gekostet!"
Schon hatte er es wieder zusammengeschraubt. „Macht 37 Euro!"
Fast Neupreis, aber es funktionierte wieder.
Lange Zeit benutzte ich das Handy wenig.
Doch eines Tages im letzten Januar, auf dem Weg nach Hause, ich fuhr durch die Seinecker Straße:
Plötzlich ein leicht schepperndes Geräusch! Was war denn das? Im Rückspiegel sah ich auf der Fahrbahn einen Gegenstand liegen.
Ich hielt an, stieg aus, schaute nach. Ein Nummernschild war es, was da lag.
Es gehörte zu dem Auto einer jungen Frau, die mich wohl beim Rausfahren aus der Parklücke übersehen hatte. Sie beschimpfte mich, erklärte mich für schuldig.
Das nahm ich nicht hin. Obwohl ich nur einen Lackkratzer hatte, rief ich die Polizei. Die kam auch schon nach 20 Minuten, überblickte sofort die Sachlage.
Im Protokoll wurde ich als Geschädigte mit der Schadensendnummer 02 vermerkt.
Nach anfänglicher Weigerung hatte die Schadensverursacherin dann den Vorfall doch noch ihrer Versicherung gemeldet, und

eine Werkstatt reparierte mein Auto. Ich musste keinen Pfennig dazubezahlen!

Bis heute bin ich froh, dass ich an diesem Tag mein Handy im Auto liegen hatte.
Fortan nehme ich es immer mit, wenn ich unterwegs bin. Es liegt neben der Fernbedienung für die Garage, ich kann es nicht vergessen.
So wurde mein Handy zu einem nützlichen Weggefährten.

Ilse Uhlrich
Am Küchenfenster

Die beiden Archivmitarbeiter kamen pünktlich. Im Flur unserer Wohnung fielen ehrliche Dankesworte. Dann steuerten die beiden das Wohnzimmer an, griffen nach dem Stapel Hefter und Ordner und legten alles sorgfältig in ein Körbchen. Schnell waren sie wieder verschwunden. Vom Küchenfenster aus schaute ich ihnen nach, sah, wie sie den Korb in den Kofferraum des Autos stellten und davon fuhren.
Ich drückte meinen Kopf an die kühle Fensterscheibe. Was die Männer eben weggetragen hatten, waren dreißig Jahre Leben, Arbeit, Spaß, Freude, Kummer, Biografien von Menschen, die mich auf einer langen Wegstrecke begleitet hatten – es waren die Brigadetagebücher meiner Verlags-Arbeitsgruppe. Habe ich sie jetzt weggeschickt, abgeliefert, archiviert in einem Fach mit dicker Stahltür davor?
Als ich nach meinem Lehrabschluss in die gerade gegründete Brigade kam, musste die junge Kollegin natürlich sofort eine Aufgabe bekommen. Flugs wurde ich mit der Führung des Tage-

buchs betraut. Das habe ich gern getan, schrieb, zeichnete und fotografierte.
Immer noch stehe ich am Küchenfenster und sehe den gepflegten Rasen zwischen unseren Häusern.
Gleich fällt mir der Fußballplatz ein. Mein Chef, ein weit über die Grenzen Leipzigs hinaus bekannter Torhüter, konnte sich bei Heimspielen auf uns verlassen. Mit einer Kollegin stand ich hinter seinem Kasten und brüllte, was die Stimmbänder hergaben. Zwar kannte ich die Spielregeln nicht, erfuhr aber, dass an einer Niederlage der Lieblingsmannschaft immer der Schiedsrichter schuld ist.
Das schrieb ich auch ins Tagebuch.
Als sich eines Morgens, gleich zu Arbeitsbeginn, mein Blinddarm von mir verabschieden wollte und ich mich vor Schmerzen krümmte, trugen mich die Kollegen von der zweiten Etage durch das Treppenhaus nach unten, setzten mich in den verlagseigenen PKW und düsten mit mir wimmerndem Häuflein in das nächstgelegene Krankenhaus. Der Weg von meinem Schreibtisch auf den OP-Tisch war ein kurzer. Am nächsten Tag besuchten sie mich, und gleich gab es Ärger. Drei Personen am Bett der gerade operierten Patientin waren zu viel. Zwei wurden an die Luft gesetzt. Sie kamen wieder, brachten aus meiner Wohnung Wechselwäsche, Handtücher und ein Plüschtier mit. Das Wort „Vertrauen" findet man in keinem der im Laufe der Jahre entstandenen Tagebücher. Warum sollte ich aufschreiben, was doch selbstverständlich war?
Natürlich gab es Streit und heftige Auseinandersetzungen! Das passierte immer dann, wenn wieder einmal die Frage zu beantworten war, wer denn als nächster eine Auszeichnung bekommen sollte.
Aus diesem erfreulichen Anlass flog einmal ein komplettes Manuskript quer durch das Zimmer. Ein Bild habe ich dazu gemalt,

Ilse Uhlrich

das den geflügelten Pegasus zeigt, der durch die Straße schwebt und die Manuskripte auffängt, die die Leute aus den Fenstern werfen. Das hat die Gemüter wieder besänftigt. Alles löste sich am Ende nach der bekannten Redensart: Das Schöne am Krach ist immer die Versöhnung.
Kinder wurden geboren, begutachtet und gefeiert. Wir erlebten Schulanfänge, Jugendweihen und eine dramatische Ehescheidung, unternahmen Tagesfahrten, Exkursionen in unsere grafischen Betriebe und halfen dort auch aus, wenn der Exportplan ernsthaft wackelte. Gartenfeste feierten wir und bewältigten im Laufe der Jahre drei Büro-Umzüge.
Was wir gemeinsam erlebten und auch erreicht haben, ist, reich bebildert, nachzulesen im Tagebuch.
Als ich meine Neubauwohnung beziehen konnte und der glücklichste Mensch der Welt war, bauten die Männer meine Möbel zusammen, während der weibliche Teil der Truppe in der Küche Brötchen belegte und Kaffee kochte. Nicht zu glauben, aber ein massives Teil der Möbelwand blieb übrig. Mein Chef drehte sich, den schweren Koloss in den Armen haltend, im Kreise und brüllte: „Wo soll denn nun das Sch... schöne Ding hin?!" Plumps fiel es auf die Blumenbank vor dem Fenster und blieb dort stehen, weil das alle für eine sehr gute Lösung hielten. Auch das ist mit Foto belegt.
Wir mussten Abschied nehmen von unserer älteren Kollegin, die, längst im Ruhestand, immer wieder eingesprungen war, wenn Hilfe gebraucht wurde. Vor dem Fernsehgerät war sie eingeschlafen und nicht wieder aufgewacht. Kinder hatte sie nie gehabt, Angehörige gab es nicht mehr, nur einen jungen Mann, der ihr gelegentlich im Haushalt geholfen hatte. Der beerbte sie nun. Als trauriges Häuflein standen wir in der eiskalten, schmutzigen Kapelle eines Leipziger Vorort-Friedhofes. Mit Trauergästen hatte man offensichtlich nicht gerechnet, und so

musste ein übel gelaunter Friedhofsarbeiter noch Stühle herbeischaffen. Kurz und nichtssagend war die Rede der Pfarrerin. Wir setzen unserer Irmgard ein schönes Denkmal – im Tagebuch.
Die Zeit nach der deutschen Vereinigung erlebten wir, wie viele andere auch, als Gratwanderung zwischen Hoffen und Bangen. Hoffen erfüllte sich nicht, die Kündigungen erfolgten. An einem trüben, regnerischen Junitag 1991 räumten wir, jetzt nur noch zu dritt, den Rest aus Regalen und Schränken, der noch an uns erinnern könnte.
Die Tagebücher packte ich in einen stabilen Karton, um sie mit nach Hause zu nehmen. Als letzten Eintrag notierte ich den Satz, den mir mein Kollege zurief, als er mich im Hof hinter dem Papiercontainer entdeckte, wo ich mich unbeobachtet glaubte: „Hör auf zu flennen, mach lieber oben das Licht aus, sonst müssen wir noch den Strom bezahlen."
Habe ich sie nun weggeschickt, eingesperrt, archiviert – die mit mir den langen Weg gegangen sind? Nein! Ich weiß, dass jetzt alles gut aufgehoben ist.
Ich stehe immer noch am Fenster. Ganz leise sage ich: Ich vermisse euch so. Nein, keine Sentimentalitäten! Vielleicht finden diejenigen, die das später einmal lesen, in dem Grauschleier, der über der DDR-Zeit liegt, doch noch ein paar Risse und Löcher, durch die man auf unser Leben blicken kann, wie es auch gelebt wurde und wirklich war. Das wünsche ich mir – und meinen treuen Wegbegleitern.

Gerlinde Ulrich-Gau

Gerrit

Gerrit ist jung und weiß, obwohl er Südafrikaner ist, offensichtlich hatte er auch deutsche oder holländische Vorfahren. Er spricht gut Deutsch und war zu unserer Zeit in der Tourismusbranche beschäftigt.
Er hatte den Auftrag, unsere kleine Gruppe von sieben Personen durch fünf afrikanische Länder zu begleiten, zu führen, zu fahren, zu behüten und zu bekochen. Er war also für ungefähr drei Wochen unser Weggefährte.
Seine erste Anweisung gab er auf einer von Flusspferden und Elefanten bewohnten Insel im Sambesi, auf der wir übernachteten, nämlich die, nachts nicht das Zelt zu verlassen, sondern ihn zu rufen ...
Kein Kommentar.
Bei der Abfahrt von einem Übernachtungsplatz war das Auto weder betankt noch war Geld gewechselt und von Packen schien er auch keine Ahnung zu haben.
Als ich mich ziemlich schwer am Finger verletzte, leistete er erste Hilfe, indem er lauwarmes Wasser über die Wunde goss und zwei hilflose schwedische Krankenschwestern auftrieb.
Unsere Organisation hatte bei dieser Tour nicht die beste Vorarbeit geleistet, so dass sich die Fahrzeiten gegenüber den Angaben oft verdoppelten. Leider wurde diese Tatsache unserem Gerrit des öfteren zum Verhängnis. Manchmal gab er nach stundenlangem Fahren entnervt auf und hielt mitten in der Wildnis und wir übernachteten irgendwo. Ein andermal fand er die Brücke über den Sambesi nicht und wir mussten wieder zurück und dann auch noch stundenlang warten.
Das nächste Mal hatte er vergessen einzukaufen und wir hatten nichts zu essen. Nach einer wieder mal aufregenden Nachtfahrt

blieb er mit den Gepäckaufbauten an einem Baum hängen. In einer verkehrstechnisch etwas wirren Stadt setzte er uns samt Auto und Hänger in den Straßengraben.

Einmal fand er den ausgewählten Campingplatz nicht und wir standen solange hilflos im Dschungel, bis uns ein paar Eingeborene auf den richtigen Weg halfen.

Benzin bzw. Diesel ausreichend zu tanken, war offensichtlich auch nicht sein Ding, denn einmal fuhren wir etwa 600 Kilometer ohne Tankstelle quasi mit dem letzten Topfen bis zu ein paar Dieselfässern.

Wirtschaften und organisieren konnten wir manchmal besser, so musste er sich öfter bei uns Geld borgen, weil seins vorzeitig alle war, auch Einpacken von Nahrungsmitteln und Geschirr war nicht sein Ding. Mehrfach zersprang Geschirr im Hänger, das unpraktischerweise auch noch aus Glas und Porzellan bestand – und das beim Camping. Lebensmittel wie Soßen zerplatzten in ihren Flaschen und Büchsen und vermischten sich mit Reis, Nudeln oder Brot und Kartoffeln.

Manchmal waren wir ganz schön genervt oder wütend. Aber dann siegte meist unsere altersbedingte Großmut und wir halfen ordnen oder leisteten Küchendienste, denn unser Gerrit war nicht nur Reiseleiter und Fahrer, sondern auch Koch. Und das konnte er wirklich gut. Wenn es denn Gelegenheiten zum Kochen gab, dann war das immer gut und wir lobten seine Kochkünste.

Hin und wieder tat er uns auch leid, denn er war wirklich ein netter Bursche, aber eben jung und unerfahren, es soll wohl auch seine erste Reise gewesen sein, die er allein organisieren und durchführen musste.

Unter diesem Gesichtspunkt verziehen wir ihm so manches. Außerdem hatten wir durch diese unerwarteten Zwischenfälle auch Erlebnisse, die wir bei einer wohl durchdachten und perfekt organisierten Reise so nicht gehabt hätten.

Eins ist sicher, einen solchen Gefährten, noch dazu als Reiseleiter, Fahrer, Führer und Koch in einer Person, habe ich bisher nicht wieder gefunden. Es ist aber auch nicht unbedingt erstrebenswert.

Ali

Er hieß Ali und war kein Türke und auch kein arabischer Moslem. Er gehörte keiner Religion an und war trotzdem ein göttliches Wesen. Er war treu bis in den Tod und hat alle Höhen und Tiefen mit uns geteilt, hat uns begleitet nach Österreich, nach Italien in die Toskana, zum Gardasee, nach Frankreich, nach Polen, an die Ostsee, in die Alpen und hat sogar bereitwillig gelernt, Leitern zu besteigen, um mit uns im Elbsandsteingebirge zu klettern und dabei Felswege per Leiter zu überwinden.
Ali war unser Drahthaar-Foxterrier.
Es gab viele Weggefährten in meinem Leben. Aber nur Ali hat meinen Mann und mich fast 15 Jahre lang begleitet, auch schwierige Lebenssituationen allein durch seine Anwesenheit aufgelockert.
Als er vierteljährig zu uns kam, war er dünn wie eine Spindel. Offensichtlich war er der letzte aus seinem Wurf, wahrscheinlich wollte ihn keiner haben. Vielleicht hatten ihn auch seine stärkeren Geschwister häufig vom Fressnapf verdrängt.
Es gibt ein Foto vom ersten Tag bei uns, da sitzt er wie ein Häufchen Unglück in unserer Küchenecke.
Nicht zu glauben, was für ein prächtiger Bursche er schon nach kurzer Zeit geworden war. Sein tricolorfarbenes Fell war am Rücken von einem tiefen Schwarz und das Braun hob sich deutlich vom Weiß ab. Er war wunderschön gezeichnet.
In einem Anfall von Stolz habe ich ihn sogar auf der großen

Berliner Internationalen Hundeausstellung vorgestellt, als er gerade ein Jahr alt war. Man sollte es nicht glauben, ich ohne jegliche Ausstellungserfahrung, und unser erster Rassehund hat auf Anhieb ein „Sehr gut" bekommen! Damit wäre er zur Zucht geeignet. Das haben wir aber dann doch lieber bleiben lassen. Dafür war er ein guter Joggingbegleiter und Wandergefährte. Unermüdlich konnte er laufen. Unglaublich, wie oft er Stöckchen apportiert hat, er konnte nie genug bekommen von diesem Spiel. Manchmal mussten wir sogar einschreiten, wenn Kinder oder Bekannte es zu arg trieben. Er selbst hätte nicht aufgehört. Gelegentlich mutierten die Stöckchen zu kleinen Baumstämmchen, die er dann stolz mit verkrampftem Genick nach Hause trug. Ihm war keine Unternehmung zu viel, auch unser ständiger Wechsel zwischen Stadtwohnung und Wochenendhaus hat ihn nicht beeinträchtigt.

Leider hat er uns in seinen letzten Lebensjahren einige Sorgen bereitet. Sein kleines Herz war nicht in Ordnung und er musste Medikamente nehmen. Bei jedem Anfall fürchteten wir, ihn zu verlieren. Aber wenn es ihm dann wieder gut ging, hatte er auch wieder Lust zum Spielen, nur das Tempo ließ nach.

Wir wissen bis heute nicht genau, ob sein Tod ein Unglücksfall war oder ob er keine Lust mehr auf Leben hatte. Ich glaube, er hat gespürt, dass wir ihn nicht gern zum Tierarzt gebracht hätten.

Elisabeth Weber

Mit dem redest du kein Wort

Ich sitze im Zug nach Pirna – mir gegenüber ein gut gekleideter Herr mit etwas strengem Gesichtsausdruck und genau wie ich mit einem großen Koffer ausgerüstet.
Mein erster Gedanke: Der will bestimmt auch dahin, wo du hin willst, nämlich zur Kur nach Berggießhübel unweit der Grenze nach Tschechien.
Mein zweiter Gedanke: Der ist bestimmt ein „Wessi", mit dem redest du kein Wort!!
Und tatsächlich: Schon bald landen wir beide zusammen mit noch einigen anderen Patienten in der Kurklinik im schönen Berggießhübel. Der „Wessi" sogar genau mir gegenüber auf dem gleichen Flur. So nimmt das Schicksal seinen Lauf. Von wegen mit dem rede ich kein Wort! Sehr schnell geraten wir ins Gespräch über Gott und die Welt. Bei gemeinsamen Kuranwendungen zur Linderung unserer verschiedensten Leiden stellt sich schnell heraus, dass „der Wessi" (Manfred) ein ausgesprochen lustiges Haus ist, der über wahre Entertainerqualitäten verfügt. Er sorgt also stets für gute Stimmung bei diversen gymnastischen Übungen und hält auch unsere jeweiligen Therapeuten bei Laune. Dabei spielt es überhaupt keine Rolle, woher Kurgast oder Therapeut stammen, Lachen verbindet Menschen aus Sachsen, Thüringen, Bayern, Rheinland-Pfalz, Niedersachsen oder Brandenburg. Und so findet sich auch eine kleine Truppe von Kurleuten aus den verschiedensten Teilen des Landes, die gern die verbleibende freie Zeit gemeinsam verbringt – beim Wandern, Saunieren, Tanzen und Ausflügen in die nähere und weitere Umgebung. So stehen an den Wochenenden Besuche im nahen Dresden, aber auch im etwas weiter entfernten Prag auf dem Programm.

Diskutiert wird natürlich auch, über Ost und West und überhaupt alles, was das Leben so ausmacht. Langsam aber sicher verschwindet auch etwas – das Vorurteil nämlich über „die Ossis" oder eben „die Wessis".

Unser „Trüppchen" – drei Ossis und drei Wessis – merkt ziemlich schnell, dass uns viel mehr verbindet als uns trennt, und das trotz unterschiedlichster Biografien und jeweiliger Lebensumstände. Auch die ausgeübten Arbeitstätigkeiten könnten unterschiedlicher nicht sein: Da ist Petra aus der Nähe von Meißen, eine gestandene Frau und als Buchhalterin in der Porzellanmanufaktur tätig. Auch Sylvia aus Hallstadt steht mitten im Leben und arbeitet in Bamberg in einem Ingenieurbüro. Sie entspricht so gar nicht dem Klischee einer „Wessi-Tussi", sondern sie ist sehr natürlich und herzlich im Umgang mit allen. Sylvia hat bereits „Osterfahrungen", sie selbst stammt ursprünglich aus dem Sudetenland, ihre „volkseigene Cousine" lebt in Dresden. Über eine solche Cousine verfügt auch Manfred, unser erwiesener Spaßvogel, der diesen Begriff für die Verwandtschaft in der DDR natürlich frei erfunden hat und ihn durchaus liebevoll gebraucht. Manfred lebt und arbeitet in Einbeck, aber nicht wie man vermuten könnte in der Brauerei, für die Einbeck ja bekannt ist, sondern als Angestellter in einer Teppichfabrik. Horst, der sehr wenig über seine Arbeit spricht, ist großer Weinliebhaber und lebt, wen wundert's, in einem Weinanbaugebiet, nämlich an der Ahr. Da er auch sehr sprachgewandt ist und zwei Fremdsprachen fließend spricht, stellt sich schnell heraus, dass er als Dolmetscher tätig ist. Lothar, der Jüngste von uns, ist in Brandenburg an der Havel zu Hause. Er arbeitet in der Tischlerei einer Behindertenwerkstatt und lebt noch zu Hause bei seinen Eltern. Er hat von uns allen das umfangreichste Therapieprogramm, es gibt kaum eine Anwendung, die er nicht erhält. Da er auch bei den Mahlzeiten mit Petra zusammen am Tisch sitzt, wird ihm ihre ständige nahezu mütterliche Fürsorge zuteil, d.h. sie achtet streng darauf, dass Lothar nicht nur regelmäßig mit uns isst, sondern vor allem nicht so viel raucht. Er soll ja schließlich gesünder wieder von der Kur nach Hause kommen! Auf jeden Fall ist auch Lothar bei all unseren Unternehmungen dabei, wir nutzen die uns verbleibende freie Zeit intensiv und lernen uns so immer besser kennen.

Trotz unserer Verschiedenheit oder gerade deshalb entwickeln wir immer mehr Verständnis füreinander. Offenes aufeinander zugehen, den anderen akzeptieren in seiner Unterschiedlichkeit, das führt uns immer enger zusammen. So eng, dass wir uns auch nach Beendigung unseres Kuraufenthaltes fast jedes Jahr einmal treffen. So lud Sylvia uns gleich im nächsten Jahr zum „Kurtreffen" ein. In Bamberg besichtigen wir nicht nur den bekannten Dom, die Residenz und den Rosengarten, sondern genießen auch die hervorragende fränkische Küche unserer Gastgeberin. Natürlich darf dabei auch das fränkische Bier nicht fehlen, wobei das berühmte „Schlenkerla", ein bekanntes Rauchbier aus der Region, nicht allen schmeckt.

Im Jahr darauf steht Bad Neuenahr auf unserem Kurprogramm. Im Weingebiet an der Ahr, mit dem uns Horst näher bekannt macht, ist der Besuch eines Weinkellers Pflicht. Aber was heißt denn hier schon Pflicht: Sehr beschwingt verlassen wir die Weinkelterei, die Stimmung konnte nicht besser sein.

Die ehemalige freie Reichsstadt Mühlhausen mit Stadtmauer, Toren und Türmen beeindruckt meine Gäste beim nächsten Kurtreffen. Wir wandeln auf den Spuren Bachs, der in Mühlhausen als Organist tätig war, und lernen Johann August Röbling kennen, der es als Brückenbauer in New York zu Weltruhm brachte. Selbstverständlich darf auch Thüringer Bratwurst nicht fehlen. Beim abendlichen Grillen (oder Bräteln, wie der echte Thüringer sagt) sitzen wir oft bis tief in die Nacht beisammen.

Das ist bei unseren Treffen bei Petra in Sachsen nicht anders. Nachdem wir uns die verschiedensten Sehenswürdigkeiten in Dresden, Meißen oder Moritzburg angesehen haben, folgt der gemütliche Teil im Garten.

Bei Lothar in Brandenburg zieht es uns ganz selbstverständlich aufs Wasser, was in dieser seenreichen Umgebung kein Wunder ist. Aber auch Potsdam mit seinen Schlössern bereichert unser Besuchsprogramm und wir wandern auf geschichtsträchtigen Wegen.

Durch diese jährlichen Treffen haben wir nicht nur das Land besser kennengelernt, sondern auch unsere Beziehungen fester geknüpft. Dieses Jahr feiern wir Jubiläum – 20 Jahre liegt unser Kennenlernen jetzt zurück. Mittlerweile sind wir alle „Ruheständler", aber eigentlich befinden wir uns eher im „Unruhestand".

Sylvia ist neunfache Großmutter und freut sich schon auf das in Kürze zu erwartende erste Urenkelchen. Petra ist ebenfalls mehrfache Oma, und auch ich genieße die Zeit mit unserem Enkel. Nichts desto trotz sind alle gern unterwegs: Manfred bereist vor allem Deutschland (auch gern Ostdeutschland!), geht aber auch mit dem Schiff auf große Fahrt. Petra ist meistens mit dem Wohnwagen auf Tour und so in ganz Europa unterwegs. Auch für mich gehört das Reisen in die ganze Welt zu den Lieblingsbeschäftigungen.

Natürlich plagt einen jeden von uns das eine oder andere Zipperlein, dem wir aber in unseren Gesprächen nicht allzu viel Platz einräumen. Besser wäre es sicher, wieder einmal zur Kur zu fahren, um diverse Beschwerden zu lindern. Aber nun steht erst einmal unser Jubiläums-Kurtreffen auf dem Programm!

Wir treffen uns diesmal in Einbeck in Niedersachsen beim „Wessi" Manfred, mit dem ich doch eigentlich nie ein Wort reden wollte. Dafür haben wir uns allerdings bei unserem Treffen sehr viel zu erzählen. Zuerst bei einem Bummel durch das zauberhafte Städtchen Einbeck, mit seiner herrlichen Fachwerkarchitektur. Am großen Marktplatz mit seinem historischen Rathaus laden uns Straßencafés zum Verweilen ein, was wir selbstverständlich gern nutzen, um dort ausgiebig zu schwatzen.

Ein Besuch des PS-Speichers mit seiner Ausstellung „Räder die uns bewegen" steht am nächsten Tag auf dem Besuchsprogramm. Wir Frauen sind zwar etwas skeptisch (Frauen und Technik – na ja!), werden aber durch eine wirklich gelungene Ausstellung zur Entwicklung der verschiedensten Fahrzeuge in den Bann gezogen, so dass die Zeit wie im Flug vergeht und wieder einmal ein gängiges Vorurteil ad absurdum geführt wurde.

Bei einem gemütlichen Beisammensein lassen wir unser Treffen ausklingen, natürlich mit dem Versprechen, uns auch im nächsten Jahr wiederzusehen, die entsprechende Planung läuft schon!

Dass sich unser Trüppchen im Laufe der Zeit um die jeweiligen Partner vergrößert hat, brauche ich wohl kaum noch zu erwähnen. Beim Abschied ist jedenfalls klar:

Auf Wiedersehen – nächstes Jahr in Dresden!

Wie aus Fremden Freunde wurden – wir haben es erlebt!

Brigitte Weidner

Bücher haben mich begleitet

Gedankenverloren saß ich im Bus. Ich kam von einem unterhaltsamen Abend im Freundeskreis. Da wir uns längere Zeit nicht gesehen hatten, gab es viel Neues zu berichten. Die Erzählung eines Freundes hatte mich stark beeindruckt. Er hatte einen Freund verloren, der ihn seit Kindheitstagen begleitet hatte. Nach dessen Tod wurde ihm erst bewusst, wie groß der Einfluss seines Weggefährten auf ihn gewesen ist. Er schilderte verschiedene Situationen, die er nur bewältigte, weil sein Freund ihm beistand, leise, rücksichtsvoll und so unauffällig, dass ihm das kaum bewusst wurde. Der Freund war eben da, eine Selbstverständlichkeit. Das war nun anders, zu spät erkennt er, welch kostbarer Schatz ein treuer Weggefährte ist.

Auch am darauffolgenden Tag dachte ich über das Gehörte nach. Mein Terminkalender brachte für die nächsten Wochen soviel Abwechslung, dass ich mich zunächst anderen Themen zuwandte.

Bis heute – da erinnerte ich mich wieder, welch tiefen Eindruck und Nachdenklichkeit die Erzählung des Freundes bei mir hinterlassen hatten. Ich stellte mir die Frage, wer waren meine wichtigsten Weggefährten? Welchen Einfluss nahmen sie auf mein Leben? Was hat mich seit der Kindheit begleitet? Machte mich gleichermaßen mal glücklich, mal traurig, gab mir Kraft und regte immer meine Fantasie an?

Die Antwort war eindeutig – es waren Bücher, die immer an meiner Seite waren. Durch sie wurde meine Neugier befriedigt und aufs Neue angeregt.

Wie habe ich mit Desiree mitgelitten, das Schicksal der Gräfin Cosel betrauert, Katharina die Große bewundert und viele andere Schicksale, die mir meine Bücher nahe brachten, so intensiv miterlebt, dass sie mich berührten und bewegten.

Geschichtliche Zusammenhänge entnahm ich historischen Romanen. In meiner Fantasie erlebte ich die Kämpfe der Hugenotten, die Religionskämpfe in Nordirland, die Schlacht bei Waterloo, den Wiener Kongress, die Entwicklung Europas, den Ersten und Zweiten Weltkrieg.

Meine Bücher gaben mir Antworten auf Fragen, die mich brennend interessierten.

Aber nicht nur Romane haben mich begleitet, auch lyrische Texte brachten mich dazu, selbst Gedichte zu schreiben oder es zumindest zu versuchen. Das hat meinem Leben einen neuen Inhalt gegeben und ich bin glücklich damit.

Zwiegespräche

Der Sessel mir gegenüber starrte mich an, er war leer. Von ihm kam kein Echo, keine liebevollen Blicke, kein zärtliches Wort. Er blieb stumm. Er musste stumm bleiben, denn sein Besitzer hatte seinen Platz gewechselt. Er blickte jetzt aus einem schwarzgeränderten Bild zu mir herüber.
Mit fortschreitender Zeit schreckte mich der verlassene Platz nicht mehr. Meine rückwärts gewandten Träume wurden blasser. Ich hatte meine Ruhe in Zwiegesprächen mit dem Abbild im schwarzen Rahmen gefunden. Hier konnte ich mir meine Sorgen und Probleme von der Seele reden. Dadurch bekam ich das Gefühl, dass mir zugehört wurde und ich nicht so allein war.
So vergingen Jahre und die Gespräche waren mir ein Bedürfnis geworden. Der große Verlust schmerzte nicht mehr so sehr, ja, ich habe sogar mit „IHM" gescherzt und beim Staub wischen gewarnt: „Vorsicht, jetzt nicht niesen!"
Mir war natürlich die Eigenart dieser täglichen, etwas einseitigen Dialoge bewusst. Manchmal schüttelte ich den Kopf und glaubte es kaum, dass mir so etwas passierte, da ich doch früher bei ähnlichen Erzählungen im Bekanntenkreis nachsichtig gelächelt habe und für mich entschied, dass das nur Hokuspokus war.
Nun das ...
Hatte mich das Alleinsein so verändert?
Hatte ich den Blick für die Realität verloren?
Egal, es ging noch eine ganze Weile weiter so, bis – ja, bis ich

einen Mann kennen lernte, dessen Anblick mich wie ein Blitz traf. Er sah meiner Jugendliebe, die damals so tragisch endete, täuschend ähnlich. Ich fühlte mich zu ihm hingezogen, hatte aber gleichzeitig das Gefühl, „IHM im Rahmen" untreu zu werden. Nach kurzer Pause nahm ich unseren unterbrochenen Dialog wieder auf und schilderte meine Situation.
Danach war ich erleichtert und hatte das Gefühl, dass „ER" nichts dagegen hätte, wenn ich wieder glücklich und nicht mehr allein wäre.
Nüchtern betrachtet ist diese Begebenheit natürlich völlig absurd. Aber sie trug dazu bei, dass ich mir ohne schlechtes Gewissen ein Leben mit einem neuen Partner vorstellen konnte.
Gefühlt, gesagt, getan – heute bin ich glücklich!!!

Doris Weißflog

Auf Rügen zu Hause – Ursel Steinberg

Eine Frau sitzt frühmorgens an den Dünen der Prorer Wiek und blickt über die noch stille, blaugraue Ostsee. Auf ihrem Zeichenblatt entstehen zügig Skizzen: die aufgehende Sonne, ein Fährschiff, Fischerboote.
Später legt sie Stift und Papier in den Sand und läuft ins kühle Wasser. Herrlich, dieses Morgenbad ohne Lärm und Touristen. Von draußen erforscht sie mit geübten Augen Neues in der Binzer Bucht. Sie schwimmt darauf zu, besinnt sich, krault zum Ufer, läuft sich warm und trocken. Keine Zeit heute für Binz! verscheucht sie ihre abschweifenden Gedanken. Sie nimmt ihre Skizze wieder zur Hand. Hinter sich, hinter den Bäumen, weiß sie im alten KDF-Gebäude die Galerie. Auch mit ihren Bildern. Man erwartet eine größere Ausstellung von ihr. Deshalb sitzt sie

hier und nimmt neue Motive am alten Strand auf. Konzentration, Ursel! ermahnt sie sich energisch. Das Meer in den verschiedensten Farben; die Sonne zu allen Tageszeiten; Fischerhäuser; Kreideküste; die Insellandschaft mit den gelben Rapsfeldern, roten Mohn- und blauen Kornblumen sind die Hauptmotive der Künstlerin. Sie malt Bilder ihrer Heimat, Bilder von Rügen. Hier ist sie zu Hause. Der Himmel bewölkt sich zögernd. Leichter Wind kommt auf. Kleine Wellen rollen glucksend ans Ufer. Möwen fliegen tief. Längst weiß sie – wie die alten Fischer – die frühen Anzeichen eines Sturmes zu deuten. Schon schlagen die Wellen heftiger an den Strand. Schaumgekrönt tanzen sie zurück und nehmen Gedanken und Träume der malenden Frau mit bis zu einem anderen Ufer an der Ostsee.

Danzig. Freistaat. Zeit der Kindheit.

Hier wuchs Ursel Steinberg auf, behütet und beschützt von Mutter und Vater. Gern erinnert sie sich daran, wie der Vater mit ihr in Kunstausstellungen ging, Galerien und Kirchen besuchte.

„Der Mensch muss so leben, dass er einmal etwas Bleibendes hinterlässt", prägte Vater ihr ein. Ja, das wollte sich die kleine Ursel merken.

Der Krieg machte keinen Bogen um den Freistaat. Mit dem Ende 1945 kamen nicht nur Verzweiflung und Hunger. Auch die Zwangsausweisung. Ungern spricht Frau Steinberg davon, heute noch geschüttelt von Entsetzen. Doch trotz allen Unglücks hatten sie noch Glück.

So sieht sie es heute. Die Endstation des Umsiedlerzuges war Binz auf der Insel Rügen.

Als Ursel, nun dreizehnjährig, zum ersten Mal nach ihrer Ankunft zur Ostsee lief, an der Küste entlang schaute und in der Ferne Saßnitz sah, durchströmte es sie heiß. So ähnlich war der Blick vom Strand bei Danzig nach Gdingen gewesen. Instinktiv fühlte sie, dass dies hier eine neue Heimat werden könnte.

Nach dem letzten Jahr Oberschule in Binz zog Ursel ins Mädcheninternat des Gymnasiums in Bergen ein. In der Gemeinschaft lernte sie wieder Lachen. Literatur- und Zeichenunterricht wie auch der häufige Besuch von Konzerten in dieser Zeit, die Mitarbeit in der Laienspielgruppe und im Schulchor prägten ihr Kunstverständnis und ihre Lebenshaltung. „Nicht Amboss, sondern Hammer sein!" malten sie damals ins Foyer des Gymnasiums. Dies und „Edel sei der Mensch, hilfreich und gut" wurden Grundkonzept fürs Leben.
Knapp nach dem Abitur folgten Heirat, Studium, Kinder. Wanderjahre in Gegenden, wo die Sonne schon nachmittags untergeht. Sommers dann immer wieder zurück nach Binz zu Muttern, der Ostsee, Sonne, Wind und Wellen. Nachdem Frau Steinberg bereits fünf Jahre Kunsterziehung in Templin unterrichtet hatte, klappt es 1966 endlich, zurück nach Rügen zu ziehen. Ihr Mann bekommt eine Anstellung als Wirtschaftsleiter in einem Ferienobjekt, sie selbst kann in Prora unterrichten. Fünfundzwanzig lange Jahre wirkt sie mit ganzer Hingabe in ihrem Beruf, bis sie in die „Alterübergangsregelung" fällt.
Immer hungrig nach Wissen und Qualifizierung, hatte sich Ursel Steinberg bereits Anfang der 80er Jahre einer Gruppe von Kunsterziehern angeschlossen.
Man trifft sich zum Erfahrungsaustausch – heute noch –, organisiert in den Ferien Werkstatt-Tage. Dort wird sie ermutigt, nicht nur Anregungen für den Unterricht mitzunehmen, sondern selbst Bilder zu malen und auszustellen. Ein großer schöpferischer Prozess beginnt.
Nun Rentner. Viel zu früh. Obwohl sie mit ihrem Mann schon viel gereist war, blieben einige Wünsche offen, die sie sich jetzt erfüllt: Norwegen, Karibik, Ägypten, Griechenland.
Aber Reisen ist nicht alles im Leben. In der Gemeindevertretung Binz kämpft sie kritisch und ehrlichen Herzens für die Bewohner

des Ortsteils Prora, für Wohnrecht und gegen Ungerechtigkeiten. Als gewählter Ortsvorsteher schlägt sie sich tatkräftig mit den neuen Paragraphen herum, schreibt auch für verschiedene Zeitungen. Sie gibt gern ihr Wissen weiter, weil sie den Mitbürgern helfen will, urteilen zu lernen. Das setzt Wissen voraus. Bei allem, was sie anfasst, bringt sie sich mit Charme, Herz und Verstand ein. Und mit viel Energie. Selbst ihre Bilder werden anders, farbiger, aggressiver.

Der Himmel verdunkelt sich zusehends. Dicke Tropfen zerplatzen auf ihrem Skizzenblock. Aufkommender Sturm peitscht die nun haushohen Wellen. Auf der Bank vorm Haus, zwischen leuchtenden Rosenbüschen wartet ihr Kater auf sie.

Im Wohnzimmer, das einer Bildergalerie ähnelt, hat ihr Mann den Tisch gedeckt. Später Morgenkaffee mit heiterem Gespräch über Skizzen und Reisepläne. Seit 23 Jahren bewohnt das Ehepaar Steinberg das kleine Haus. Hier an der Ostsee, wo die Sonne im Sommer erst nach zweiundzwanzig Uhr untergeht und wo man selbst im Schlaf das Meer rauschen hört.

Angelika Weitze
Das Rosenwunder

Hier ist nicht etwa vom Rosenwunder der heiligen Elisabeth die Rede, nein, es betrifft mein ureigenstes Rosenwunder, mein ganz privates.

Ich liebe Rosen! Rosen und Katzen! Sie sind sozusagen Seelentröster in widrigen Zeiten, und widrig waren die Zeiten momentan, ich litt!! Litt nun schon seit unendlich vielen Tagen, war deprimäßig drauf, wollte leiden – was hatte ich sonst schließlich noch vom Leben ...

Litt leise vor mich hin in meinen eigenen vier Wänden, dafür lauter und demonstrativer in meinem Umfeld. Die anderen Menschen sollten auch ihren Anteil daran haben, in diesem Falle teilte ich gern. Ich versank in einem schier unermesslichen Meer von Trauer, Frust und Hoffnungslosigkeit. Ich badete reichlich darin, suchte aber, wie so oft, Trost und Halt bei meiner Katze. Bei meiner Katze und bei meinem Rosenstock.
Meine Katze! Ich liebe dieses Tier!
Mit ihr übe ich eine nichtgelebte Partnerschaft. Ich versorge sie, kann mit ihr zanken, sie beschimpfen, sie streicheln, mit ihr schmusen, sie verwöhnen; das alles erduldet sie ohne Widerspruch. Das kann sie nämlich nicht, mir widersprechen! Vielleicht liebe ich sie deshalb so sehr ... Ansonsten kann sie aber alles!!
Sie erträgt meine Launen mit einer weisen Katzengeduld und einer Überlegenheit in ihren smaragdgrünen Katzenaugen, die mich erstaunt und neidisch werden lässt. Sie sorgt gut für sich, ist immer mit sich und der Welt zufrieden, faucht höchstens mal mit Nachbars Kater, ist eine Lebenskünstlerin. Ja, ich kann von ihr viel lernen!
Das zweite, was mich im Lebenskampf nicht untergehen lässt, ist ein kleiner Rosenstock auf meinem Balkon.
Im Sommer bemuttere ich ihn und ertränke ihn fast mit meiner überbehütenden Affenliebe, im Winter schütze ich ihn vor Frost und Kälte mit einer wärmenden Decke aus Tannenreis. Er hat all meine Fürsorge gut überstanden und in diesem Jahr, im Gegenzug, aus Dankbarkeit zum ersten Mal zwei starke Zweige mit Rosenknospen angesetzt. In der Tiefe meines Trauermeeres erreichte mich dieser zarte Knospengruß. Ich stand auf meinem Balkon, die wärmende Hand der Sonne im Nacken, öffnete mein Herz den sich öffnenden zartrosa Rosen. Voll Bewunderung!
Meine Katze schnurrte zu meinen Füßen, heimlich schlich sich in mein Herz ein Gefühl wie Glück. Ja, verdammt noch mal, ich

war glücklich. Ich spürte und begriff, die Trauerzeit ist vorbei! Jetzt beginnt für mich die Rosenzeit. Die erblühenden Rosen bringen mir das Glück ins Haus! Mein Rosenwunder, da ist es, nun beginnt es, das sagte mir der Rosenstock.

Ich sah mich auf einem Luxusdampfer in der Südsee, meinen Traummann an der Seite, sah mich reich, gesund und schön! Ich glaube ganz fest an solche Vorahnungen, auf meine innere Stimme ist Verlass, das Leben ist wundervoll, nun schwamm ich in einem Meer der Glückseligkeit!

Meine Katze, das sensible Tier, fühlte meine Bewegtheit, teilte dieselbe mit mir durch einen Freudensprung. Sprang, voller Lebensenergie, sprang über den Rosenstock und brach dabei beide Rosentriebe ab!

Ich stand! Stand, zur Salzsäule erstarrt wie damals Lots Weib. Stand und stand und stand ... Als ich aus dem schockähnlichen Zustand erwachte, besah ich mir tränenden Auges den Schaden. Da hingen nun die Symbole meiner Hoffnungsfreude an einem dünnen grünen Pflanzenfaserchen, anklagend, mitleiderheischend, trostlos – nein, da war nichts mehr zu retten, die waren hin! Die waren absolut hin, die waren so hin, hinner ging es nimmer! Es tat weh! Es tat entsetzlich weh, es war der Urschmerz, oder so in der Art jedenfalls. Mindestens!!

Da war kein Meer der Glückseligkeit mehr zu spüren, da war kein Trauermeer weit und breit zu erblicken, da war einfach nur der graue, harte Boden der Realität!

Das ist das Leben, dachte ich, Glück und Glas, wie leicht bricht das! Was ist Glück – so philosophierte ich nachdenklich vor mich hin. Nahm die abgebrochenen Zweige, stellte sie in ein Glas mit Wasser, streichelte zärtlich meine Katze und ging tanzen.

Aber lachen, nein, lachen kann ich nicht darüber ...

Sturmgebraus

Sie waren 50 Jahre jung, jeder für sich, das heißt einzeln. Zusammen waren sie einhundert!
Seit einigen Monaten heftig verbunden durch eine leidenschaftliche Liebesaffäre. Sie von den beiden war verheiratet mit einem Mann, von dem sämtliche weibliche Geschlechtsgenossinnen schwärmten: „So ein netter Mann! Und so hilfsbereit! Und immer so freundlich!" Dabei lag die Betonung auf „so", welches langgezogen wurde wie ein ausgekauter Kaugummi. Dass der selbige Mann aber diese Rolle, sobald er das heimische Zuhause betrat, wie seine Aktentasche im Korridor fallen ließ und in seine Gattenrolle schlüpfte, wusste nur sie, die Angetraute.
Er von den beiden war verheiratet mit einer Karrierefrau. Diese Frau, schön von Angesicht, ließ die Männerherzen seines Bekanntenkreises neidvoll höher schlagen. Beide erlebten ihre besseren Hälften im oftmals tristen Ehealltag, ungewaschen, unrasiert. Das entidealisiert gar schnell den Partner, bläst den rauen Wind der Realität in die zarten Blüten der Verliebtheit, friert im Raureif der Alltagsbanalität die knospende Liebe ein. Da sucht man anderweitig nach schwellenden Knospen, zarten jungen Trieben, erblüht in neuer Hoffnung, im neuen Versuch des Verliebens.
So hatten die beiden sich gefunden! So trösteten sie sich gegenseitig voller Illusionen, in liebevollem vergeblichem Bemühen, mit diesem Partner endlich die Höhen der vollkommenen Liebesvereinigung zu finden. Den Himmel der Liebe zu erstürmen!
Da läutete bei ihr eines Tages das Telefon: „Meine Frau ist verreist. Zwei Tage auf Dienstreise – kannst du kommen?"
Natürlich konnte sie, was für eine Frage!
„Gut! Dann pass mal auf! Wir treffen uns auf meiner Datsche!"

Oft davon gehört, nie gesehen, wusste sie nur, da floss noch kein Wasser aus der Wand, kam kein Licht von der Decke, da läutete kein Telefon. Dort herrschte noch der Urzustand der Menschheit, er nannte es „Romantik". Ganz kühl betrachtet, kein allzu verlockendes Angebot, doch kühl betrachten konnte sie in ihrer bestehenden Gemütsverfassung nichts. Junge Liebe wagt viel, fast alles, sie wollte das Wagnis eingehen. Nun erfolgte seinerseits eine Lagebesprechung, verbunden mit ausführlichen Gebrauchsanleitungen: „Also! Du fährst mit der S-Bahn bis Endstation, dann steigst du um in den Regionalverkehr, mit diesem zwei Stationen fahren, die dritte aussteigen. Dort siehst du ein kleines Bahnhäuschen und eine Bushaltestelle. Und den Bus! Der fährt um 20 Uhr 15, den musst du bekommen, es ist der letzte!"

Das klang dringlich, fast beschwörend, aber dann wurde seine Stimme wieder beschwichtigend: „Den bekommst du auch ganz bestimmt, der wartet eigentlich immer, selbst wenn der Zug Verspätung hat!"

Jetzt wurde seine Stimme wieder drängender: „Dann fährst du mit dem Bus bis Endstation und dort hole ich dich ab. Wir laufen dann noch etwa 10 Minuten durch den Wald." Das klang ja ganz schön abenteuerlich! Es war November, draußen pfiff ein kalter Herbststurm und der erste Nachtfrost war angesagt. Doch wagt junge Liebe nicht fast alles?

Sie legte den Hörer auf und rotierte. Rotierte, sortierte, informierte.

Informierte ihren Ehemann mit Hilfe eines Zettels und der oberfaulen „Kranke-Tante-Ausrede" und fuhr los.

Es klappte ausgezeichnet bis zur Endstation der S-Bahn, dort begannen die ersten kleineren Schwierigkeiten. Der Regionalverkehr hatte Verspätung. Der Beamte an der Information erwies sich als uneinsichtig ihrer Problematik gegenüber und zeigte

wenig Verständnis dafür, dass diese Verkehrsstörung eventuell anderweitige Verkehrsstörungen nach sich ziehen könnte.
Ergeben in ihr Schicksal setzte sie sich in den Wartesaal, wartete, dafür sind Wartesäle ja da.
Irgendwann kommt auch mal ein verspäteter Zug, dieser kam, sie stieg ein, der Anweisung getreu an der dritten Station wieder aus und sah sich um.
Mit ihr zusammen ausgestiegen war ein junges Pärchen, das nun gleichermaßen etwas verloren neben ihr stand.
Sie sah das junge Pärchen, sah das kleine Bahnhäuschen, sah die versprochene Bushaltestelle. Sie sah noch mehr, sah spärlich leuchtende Straßenlaternen, den einsetzenden Schneeregen, einen nassen streunenden Hund, sah ganz viel Dunkelheit, nur eines sah sie nicht – den Bus!
Offensichtlich hatte der Busfahrer keine Kenntnis erhalten von dem Inhalt des Telefonats mit ihrem Geliebten, hatte demzufolge nicht auf den verspäteten Regionalverkehr gewartet.
Eine leise Ahnung zog in ihr ein, dass hier vielleicht größere Schwierigkeiten beginnen könnten.
Hilfesuchend wandte sie sich an das noch neben ihr stehende Paar und schilderte ihre Notlage. Fragte nach dem Weg in Richtung Endstation Bus.
„Nein!" Der Entsetzensschrei zweier Münder verwirrte und erschreckte sie.
„Nein! Wissen Sie denn nicht, wie weit das ist!!" Kopfschütteln ihrerseits und der Gedanke: Sonst hätte ich ja nicht gefragt!
Weiter tönte ihr entgegen: „Nein!" und „Um diese Zeit fährt auch kein Bus mehr, der ist weg! Der ist weg, der ist weg!" Die dreimalige Wiederholung unterstrich die Dramatik der Situation.
Nun fing das Paar an zu tuscheln, sie vernahm die leise Antwort des Mannes: „Nein, du weißt doch ..." und die laute Antwort der Frau: „Wissen Sie, mein Mann würde Sie ja mit dem Auto fahren,

wir wohnen nicht weit von hier, aber er hat was getrunken."
Richtig, die Bierfahne des Mannes war nicht zu überriechen.
„Und nun?"
„Jaja, Sie können nur laufen ... im Grunde genommen ist es nicht zu verfehlen, immer geradeaus, die Landstraße entlang ... aber – es ist weit!"
Weit ist ein gedehnter Begriff, deshalb von ihr die Rückfrage: „Wie weit – wie lange müsste ich laufen?"
„Naaaaa, wenn Sie gut zu Fuß sind, zwei Stunden, so etwa?!"
Junge Liebe wagt fast alles, warum nicht einen zweistündigen Fußmarsch, durch finstere Nacht, in stürmischem Novemberregen, durch Kälte und unbekannte Gefahr?
Ja, junge Liebe wagt viel. Sie band sich ihr Halstuch um den Kopf, klemmte ihre Tasche fest unter den rechten Arm; die linke Hand vergrub sie in ihrer Manteltasche, wenigstens ein Körperteil von ihr fühlte so Geborgenheit und Wärme, und marschierte los.
Da zog sie nun durch die Finsternis. Eine 50 Jahre junge Frau. Stiefelte über eine unwegsame Landstraße, stolperte im Dunkeln, verlor die Orientierung, fand sich wieder auf einsamer Landstraße in einer unwirtlichen Novembernacht, allein, schutzlos, ausgeliefert diesem nächtlichen Novembertosen.
Ging, lief vorwärts, immer weiter; es hatte aufgehört zu regnen, der starke Herbststurm hatte die Oberhand gewonnen. Sein Sausen und Brausen brachte Bewegung in die Baumkronen, fegte die letzten Blätter von den Bäumen und belebte so die Kulisse.
Die Frau ging, gegen den Sturm ankämpfend, mit einer seltsamen inneren Heiterkeit, einer ihr völlig neuen Abenteuerlust, ohne die geringste Angst, furchtlos, gelassen, voller Zuversicht und Vertrauen – Vertrauen worauf eigentlich?
Woher kam diese pulsierende Lebenslust, das Gefühl einer

unverwundbaren Leichtigkeit, die sie so noch nie gespürt hatte? Sie staunte, staunte über sich, entdeckte sich auf diesem Weg neu, entdeckte die Leichtigkeit des Seins. Sie war immer eine Stubenhockerin gewesen, hatte Spaziergänge und Regenwetter aus tiefster Seele gehasst, jede Unbequemlichkeit gemieden! Und hier marschierte sie mit einer kindlichen Unbekümmertheit, alles war so einfach, und so wie es war, wundervoll!
Sie verlor jedes Zeitgefühl, spürte die Kälte nicht mehr, umbraust von dem gewaltigen Sturm, der sie zauste und zerrte, schüttelte und schob, mit dem sie gemeinsam lauthals um die Wette sang! Da hörte sie plötzlich aus dem Sturmgebraus heraus ihren Namen ertönen. Langgezogen, immer wieder und wieder trug der Wind ihren Namen durch die Nacht zu ihr. Er, der Geliebte, eilte ihr entgegen.
Sie antwortete ihm nicht, ließ ihn im Unklaren, folgte seiner Stimme, ließ sich leiten, bis sie beide in der Dunkelheit fast zusammen prallten.
Er umschlang sie mit seinen Armen, drückte sie fest an sich, ein jaulender und hechelnder Hund umsprang sie beide, ihr war, als ob sie aus einem langen und wunderschönem Traum erwachte. Sie wollte nicht erwachen, weiterträumen, weitergehen, weiter, immer so weiter ...
Hatte der streunende Hund sie begleitet, war ihr unbemerkt durch die Nacht gefolgt, ihr so unbemerkt schützend Beistand geleistet? Die folgende halbe Stunde kämpften sie sich zu dritt durch die Dunkelheit, eine Frau, ein Mann und ein Hund.
Der Mann entschuldigte sich pausenlos. Für die Zugverspätung, dafür, umsonst an der Bushaltestelle auf sie gewartet zu haben, für den Regen, für das schlechte Wetter, und überhaupt. Dafür, dass sein Auto in der Werkstatt steht, dass sein Freund sein Auto selber brauchte, entschuldigte sich für alles, außer dafür, dass er ein Mann ist.

Die Frau blieb still. Freute sich an der Zweisamkeit, an dem Gefühl der Verbundenheit, beugte sich während des Laufens hin und wieder zu dem Hund, ihn zu streicheln.
Da schimmerte zwischen den Bäumen ein Licht, aus der Dunkelheit des Waldes trat eine strahlende Helligkeit, im Näherkommen erkannte sie ein kleines Holzhaus, kleine Fenster, aus denen diese Lichtfülle strömte und überquoll.
Er öffnete die Tür, sie trat ein in diese Helligkeit und Wärme.
Nun sah sie – hier standen unzählige brennende Kerzen. Kerzen über Kerzen, wohin auch immer sie blickte. Unendlich viele, nicht zu zählende, große und kleine Lichter, die mit ihrer Fülle von Wärme und Glanz die Finsternis dieser Nacht erhellten.
Alles, was nun kam, war nicht neu.
War vertraute, liebevolle Zuwendung, war Zärtlichkeit. Streicheln und gestreichelt werden, das ewig alte und neue Lied der gelebten Liebe zwischen Mann und Frau.
Nein, das war nicht neu. Doch den Weg dahin, den langen Weg durch die Dunkelheit zum Licht, den würde sie nie vergessen! Nie!
Und sie begriff den uralten, oft gehörten, nie verstandenen Satz: „Der Weg ist das Ziel!"

Martin Zwiesele
Heilpflanzen – meine Gefährten am Wegesrand

Aufgewachsen bin ich in einer kleinen Stadt auf der Schwäbischen Alb. Da ich im sozialen und kulturellen Bereich wenig fand, was mich besonders ansprach, verbrachte ich einen großen Teil meiner Kindheit draußen auf den Wiesen, Feldern und im Wald.

Ich hatte bereits früh einen guten Bezug zur Natur gefunden, der sich überwiegend kanalisierte in meinem damaligen Wunsch, Tierschützer zu werden, sowie einigen Jahren der vegetarischen Ernährung aus Mitleid mit den Tieren. Ansonsten nahm ich die karge, von Schafen geprägte Heidelandschaft mit ihren Silberdisteln und den weitgehend landwirtschaftlich genutzten Natur-Räumen auf eine unbewusste Weise hin. In den späteren Jugendjahren sollte dann eine ausgedehnte Phase des Experimentierens mit unterschiedlichen Kräutern beginnen, von denen ich mir eine Erweiterung meines Horizontes oder gar Bewusstseins erhoffte.

Heilpflanzen an sich lernte ich dann spätestens während der Studienzeit in Heidelberg kennen, weniger in meinem Studium der Ethnologie, Religions- und Erziehungswissenschaften, sondern eher im Rahmen der alternativen Studentenkultur, an der ich regen Anteil nahm. Das gemeinschaftliche Trommeln, die langen Nächte am Lagerfeuer oder bei endlosen Diskussionen mit Freunden waren ein wichtiger Teil dieser Jahre, in denen ich mich ausleben und besser kennenlernen konnte. Dennoch bilden auch die geisteswissenschaftlichen Ansätze zur Heilkunde, mit denen ich mich in der Universität auseinander gesetzt habe, bis heute einen fruchtbaren Fundus auch für meine Naturheilpraxis.

In dieser Zeit stand mir der Sinn danach, Schamane zu werden; ein Heiler, der sich mit den Seelen der Tiere, Pflanzen und anderer Wesen verbindet, um anderen Menschen therapeutisch beistehen zu können. In dieser Hinsicht war mein Bezug zu den Pflanzen auch ein sehr praktischer, der durch alle Sinne ging – eine wichtige Art der Verinnerlichung war etwa, dass ich sie aß, trank oder auf sonstige Weise zu mir nahm. Ich erinnere mich etwa an das erste Mal, als wir Holunderblüten in Eierkuchen eingebacken und gegessen haben: noch lange Zeit danach roch ich selbst durch geschlossene Autoscheiben jeden Holunderbusch, an dem wir vorbeifuhren. In dieser Zeit war ich über Jahre hinweg zu jedem Vollmond mit Freunden in einer Schwitzhütte, in der wir nach indianischen Traditionen zur Heilung von uns und Mutter Erde beitragen wollten. Ein wichtiger Aspekt dabei war die Erfahrung von Natur in ihren verschiedenen Erscheinungsformen wie Steinen, Tieren und Pflanzen als lebendige Wesen, mit denen bewusst und achtsam umgegangen werden sollte.

Während der Ausbildung zum Heilpraktiker am Berliner Institut für Phytotherapie erweiterte sich mein Zugang zu Pflanzen schließlich immer mehr. In dem familiär anmutenden Rahmen unserer Klassengemeinschaft begegneten mir Auseinandersetzungen über die unterschiedlichen Wirkstoffe von Schleim- bis Bitterstoffen, das reiche Wissen über naturheilkundliche und schulmedizinische Anwendungen sowie „alte Bekannte" aus dem Studium wie anthroposophische Perspektiven oder die Signaturenlehre. Die theoretischen Herangehensweisen waren dabei aber nur die eine Seite:

Mein individuelles Verhältnis zu den Pflanzen vertiefen sollten vor allem die Pflanzenführungen, die der Heilpraktiker Olaf Tetzinski für unsere Schule anbot. Ich empfinde es weiterhin als die beste Methode, sich eine Pflanze vertraut zu machen, indem man durch einen erfahrenen Führer unmittelbar mit ihr konfrontiert ist und sie mit allen Sinnen erfahren kann. Sie zu sehen, zu riechen, die Weichheit oder Rauheit ihrer Blätter zu fühlen und ihren Geschmack oder auch nur ihren inneren Eindruck auf mich wirken zu lassen, lässt sich durch kein abstraktes Faktenwissen ersetzen. Wenn ich parallel dazu z.B. erfahre, dass die Hagebutte oder der Weißdorn als dornige Heckenbildner immer schon Schutzpflanzen für die Siedlungen der Menschen waren, was sich in ihrer heilsamen Wirkung auf Herz und

Kreislaufsystem widerspiegelt, dann bildet dieses Wissen den Rahmen meiner Begegnung mit der Pflanze. Gerade die praktischen Aspekte – welche Heilwirkung sie hat, wie ich sie schmackhaft zubereiten kann und welche Erfahrungen mit ihr in den Schatz eingegangen sind, den unsere volkskundlichen Überlieferungen darstellen – erleichtern die Einbeziehung der Pflanzen in mein alltägliches Leben. Wenn ich bei einer Führung eine Pflanze neu kennenlerne, ist es für mich ähnlich intensiv, wie einem neuen Menschen vorgestellt zu werden: „Martin, das ist die Wegwarte. Wegwarte, das ist Martin." Nach einer solchen Gegenüberstellung kann sich eine fruchtbare, lebenslange Beziehung etablieren, in der jede neue Begegnung ein freudiges Erkennen auslösen kann, das die Freundschaft noch vertieft.

Gerade die fünf Jahre, die ich in Berlin zugebracht habe, wären mir schwerer gefallen, wenn ich nicht immer auch die Pflanzen im Blick gehabt hätte. Oft hat mir ein Löwenzahn, der sich mit seiner unglaublichen Widerstandskraft durch den Asphalt der Straße gesprengt hat, die Stimmung gehoben, wenn mich die vielen zubetonierten Böden, die hohen Häuser oder die vielen Menschen zu bedrücken drohten. Oder ein zartes Gänseblümchen, das – tapfer aus dem unwirtlichen Milieu der Trittsteine auf dem Gehweg sprießend – mein Herz erweicht hat.

Glücklicherweise ist Berlin für eine Großstadt noch mit viel Grün gesegnet, allein die Parks nehmen einen beträchtlichen Teil der Fläche ein. Und je mehr meine Erfahrung mit den Pflanzen wächst, desto mehr ist jeder Spaziergang eine Mischung aus einer Begegnung mit ganz vielen Freunden und dem Bummeln durch meinen eigenen Supermarkt.

Ich habe auch innerhalb der Stadt Pflanzen für einen Salat, eine Suppe oder einen Tee gesammelt, so lange es nicht gerade an der staubigsten Hauptverkehrsstraße war. Es ist eine Grundsatzentscheidung, mit welcher Haltung ich der mich umgebenden

Natur gegenüber trete: Fürchte ich mich davor, dass doch ein Hund meine kostbaren Pflänzchen besudelt haben könnte, die von dem Gift in der Luft, dem Boden schon ungenießbar sein könnten oder habe ich Angst, mich aus Versehen mit dem falschen Kraut zu schädigen? Ich habe mich dafür entschieden, meinem Wissen, Gespür und Immunsystem soweit zu vertrauen, dass ich meine Nahrung gerne ergänze durch wildwachsende Pflanzen, die über so viel mehr Mineralien, Vitamine und Lebenskraft verfügen als ihre kultivierten Pendants.

Bald hatte ich also meine unterschiedlichen „Jagdgründe" gefunden, in denen ich Rucola, Hopfensprossen, Vogelmiere und viele andere schmackhafte und gesunde Kräuter zu ernten pflegte. Und interessanterweise finden sich in der Umgebung des Menschen ja immer auch die Pflanzen, die für einen gut sind. Das gilt sowohl auf einer persönlichen Ebene wie auf der kollektiven: In Berlin habe ich z.B. viel massivere Vorkommen an Ausleitungs- und Reinigungspflanzen wie Löwenzahn und Brennnessel gefunden, während in Leipzig durch die Auwälder eine ähnliche Nische durch den Bärlauch ausgefüllt wird.

In vielen indigenen Traditionen wird die Einsicht formuliert, dass es sich bei den Pflanzen – wie auch den Tieren – um unsere älteren Geschwister handelt, die auf verschiedenen Ebenen für uns da sind. Und tatsächlich ist die Entwicklung der Menschheit ohne die Hilfe aus dem Pflanzenreich undenkbar: Sie lieferten uns die wesentlichen Materialien für unsere Bauten, Werkzeuge und Textilien, bilden bis heute die Grundlage unserer Ernährung und die Basis unserer Medizin. Wir als Menschen sind mit den Pflanzen groß geworden, unser Stoffwechsel ist auf allen Ebenen darauf eingestellt, sie ideal zu verarbeiten und die organisch aufbereiteten Inhaltsstoffe in uns aufzunehmen. Wenn ich daran denke, überkommt mich eine tiefe Dankbarkeit für diese aufopfernde Hilfe, die uns seit Urzeiten zuteil wird.

Ich selber greife immer wieder in meinem Leben auf die heilenden Kräfte der Pflanzen zurück, schon angefangen mit Bachblüten, die mir in verschiedenen emotional aufgeladenen Situationen geholfen haben, den Kontakt zu mir und meinem Lebensweg wieder zu finden, über die Teemischungen und alkoholischen Auszüge, die ich vor allem bei körperlichen Beschwerden einsetze und oft aus selbst gesammelten Kräutern zu meiner ständig wachsenden Hausapotheke zusammenstelle.

Inzwischen bin ich aber auch seit Langem entflammt von der „Mission", anderen Menschen den Bezug zu Pflanzen und zur Natur näher zu bringen durch regelmäßige Pflanzenführungen, Vorträge, Seminare, Kurse oder einfach im persönlichen Gespräch. In meiner Praxis in Berlin und Leipzig behandle ich meine Patientinnen und Patienten im Wesentlichen auf Grundlage der Pflanzenheilkunde, was neben Teerezepturen auch Bachblüten, homöopathische und spagyrische Ansätze mit einschließt. Eine individuell zusammengestellte Teemischung mit ihren 8 bis 15 Heilpflanzen erscheint mir manchmal wie ein Konzert, in dem viele ganz eigenständige Spieler harmonisch gemeinsam wirken, oder ein Team an Spezialisten, das auf ein kniffliges Problem angesetzt wird. Und der medizinische Tee kann zu einem Alltags-Ritual werden, in dem wir zur Ruhe kommen und bewusst etwas für uns tun.

Es erscheint mir angesichts der zunehmenden Entfremdung von unseren natürlichen Grundlagen immer wichtiger, durch diese scheinbar einfachen Pflanzen-Wesen auch wieder einen Bezug zu unserer eigenen Wurzel, dem Kern unserer Existenz zu suchen und zu finden. Überall, wo ich hinkomme, begegnen mir jetzt jedenfalls meine Gefährten am Wegesrand und helfen mir dabei, auch an neuen Orten schnell anzukommen und zu verwurzeln.

Martin Zwiesele

Mein Vater als Brückenbauer auf meinem Weg zum Heilpraktiker

Einer meiner wichtigsten Weggefährten war mein Vater. Er hat mir den Boden geebnet auf meinem Weg durch das Leben, hin zu dem Menschen und Heilpraktiker, der ich jetzt bin. Sein ganzes Leben war durch die Heilkunde geprägt und er entspricht für mich dem klassischen Bild des verwundeten Heilers – der die Sensibilität und Empathiefähigkeit für andere aus eigenen Leidenserfahrungen auf körperlicher und seelischer Ebene bezieht.

Im Jahr 1937 geboren, hatte er eine schwere Kindheit: Er erlebte die Bombennächte im Bunker in Stuttgart, seine überforderte Mutter traumatisierte ihn mit detaillierten Schilderungen des Todes seines Vaters in Russland. Außerdem wurde er von den Großeltern regelmäßig mit einem Wasserschlauch verprügelt und musste sich dabei anhören, dass er für den Tod seines Vaters verantwortlich sei. Diese Spannung entlud sich als Jugendlicher nach der Lektüre eines Buches über die Archetypen von C.G. Jung in einem Ausbruch an Schuld- und Gewaltphantasien, die er als „Animadurchbruch" bezeichnete. Damals war er so verzweifelt, dass er sogar eine Lobotomie erwog, was er zum Glück nicht durchführen ließ, da sie ihn wohl einen Großteil seines Gefühlslebens gekostet hätte. Damit begann jedenfalls seine lebenslange Suche nach dem Auspendeln, dem Finden der eigenen Mitte, der Elimination seiner eigenen, wahrgenommenen Schwächen oder kurz gesagt: nach Heilung.

Aus dieser Motivation heraus setzte er sich zeitlebens als Patient wie auch als Heilkundiger mit den unterschiedlichsten therapeutischen Methoden auseinander. Jedoch wäre ihm der Weg als selbständiger Heilpraktiker zu unsicher gewesen, er brauchte mehr stabile Strukturen im Leben. Einer der wichtigsten Ratschläge seines Lebens kam von einem Studienfreund, der ihm riet, seine Heilpraxis als Hobby zu machen und sich als Lehrer im Schuldienst verbeamten zu lassen. Die Universität musste er nach etlichen Semestern aufgrund von Überforderung erst einmal unterbrechen und nachdem er ein Jahr eine Ausbildung in einer Fabrik gemacht hatte, um wieder Bodenhaftung zu bekommen, schloss er sein Studium an der Fachhochschule ab. Als junger Lehrer für Englisch, Geschichte und Politik gab er über ein Drittel seines Gehaltes für langjährige Therapien nach Freud und Jung aus. Lehrer war er übrigens mit Leib und Seele! Wenn man ihn nach etwas fragte, musste man sich auf einen mehrstündigen Vortrag einstellen, in dem er differenziert auf die Fragestellung einging, aber auch mühe- und übergangslos zu völlig anderen Themen wechseln konnte. Und er scheute sich auch nicht, mit seinen Schülern und Schülerinnen im Unterricht Tai Chi zu machen oder über Geschlechterrollen zu reden, wenn ihm das wichtig erschien.

Er litt jedoch darunter, dass die Leute ihn nicht ernst nahmen in seiner Heilkunde, weil er keine Heilpraktikerprüfung abgelegt hatte. Auf irgendeiner Ebene scheint er sich seiner Vorläuferrolle für mich auch immer bewusst gewesen zu sein. „Junge, du stehst auf meinen Schultern", pflegte er zu sagen. Und da er 40 Jahre älter war als ich, versuchte er sich so gut wie möglich aus meinen Lebensentscheidungen heraus zu halten, während er mir die Freiheit meines eigenen Lebensweges einräumte. Seine Mutter war an Krebs gestorben in der Filderklinik bei Stuttgart, anderthalb Jahre bevor ich im gleichen Krankenhaus geboren wurde. Das hat er mir selber nie erzählt, ich fand jedoch mehr als ein Dutzend Bücher über Heilungsmethoden bei Krebs, ihr Tod hatte ihn offenbar sehr beschäftigt. Die Sorge um seine Gesundheit und die seiner Familie hat ihn auch zeitlebens nicht losgelassen. Es war auch eine der direktesten und liebevollsten Arten, auf die er sich einem zuwenden konnte, wenn ich Fieber hatte und er lange an meinem Bett saß und mit ganz zarter und sanfter Stimme immer wieder meinen Namen sagte. Als Kinder mussten ich und meine Schwester sehr selten zum Arzt: wenn wir eine Erkältung, eine Grippe hatten oder nachts nicht schlafen konnten, suchte mein Vater uns einige homöopathische Mittel heraus. Über mehr als 40 Jahre wurde er von einer Ärztin mit Elektroakupunktur behandelt, die dieses Verfahren mit entwickelt hatte. Sie konnte verschiedene Erkrankungen wie etwa Polyarthritis bei ihm abblocken, bevor sie zum Ausbruch kamen. Von ihr lernte er so viel, dass er diese Diagnosemethode auch mit einem eigenen Gerät zu Hause praktizierte.

Morgens hatte er am Frühstückstisch immer ein kleines Schälchen für sich und uns vorbereitet mit Zink-, Selen- und Algentabletten sowie Fischölkapseln und was sonst noch aktuell war. Wenn Freunde von uns zu Besuch kamen, staunten sie immer über das riesige Arsenal an Medikamenten, das bereits auf der Küchenanrichte zu finden war. Das meiste war aus dem Bereich der Homöopathie: Okoubaka, Belladonna, Aconit oder Nux vomica, mit diesen Namen bin ich aufgewachsen. Er zeigte mir die Technik des Potenzierens, die er von einem alten Apotheker gelernt hatte. Einige Mittel stellte er sogar intuitiv selber her, so aus Schneckenschleim ein Mittel gegen die Verflüssigung seines Augapfels. Oder nach seiner Herzoperation beseitigte er die Folgen der Narkotisierung wie Sehstörungen oder Schwindelanfälle durch eine Nosode aus dem Narkosemittel. Diese praktische Herangehensweise habe ich mir auch zu eigen gemacht, so dass ich nun selbst über einige selbst hergestellte homöopathische Mittel sowie einen großen Schatz an alkoholischen Pflanzenauszügen verfüge. Und als ich mit 12 Jahren mit ihm in ein Abenteuerlager nach Schottland fuhr, kaufte er sich auf dem Weg dahin einen kompletten Satz an Bachblüten, mit denen ich

schon bald anfing zu experimentieren und die mich seither immer noch begleiten.
Darüber hinaus hat er immer zahlreiche Therapieformen ausprobiert: Lange Jahre praktizierte er mit meiner Mutter zusammen Tai Chi und Chi Gong. Holotropes Atmen, transzendentale Meditation, Yoga, automatisches Schreiben, Reizstromtherapie, Frischzellenkur, Farbtherapie oder selbst verabreichte Injektionen waren nur einige Episoden seines alternativ-medizinischen Heilungsweges. Besonders die Ernährung hatte es ihm angetan, auch wenn seine Fähigkeiten in der Küche mit der Herstellung eines hartgekochten Eies bereits nahezu ausgeschöpft waren. Ayurvedische Gewürze wechselten sich mit Heilfastenkuren ab. Entsprechend der Ernährung nach Blutgruppen trank er diszipliniert statt Kuhmilch nur noch Sojamilch, obwohl die ihm anfangs gar nicht schmeckte. Im Garten stehen noch die vier Aroniabüsche, die er pflanzte, und in den massiv entworfenen Hochbeeten werden wohl noch folgende Generationen ihr Gemüse ernten können. Einige Jahre lang wurde das Wohnzimmer dominiert von sechs wuchtigen Tonschalen, in denen er Weizengras kultivierte, das er uns morgens frisch aus der Handpresse kredenzte. An der Hauptwasserleitung ließ er einen Block einbauen, der das Wasser reinigen und energetisch anreichern sollte. Das hatte nicht nur zur Folge, dass unser Geschirr weniger Wasserflecken hatte, es kamen auch regelmäßig Freunde aus seinem Lehrerkollegium, um sich kistenweise Trinkwasser aus unserer Leitung abzufüllen.
Was ihn bei all den zahllosen Projekten wirklich ausmachte, war seine neugierige, kindliche Offenheit und enorme Begeisterungsfähigkeit, wobei letztere bei manchen Dingen eher kurzlebig war, bei einigen aber sein Leben lang anhielt. Darin sehe ich eine tiefe Verbindung zu mir.
Akribisch hielt er Beobachtungen über seinen Gesundheits-

zustand oder andere wichtige Dinge, die er sich merken wollte, in kleinen Notizheftchen fest, die er mit mindestens zwei Kugelschreibern zusammen in seiner Hemdtasche mit sich herumzutragen pflegte. Jedoch konnte auch seine ganze heilkundliche Aufmerksamkeit seine körperlichen Beschwerden nicht völlig aufhalten: Mit Mitte 60 wurde bei ihm eine Schlafapnoe und ein Aneurysma an der Aortenklappe festgestellt, so dass er sich einer langen Herzoperation unterziehen musste. Danach erholte er sich gut und es blieben uns zusammen als Familie einige wertvolle und schöne Jahre. Er starb schließlich am 2. September 2010 im Alter von 72 Jahren im Wartezimmer der Heilpraktikerin seines Vertrauens. Auch wenn es für uns alle sehr plötzlich war, entspricht sein Tod meinem Gefühl nach dem, wie sein Leben gewesen ist und wie er es sich gewünscht hätte.

Seine größte Angst war es gewesen, jahrelang hilflos und möglichweise zunehmend seiner geistigen Kräfte beraubt im Bett dahin zu vegetieren. So blieb er aufrecht, gefällt in einem Moment wie ein Baum. Aus dem Leben gegangen in dem passendsten aller unpassenden Augenblicke.

Auf einer tieferen, unbewussten Ebene hat er seinen Tod schon herannahen fühlen. Etwa ein Jahr vorher hatte er angefangen, seine persönlichen Dinge zu ordnen, und ermahnte uns, keine Devotionaliensammlung aus seinen Hinterlassenschaften zu machen. Am meisten berührt hat uns alle aber ein Traum, den er eine Woche vor seinem Tod hatte: Er trieb auf einem warmen Fluss und fühlte sich zum ersten Mal in seinem Leben völlig geborgen, alle Ängste und Sorgen waren von ihm abgefallen. Er hat mir davon noch am Telefon erzählt, es sei der schönste Traum seines Lebens gewesen.

Und er hat noch mitbekommen, dass ich mich für die Heilpraktiker Ausbildung in Berlin angemeldet hatte. Das machte ihn wirklich stolz: zu sehen, dass sein Sohn in seine heilpraktischen Fußstapfen tritt und das auch noch auf dem Gebiet der Pflanzenheilkunde! Als ich nach seinem Tod sein Vermächtnis an Medikamenten und Büchern sichtete, kamen neben einigen Klassikern und Standardwerken der Naturheilkunde, Schulmedizin oder Psychologie auch Belege für sein unglaublich breit gefächertes Interesse zu Tage, z.b. eine Einführung über die Schafzucht. Leider war er nicht mehr da, als ich durch die drei Jahre der Ausbildung ging. Und die Anfänge meiner Praxistätigkeit in Berlin und nun in Leipzig konnte ich ebenfalls nicht mehr mit ihm teilen. Aber ich bin dankbar in der Erinnerung an meinen Vater, dessen Liebe ich immer gespürt habe und der mich auf alle ihm möglichen Arten unterstützt hat, meinen eigenen Lebensweg zu gehen.

Die Autoren

Erika Albiro, Altenburg 5
Noch immer / Der alte Birnbaum

Karin Arndt, Radebeul 6
Vor der Kaufhalle

Erika Aussem, Taunusstein 7
Freundschaft

Gisela Basel, Falkensee 7
Der geborgte Hund / Streicheleinheiten für den „Eigenbedarf"

Marie-Luise Bischoff, Leipzig 10
Mein erster Einkauf

Helga Brüssow, Berlin 11
Gefährten meines Lebens

Johannes Burkhardt, Leipzig 13
Weggefährten – Aphorismen

Beate Döge, Salzwedel 14
Wie Rotkäppchen, Fuchs, Elbi und Co. meine Begleiter wurden

Gertraud Dörschel, Leipzig 18
Mein Löffel / Pflanzen, meine stillen Freunde

Gesine Falke, Falkensee 21
Rückblick

Ingrid Franke, Leipzig 23
Gertraud und die Künste

Ursula Franke, Dresden 25
Weggefährtin Frau Musica

Ortrud Franze, Zittau 28
Mein Fahrrad

Elisabeth Gerbrandt, Leipzig 32
Katharina, die Kleine

Elinor Graf, Berlin 37
Illusionen / Der Heilige Abend / Alles hat viele Seiten

Georg Hädicke, Leipzig 39
Schauspielerei / Freizeitaktivitäten in der Studienzeit

Inge Handschick, Zittau 48
Donnerstagstränen / Die Jacke

Rita Hase, Dresden 52
Tim und die Kastanie / Wir haben einen Weihnachtsbaum

Ingeborg Hedkamp, Borken 61
Freunde

Hildegard Hofmann, Leipzig 63
Ein Lied / Chaule

Heidi Huß, Chemnitz 72
Globetrotter / Mein Frauentag

Maritta Jahnke, Berlin 77
Der Traum vom Fliegen

Karin Koch, Berlin 78
Die Wahrheit im Spiegel

Annemarie Köhler, Leipzig 82
Das Apfelbäumchen

Gisela Kohl-Eppelt, Leipzig 83
Lebensfülle und Verlust

Elfriede Kühle, Leipzig 85
Alles ist vergänglich

Christel Lehmann, Leipzig 87
Musik begleitet mich / Sieben Mal eine Handvoll Glück

Elfriede Leymann, Berlin 98
Unser „Frosch"

Helga Marten-Rausch, Leipzig 104
Auch das ist New York

Jutta Martin, Neuhirschstein 105
Wegbegleiterin / Felix

Eva-Marianne Mewes, Falkensee 106
Weggefährten

Adelheid Mischur-Herfort, Zittau 110
Der Kretscham fehlt uns / Totengräberhaus, Ziegenstall und Konsum

Brigitte Müller, Dresden 123
Die Handlungsreisende

Ekkehart Müller, Dresden 128
Die Flut

Sigrid Müller-Hirsch, Leipzig 133
Mein erstes Auto

Brigitte Nowak, Leipzig 136
Die kleine Paula / Du meine Sonne

Erichwerner Porsche, Dresden 144
Im Zimmer / Um ein Brautkleid

Andreas Poschadel, Pöhsig 146
Ein guter Freund auf allen Wegen

Helga Rahn, Leipzig 153
Und wieder

Günter Rötzsch, Leipzig 154
Die Brücke

Susanne Rosenkranz, Leipzig 159
Die Nachbarin

Doris Scherer, Höfen 161
Max

Christel Schimmele, Leipzig 165
Im Netz der Spinnen

Lisa Schomburg, Seevetal 168
Die Odyssee eines kleinen Vierbeiners

Walter Schulz, Garz/Rügen 173
Uferweg / Mönchsgut

Heimtraut Seidlein, Leipzig 175
Saisonbeginn auf dem Balkon

Meta Techam, Hamburg 178
Gesegnete Mahlzeit / Hildegard

Siglinde Trumpf, Zittau 180
Schrott-Opa

Renate Tschurn, Leipzig 182
Nach gutem Alten neu gestalten / Etwas zum Freuen hat jeder Tag

Karin Türpe, Leipzig 188
Mein Handy

Ilse Uhlrich, Leipzig 192
Am Küchenfenster

Gerlinde Ulrich-Gau, Berlin 196
Gerrit / Ali

Elisabeth Weber, Rodeberg 200
Mit dem redest du kein Wort

Brigitte Weidner, Berlin 204
Bücher haben mich begleitet / Zwiegespräche

Doris Weißflog, Sassnitz 207
Auf Rügen zu Hause – Ursel Steinberg

Angelika Weitze, Berlin 210
Das Rosenwunder / Sturmgebraus

Martin Zwiesele, Leipzig 218
Heilpflanzen – meine Gefährten am Wegesrand /
Mein Vater als Brückenbauer auf meinem Weg zum Heilpraktiker

Die Redaktion hat sich dazu entschlossen,
Eigenheiten der Autoren hinsichtlich der Zeichensetzung
beizubehalten.